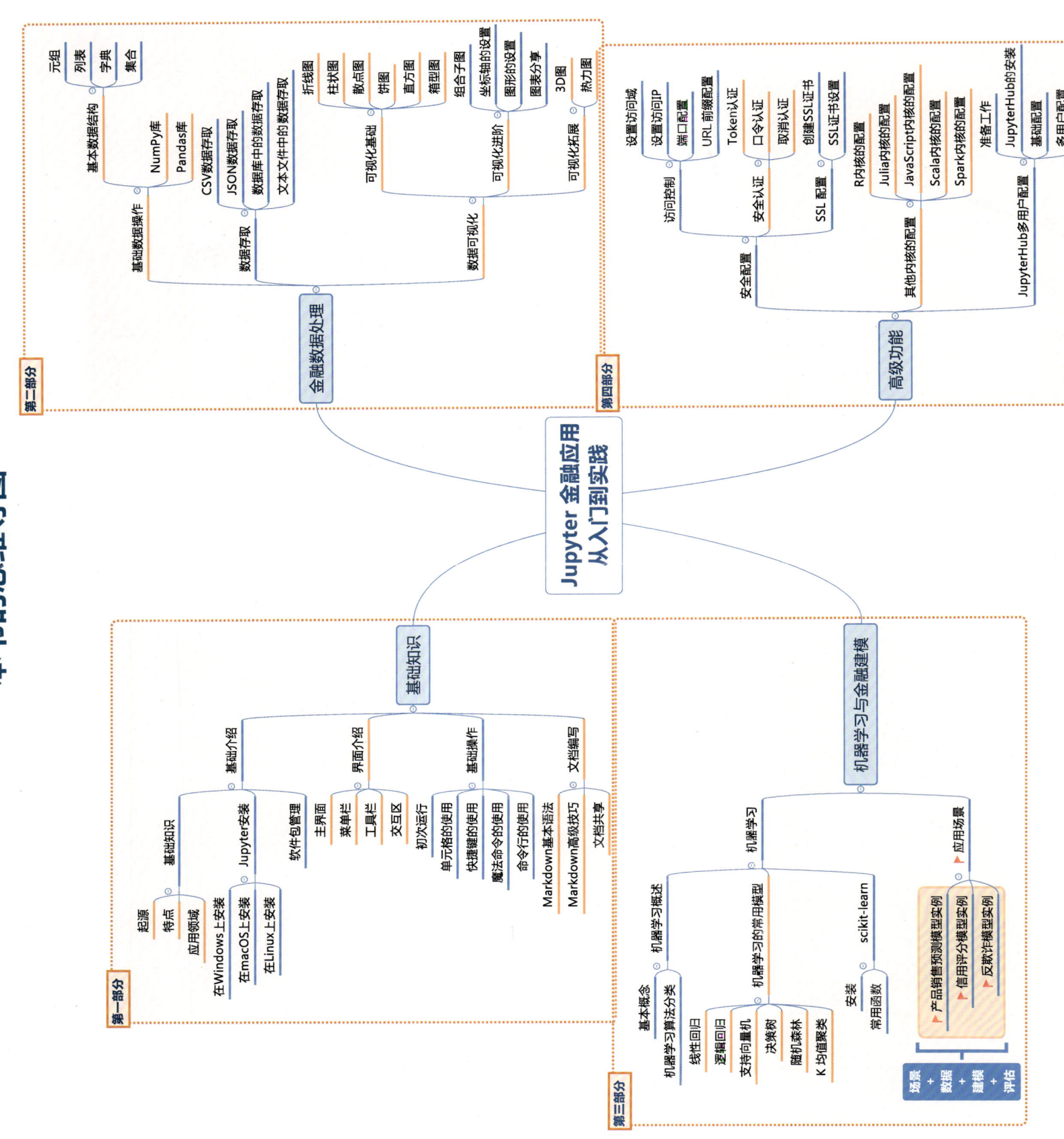

本书的思维导图

金融科技系列

Jupyter金融应用从入门到实践

傅玉峰 孙惠平 陈 钟◎著

人民邮电出版社
北京

图书在版编目（CIP）数据

Jupyter金融应用：从入门到实践 / 傅玉峰，孙惠平，陈钟著. -- 北京：人民邮电出版社，2021.7
（金融科技系列）
ISBN 978-7-115-56287-6

Ⅰ. ①J… Ⅱ. ①傅… ②孙… ③陈… Ⅲ. ①软件工具—程序设计—应用—金融 Ⅳ. ①F830.49

中国版本图书馆CIP数据核字(2021)第058309号

内 容 提 要

Jupyter Notebook 是一款交互式、功能强大的数据科学工具。它不仅高效、易上手，而且提供了强大的数据分析和可视化功能。另外，用户可以在 Jupyter Notebook 的网页中完成多种操作，例如编写代码并运行、展示代码的运行结果、编写说明文档等。

本书旨在为初学者提供一种快速学习的方法，从基础知识、金融数据处理、机器学习与金融建模、高级功能几个方面展示了 Jupyter Notebook 的强大功能以降低读者完成数据分析或建模任务的门槛，帮助读者运用 Jupyter Notebook 完成数据分析任务，更高效地处理金融数据。

本书适合数据分析人员以及有志于从事金融数据分析、金融数据建模工作的读者阅读，也适合统计学、金融学、计算机等专业的师生阅读参考。

◆ 著　　　傅玉峰　孙惠平　陈　钟
　责任编辑　胡俊英
　责任印制　王　郁　焦志炜

◆ 人民邮电出版社出版发行　　北京市丰台区成寿寺路 11 号
　邮编　100164　电子邮件　315@ptpress.com.cn
　网址　https://www.ptpress.com.cn
　北京鑫正大印刷有限公司印刷

◆ 开本：800×1000　1/16
　印张：18.25　　　　　　　　彩插：1
　字数：356 千字　　　　　2021 年 7 月第 1 版
　印数：1 - 2 000 册　　　2021 年 7 月北京第 1 次印刷

定价：99.80 元

读者服务热线：(010)81055410　印装质量热线：(010)81055316
反盗版热线：(010)81055315
广告经营许可证：京东市监广登字 20170147 号

推荐序

在大数据时代,数据如同一座座金矿,成为各行各业争相抢夺的重要资源。金融机构在战略决策、精准营销、智能投顾、智能风控等领域和场景无不依赖海量数据的支撑。但拥有数据只是第一步,如何从数字金矿中提炼出有价值的信息才是关键。作为挖掘数据价值的一整套方法论的核心,数据分析和数据建模对于增进金融机构经营效益、提升金融风险防范水平具有极其重要的意义。

在数据分析领域,Python 的高度开放性和易用性使其迅速成为主流编程语言之一。Jupyter Notebook 是随 Python 发展衍生而出的高级交互式数据科学编程工具,在 Python 数据分析领域广泛流行,深受数据分析从业者的喜爱。Jupyter Notebook 具有简洁、高效、易用、实时交互等优秀特性,一方面集成了文档、编程、画图、命令行等众多强大功能,另一方面对功能的封装科学合理,界面简洁友好,交互体验优良,在进一步提高了 Python 编程学习效率的同时也降低了 Python 的使用门槛。

这本书首先从 Jupyter 基础安装、基础操作开始介绍,每一步操作都描述得非常细致;然后讲解了基于 Jupyter 的金融数据分析、金融场景建模,充分结合几种常见的金融应用场景,兼具先进性和实用性;最后介绍了 Jupyter 的高级功能,将学习引入更专业的领域。整本书知识体系设计合理,章节编排循序渐进、结构合理,内容讲述通俗易懂,非常适合作为 Jupyter 在金融应用领域的一本入门工具书。

希望有志于从事数据分析、金融建模的读者能够充分利用这本书,在金融科技领域的工作中"更上一层楼"。

中关村金融科技产业发展联盟秘书长
中关村互联网金融研究院院长　刘勇
2021 年 4 月

自序

金融科技是大数据、人工智能、云计算、区块链等新技术和金融业务新变革深度融合带来的金融创新。人才是创新的根基和核心要素，金融科技的创新需要既懂金融又懂科技的复合交叉型人才。金融数据分析和金融数据建模是金融科技从业人员必须学习和掌握的基础技能。Jupyter 支持 Python、R、Scala、Spark、Julia 等多种内核，是当前数据科学最受关注的开放平台之一。Jupyter 通过对大量数据科学库的支持屏蔽了底层的复杂算法，使初学者也可以很容易地完成数据处理和数据建模。

本书介绍了 Jupyter 的安装配置、界面、基本操作和文档编写等基础知识；描述了 Jupyter 如何对金融数据进行操作、存取和可视化；通过产品销售预测、信用评分、反欺诈三个例子展示了 Jupyter 的机器学习和金融建模过程；最后简述了安全配置、多内核配置、多用户配置等 Jupyter 的一些高级功能。

笔者近年来为金融科技专业学生主讲数据分析工具与实践课程，对金融科技方向人才的培养略有体会，希望借这本书为推动金融科技人才培养尽一点绵薄之力；同时笔者带领的智能风控团队正从事信用评分和反欺诈等金融科技领域的科研工作，Jupyter 是日常工作中使用较多且使用效果较好的数据分析和建模工具，这本书的内容作为对日常工作的一些总结分享，非常适合作为从事相关工作的读者的入门工具书。

希望大家能喜欢这本书，从中能有所收获。

陈钟

2021 年 4 月

作者简介

傅玉峰

北京大学硕士，先后就职于中国建设银行、北京大学信息科学技术学院，具有丰富的金融大数据分析与金融风控建模的经验。

孙惠平

北京大学软件与微电子学院讲师，北京大学网络与信息安全实验室和信息科学技术学院区块链研究中心成员，研究方向为智能风控、区块链和身份认证，主讲"信息安全工程""区块链""数据分析工具与实践"等课程。

陈　钟

北京大学教授、博导，北京大学信息科学技术学院区块链研究中心主任和北京大学网络与信息安全实验室主任。中国计算机学会会士、常务理事、信息保密专业委员会副主任委员，教育部高等学校计算机类教学指导委员会副主任委员，中国软件行业协会副理事长，中国开源软件推进联盟副主席，主要研究领域为面向领域的软件工程、网络与信息安全。

前言

近年来，随着云计算、大数据、人工智能等新一代信息技术蓬勃发展，以技术驱动的金融创新进入了新阶段，金融科技蓬勃发展。金融业在面临信息时代挑战的同时，也有着其天然的优势，其优质海量的客户数据和丰富的金融应用场景，必将在金融科技变革中留下浓墨重彩的一笔。作为金融行业的从业者，作者团队有幸在工作中对金融科技中的前沿技术有所研究和应用，在风险管控、信用评分、数据治理、精准营销等方面有所涉猎。在信息时代下，数据是所有应用的基础，那么如何更高效便捷地进行数据分析呢？作者们结合自身的工作经验，在书中分享了当今流行的数据分析工具——Jupyter Notebook，同时还介绍了其在金融数据分析、金融建模领域从入门到实践的过程。希望本书能起到抛砖引玉的作用，引发更多感兴趣的读者共同学习和探索，从而在金融科技迅猛发展的时代下共同进步。

关于本书

所谓"工欲善其事，必先利其器"，作者团队在阅读了相关的数据科学类书籍时，发现对 Jupyter Notebook 这一数据分析工具的介绍相对较少。对于刚入门数据科学或者计划要入门数据科学的人，掌握一种优秀的数据分析工具可以大幅度降低学习难度，为后续的学习带来很大的便利。Jupyter Notebook 是一款交互式、功能强大的数据科学工具，有着先进的软件架构理念和人性化的交互界面，对非计算机专业背景人员的极度友好，是适合数据科学初学者使用的分析工具。它虽然简洁却不简单，对于资深的数据科学家的使用需求，它也依然能够充分满足。

虽然有很多优秀的图书对数据科学理论的讲解深入而且翔实，但学习数据科学最有效的方法往往是实践。为此，作者团队编写了这本关于 Jupyter Notebook 在金融数据分析、金融建模领域的基础入门书。这本书结合了作者团队多年来在金融数据分析和金融数据建模方面积累的经验，以数据科学理论和实践相结合的方式，通过大量的典型实例带领零基础读者快速上手。本书试图为初学者提供一种快速学习的方法，从而有效降低学习门槛和成本。希望大家在学会使用 Jupyter Notebook 的同时也能结合自己的工作内容，真正将它运用于实际工作当中。

读者对象

本书适合所有愿意从事数据分析和数据建模的人员，包括想学习数据分析和数据建模的高校学生，以及有志于从事金融数据分析、金融风险建模的职场人士。本书的第一部分"基础知识"适合所有人员阅读，不需要读者具备任何知识背景。对于本书后面涉及的内容，读者最好有简单的 Python 语法基础。如果不了解 Python 也不用担心，可以在阅读本书的过程中同步学习 Python 基本语法。

章节速览

本书分为 4 部分，共 15 章。每一部分虽是建立在前一部分的基础上，但也可以独立学习。因此读者不是必须从头开始阅读，而是可以直接选择某个部分深入阅读。

第一部分介绍 Jupyter Notebook 的基础知识，旨在让读者对 Jupyter Notebook 有全面的了解。其中第 1 章介绍了 Jupyter Notebook 的发展历程与软件的安装配置；第 2 章对 Jupyter Notebook 的界面进行了全面的讲解；第 3 章讲解 Jupyter Notebook 的基础操作，读者可以在 Jupyter Notebook 中运行自己的第一行代码；第 4 章讲解 Markdown 的语法和 Jupyter Notebook 的文档共享。

第二部分介绍在 Jupyter Notebook 中进行金融数据处理的基础知识与操作示例。其中第 5 章讲解了 Python 的基本数据格式与数据操作方法；第 6 章讲解多种格式下的数据存取方式；第 7 章讲解数据的可视化，通过各种图表示例由浅入深地演示相关操作。

第三部分介绍机器学习基本概念和多个金融建模示例，旨在让读者对金融建模有直观的了解，并了解机器学习的建模步骤。其中第 8 章介绍了机器学习基本概念和常用算法，本章内容主要以科普为主，帮助读者对机器学习建立起初步认识，同时帮助读者加深对各类算法应用场景的认识；第 9 章介绍机器学习常用的 Python 算法包 scikit-learn，演示机器学习常用算法的调用方式；第 10～12 章分别讲解了产品销售预测模型实例、信用评分模型实例、反欺诈模型实例，这 3 个实例均反映了金融行业最常见的应用场景，对有志于从事该专业方向的读者有一定的启发作用。

第四部分介绍 Jupyter Notebook 的高级功能，适合对 Jupyter Notebook 有深度使用需求或者对 Jupyter Notebook 有系统运维需求的人员阅读。其中第 13 章介绍 Jupyter Notebook 的安全配置方法；第 14 章介绍 Jupyter Notebook 的其他内核的配置，包括 R、Julia、JavaScript、Scala 和 Spark；第 15 章介绍 JupyterHub 多用户配置方法，帮助大家解决多用户使用问题。

关于资源

读者可到异步社区网站下载与本书配套的代码、彩图、PPT、习题和答案，以方便大家提升学习效果。

作者也会在 GitHub 上及时更新代码，大家可以访问作者的 GitHub 主页下载。本书配套源代码对应的 GitHub 网址：https://github.com/YufengFu/jupyter。

关于勘误

因作者水平有限，虽然经过多次校订，书中难免有纰漏之处，欢迎并恳请读者们给予批评指正，作者邮箱为 fuyufengme@gmail.com。

致谢

这本书能够顺利出版，诚然是 3 位作者投入了大量时间、思想、文字与代码的结果，但也远不止是 3 位作者的努力。

首先要感谢北京大学智能风控联合实验室优秀的同事们。正是如此优秀的专业团队，为本书的质量提供了专业的保障。在这里特别感谢郭知娇、孙源、简维凤、张嘉豪、黄元臻，感谢他们花费了大量宝贵的时间对这本书进行修改审阅，并提出大量建设性的意见。

其次，特别感谢人民邮电出版社优秀的出版团队，其中胡俊英编辑认真负责的工作态度让我们感触颇深，也是在她的努力下，才促成了本书的顺利出版。

最后感谢为这本书提出宝贵意见的所有人员。

资源与支持

本书由异步社区出品，社区（https://www.epubit.com/）为您提供相关资源和后续服务。

配套资源

本书提供配套资源，请在异步社区本书页面中点击 配套资源 ，跳转到下载界面，按提示进行操作即可。注意：为保证购书读者的权益，该操作会给出相关提示，要求输入提取码进行验证。

提交错误信息

作者和编辑尽最大努力来确保书中内容的准确性，但难免会存在疏漏。欢迎您将发现的问题反馈给我们，帮助我们提升图书的质量。

当您发现错误时，请登录异步社区，按书名搜索，进入本书页面，点击"提交勘误"，输入错误信息，点击"提交"按钮即可。本书的作者和编辑会对您提交的错误信息进行审核，确认并接受后，您将获赠异步社区的 100 积分。积分可用于在异步社区兑换优惠券、样书或奖品。

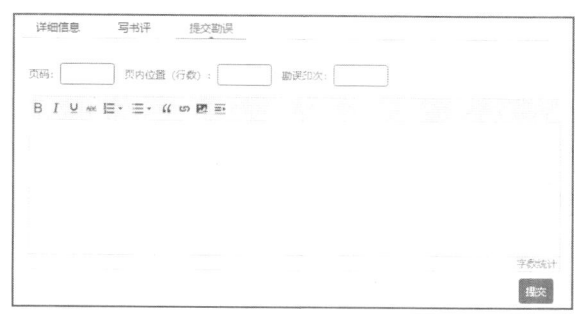

扫码关注本书

扫描下方二维码，您将会在异步社区微信服务号中看到本书信息及相关的服务提示。

与我们联系

我们的联系邮箱是 contact@epubit.com.cn。

如果您对本书有任何疑问或建议,请您发邮件给我们,并请在邮件标题中注明本书书名,以便我们更高效地做出反馈。

如果您有兴趣出版图书、录制教学视频,或者参与图书翻译、技术审校等工作,可以发邮件给我们;有意出版图书的作者也可以到异步社区在线投稿(直接访问 www.epubit.com/selfpublish/submission 即可)。

如果您所在的学校、培训机构或企业,想批量购买本书或异步社区出版的其他图书,也可以发邮件给我们。

如果您在网上发现有针对异步社区出品图书的各种形式的盗版行为,包括对图书全部或部分内容的非授权传播,请您将怀疑有侵权行为的链接发邮件给我们。您的这一举动是对作者权益的保护,也是我们持续为您提供有价值的内容的动力之源。

关于异步社区和异步图书

"异步社区"是人民邮电出版社旗下 IT 专业图书社区,致力于出版精品 IT 技术图书和相关学习产品,为作译者提供优质出版服务。异步社区创办于 2015 年 8 月,提供大量精品 IT 技术图书和电子书,以及高品质技术文章和视频课程。更多详情请访问异步社区官网 https://www.epubit.com。

"异步图书"是由异步社区编辑团队策划出版的精品 IT 专业图书的品牌,依托于人民邮电出版社近 40 年的计算机图书出版积累和专业编辑团队,相关图书在封面上印有异步图书的 LOGO。异步图书的出版领域包括软件开发、大数据、AI、测试、前端、网络技术等。

异步社区

微信服务号

目录

第一部分　基础知识

第 1 章　Jupyter Notebook 基础知识 ……… 2
- 1.1　什么是 Jupyter Notebook ……… 2
  - 1.1.1　起源 ……… 3
  - 1.1.2　特点 ……… 3
  - 1.1.3　应用领域 ……… 4
- 1.2　在 Windows 上安装 Jupyter Notebook ……… 4
  - 1.2.1　准备工作 ……… 5
  - 1.2.2　通过 Anaconda 安装 ……… 5
- 1.3　在 macOS 上安装 Jupyter Notebook ……… 9
  - 1.3.1　准备工作 ……… 9
  - 1.3.2　通过 Anaconda 安装 ……… 10
  - 1.3.3　通过命令行安装 ……… 14
- 1.4　在 Linux 上安装 Jupyter Notebook ……… 16
  - 1.4.1　准备工作 ……… 16
  - 1.4.2　通过命令行安装 Anaconda ……… 17
- 1.5　软件包管理 ……… 20
  - 1.5.1　通过 Anaconda 管理软件包 ……… 20
  - 1.5.2　通过 pip 管理软件包 ……… 21
- 1.6　小结 ……… 22

第 2 章　Jupyter Notebook 界面 ……… 23
- 2.1　主界面 ……… 23
  - 2.1.1　"文件"（Files）界面 ……… 24
  - 2.1.2　"运行"（Running）界面 ……… 26
  - 2.1.3　"集群"（Clusters）界面 ……… 27
- 2.2　菜单栏 ……… 27
  - 2.2.1　"文件"（File）菜单 ……… 27
  - 2.2.2　"编辑"（Edit）菜单 ……… 29
  - 2.2.3　"查看"（View）菜单 ……… 29
  - 2.2.4　"插入"（Insert）菜单 ……… 30
  - 2.2.5　"单元格"（Cell）菜单 ……… 30
  - 2.2.6　"内核服务"（Kernel）菜单 ……… 31
  - 2.2.7　"组件"（Widgets）菜单 ……… 31
  - 2.2.8　"帮助"（Help）菜单 ……… 33
- 2.3　工具栏 ……… 33
- 2.4　交互区 ……… 35
- 2.5　小结 ……… 35

第3章　Jupyter Notebook 基础操作 …… 37
3.1　初次运行 …… 37
3.2　单元格的使用 …… 38
3.2.1　代码单元格 …… 39
3.2.2　Markdown 单元格 …… 39
3.2.3　原生单元格 …… 40
3.2.4　编辑模式与命令模式 …… 40
3.3　快捷键的使用 …… 42
3.3.1　macOS 与 Windows 快捷键的差异 …… 42
3.3.2　编辑模式常用快捷键 …… 44
3.3.3　命令模式常用快捷键 …… 45
3.4　魔法命令的使用 …… 47
3.4.1　魔法命令基本用法 …… 47
3.4.2　常用的魔法命令 …… 48
3.5　命令行的使用 …… 50
3.5.1　命令行的基本用法 …… 50
3.5.2　命令行常用的命令 …… 51
3.6　小结 …… 52

第4章　Jupyter Notebook 文档编写 …… 53
4.1　Markdown 基本语法 …… 53
4.1.1　标题 …… 54
4.1.2　段落格式 …… 56
4.1.3　文字格式 …… 57
4.1.4　列表格式 …… 59
4.1.5　区块格式 …… 60
4.1.6　代码格式 …… 63
4.1.7　链接格式 …… 64
4.1.8　表格格式 …… 65
4.1.9　图片格式 …… 66
4.2　Markdown 高级技巧 …… 68
4.2.1　HTML 元素 …… 68
4.2.2　转义 …… 70
4.2.3　公式 …… 71
4.3　文档共享 …… 73
4.3.1　把文件导出成多种格式 …… 73
4.3.2　使用 nbviewer 共享 …… 74
4.4　小结 …… 75

第二部分　金融数据处理

第5章　基本数据操作 …… 78
5.1　基本数据结构 …… 79
5.1.1　元组 …… 79
5.1.2　列表 …… 81
5.1.3　字典 …… 84
5.1.4　集合 …… 87
5.2　NumPy 库 …… 89
5.2.1　NumPy 简介 …… 89
5.2.2　常规数组 …… 89
5.2.3　结构化数组 …… 95
5.2.4　矩阵操作 …… 95
5.3　Pandas 库 …… 97
5.3.1　Pandas 简介 …… 97
5.3.2　Series 数据结构 …… 97
5.3.3　DataFrame 数据结构 …… 100
5.4　小结 …… 108

第6章　数据存取 …… 109
6.1　CSV 数据存取 …… 109
6.1.1　CSV 数据读取 …… 110

    6.1.2　参数配置···111
    6.1.3　CSV 数据保存·····································112
  6.2　JSON 数据存取··113
    6.2.1　JSON 数据读取··································113
    6.2.2　参数遍历··114
    6.2.3　JSON 数据生成··································117
  6.3　数据库中的数据存取·································117
    6.3.1　数据库初始化·····································117
    6.3.2　常用操作··119
  6.4　文本文件中的数据存取······························120
    6.4.1　文件数据读取·····································120
    6.4.2　常用操作··122
  6.5　小结···123

第 7 章　数据可视化··124
  7.1　可视化基础···124
    7.1.1　折线图··125
    7.1.2　柱状图··127
    7.1.3　散点图··130
    7.1.4　饼图···134
    7.1.5　直方图··136
    7.1.6　箱型图··139
  7.2　可视化进阶···142
    7.2.1　组合子图··142
    7.2.2　坐标轴的设置·····································147
    7.2.3　图形的设置··155
    7.2.4　图表分享··161
  7.3　可视化拓展···161
    7.3.1　3D 图··161
    7.3.2　热力图··166
  7.4　小结···168

第三部分　机器学习与金融建模

第 8 章　机器学习···170
  8.1　机器学习概述··170
    8.1.1　基本概念··171
    8.1.2　机器学习算法分类·······························172
  8.2　机器学习的常用模型·································174
    8.2.1　线性回归··175
    8.2.2　逻辑回归··175
    8.2.3　支持向量机··176
    8.2.4　决策树··177
    8.2.5　随机森林··178
    8.2.6　K 均值聚类··179
  8.3　小结···179

第 9 章　scikit-learn···180
  9.1　安装···180
  9.2　常用函数···181
    9.2.1　线性回归··182
    9.2.2　逻辑回归··183
    9.2.3　支持向量机··185
    9.2.4　决策树··186
    9.2.5　随机森林··188
    9.2.6　K 均值聚类··189
  9.3　小结···190

第10章 产品销售预测模型实例 191
10.1 场景介绍 191
10.2 数据准备 192
10.2.1 数据探索 192
10.2.2 数据划分 196
10.3 建立模型 197
10.3.1 拟合优度 197
10.3.2 模型对比 198
10.4 验证评估 200
10.4.1 模型表现 200
10.4.2 模型解释 201
10.5 小结 202

第11章 信用评分模型实例 203
11.1 场景介绍 203
11.2 数据准备 204
11.2.1 数据概况 204
11.2.2 数据探索 205
11.2.3 特征选择 209
11.2.4 数据采样 213
11.3 建立模型 214
11.4 验证评估 215
11.4.1 分类评价指标 215
11.4.2 横向对比模型 218
11.5 小结 221

第12章 反欺诈模型实例 222
12.1 场景介绍 222
12.2 数据准备 223
12.2.1 特征转换 223
12.2.2 特征缩放 224
12.3 建立模型 225
12.3.1 确定类的数量 226
12.3.2 类的可视化 228
12.4 验证评估 228
12.5 小结 229

第四部分 高级功能

第13章 安全配置 232
13.1 访问控制 232
13.1.1 设置访问域 232
13.1.2 设置访问IP 233
13.1.3 端口配置 234
13.1.4 URL前级配置 234
13.2 安全认证 235
13.2.1 Token认证 236
13.2.2 口令认证 237
13.2.3 取消认证 239
13.3 SSL配置 239
13.3.1 创建SSL证书 240
13.3.2 SSL证书设置 241
13.4 小结 242

第14章 其他内核的配置 243
14.1 R内核的配置 244
14.1.1 通过Anaconda图形化界面下载并安装R内核 244
14.1.2 通过conda命令行下载并安装R内核 245
14.1.3 查看安装结果并编写运行一个R脚本 246

14.2 Julia 内核的配置 ·················· 247
   14.2.1 安装 Julia ···················· 247
   14.2.2 在 Jupyter 中配置 Julia ········ 249
   14.2.3 查看安装结果并编写运行
          一个 Julia 脚本 ············· 249
14.3 JavaScript 内核的配置 ············ 250
   14.3.1 检查 Node.js 和 npm ········· 250
   14.3.2 安装管理 Node.js 和 npm ····· 251
   14.3.3 安装 JavaScript 内核 ········· 252
   14.3.4 在 Jupyter Notebook 中使用
          JavaScript 内核 ············· 253
14.4 Scala 内核的配置 ················· 254
   14.4.1 Java 安装与环境配置 ········ 254
   14.4.2 Scala 下载与安装 ············ 256
   14.4.3 在 Jupyter Notebook 中使用
          Scala 内核 ··················· 257

14.5 Spark 内核的配置 ················· 258
   14.5.1 安装 Spark ··················· 258
   14.5.2 安装 SBT ···················· 259
   14.5.3 在 Jupyter Notebook 中使用
          Spark 内核 ··················· 260
14.6 小结 ······························ 264

第 15 章 JupyterHub 多用户配置 ········ 265
15.1 为什么需要多用户配置 ············ 265
15.2 JupyterHub 的安装 ················ 267
   15.2.1 准备工作 ···················· 267
   15.2.2 安装步骤 ···················· 267
   15.2.3 启动 ························· 269
15.3 JupyterHub 的配置 ················ 270
   15.3.1 基础配置 ···················· 271
   15.3.2 多用户配置 ·················· 272
15.4 小结 ······························ 274

第一部分
基 础 知 识

- 第 1 章　Jupyter Notebook 基础知识
- 第 2 章　Jupyter Notebook 界面
- 第 3 章　Jupyter Notebook 基础操作
- 第 4 章　Jupyter Notebook 文档编写

第 1 章 Jupyter Notebook 基础知识

在做数据科学项目时，我们常常会考虑使用什么工具。数据科学发展至今，摆在我们面前的工具有很多，从 Excel 到 SPSS，从 R 语言到 Python 语言，不同的工具有各自专长的领域。所谓"工欲善其事，必先利其器"，作为数据科学的初学者，选择什么样的工具便是摆在我们面前的首要问题。

目前，Jupyter Notebook 是一款数据科学领域非常流行的、功能强大的交互式工具，支持几十种编程语言，学习 Jupyter Notebook 的基本操作十分有必要。在本章中，我们将详细地对 Jupyter Notebook 进行介绍，帮助读者建立起对 Jupyter Notebook 的认识。

在本章中，我们将探讨以下主题。

- 什么是 Jupyter Notebook
- 在 Windows 上安装 Jupyter Notebook
- 在 macOS 上安装 Jupyter Notebook
- 在 Linux 上安装 Jupyter Notebook
- 软件包管理

1.1 什么是 Jupyter Notebook

为了帮助大家更好地了解 Jupyter Notebook，从而更顺畅地进入之后的学习，我们将首先从 Jupyter Notebook 的起源、特点和应用领域开始介绍。

1.1.1 起源

Jupyter Notebook 起源于 2014 年的 IPython 项目，它是一个非盈利、开源的项目，支持多种编程语言的交互式数据科学计算环境。

IPython 是一个 Python 的交互式 Shell。与默认的 Python Shell 相比，IPython 有很多优势，包括支持自动补全、自动缩进、内置函数丰富等。它可以让我们更高效地使用 Python，并且发挥 Python 的计算优势。自 2001 年起，IPython 承诺其项目完全开源，遵循 BSD 协议，这让 IPython 的使用更加灵活，基于 IPython 开发的 IPython Notebook 也获得了广泛的应用。

提到 IPython 的应用，就不得不提到"内核"这一概念。一个"内核"其实就是一个可以运行并检查用户代码的程序，Jupyter Notebook 原生支持的 IPython 就包含了这样一个"内核"，它可以运行并检查用户提交的 Python 代码。正是了解了"内核"这一概念，大家也意识到内核程序可以用任何一种语言去实现。因此 IPython Notebook 的底层架构不仅适用于 Python，也可以支持其他编程语言。

不久后，基于 IPython Notebook、支持多种语言内核的 Jupyter Notebook 很快被创建出来。Jupyter 的名称也源于其早期支持的 3 种编程语言，分别是 Julia、Python 和 R。目前，Jupyter 支持几十种内核类型，比较典型的内核有支持 R 语言的 IRkernel 内核、支持 MATLAB 的 matlab_kernel 内核、支持 Javascript 的 IJavascript 内核等。这些内核都是针对某一种语言实现的内核，都可以通过 PyPi 快速地进行安装使用。

1.1.2 特点

从 Jupyter Notebook 的起源中我们了解到它是一款开源、支持多种编程语言的交互式网页应用。除了以上特点，Jupyter Notebook 还具有以下特点。

（1）支持在浏览器中编辑代码，具有自动语法突出显示、缩进和制表符完成/自省的功能。

（2）支持在浏览器中执行代码，并将计算结果附在代码下方。

（3）提供丰富的形式展示计算结果，如 HTML、LaTeX、PNG、SVG 等。Matplotlib 库还支持高质量的图形。

（4）支持在浏览器中使用 Markdown 语法编写文档，可以为代码编写说明文档，而不仅仅限于纯文本。

（5）支持 LaTeX 编写数学文档，便于编写包含复杂数学符号的文档，并由 MathJax 显示出来。

（6）支持 40 多种语言，包括一些数据科学领域很流行的语言，如 Python、R、Scala、Julia 等。

（7）Jupyter Notebook 文档保存了完整且独立的计算记录，其文档可转换成各种格式，并能够使用电子邮件、Dropbox、Git/GitHub 或 nbviewer 进行共享。

（8）我们可以通过 nbconvert 命令将 Notebook 导出成一系列静态格式，包括 HTML（例如，博客文章）、reStructuredText、LaTeX、PDF 和 PPT。

1.1.3 应用领域

Jupyter Notebook 的上述特点使我们可以在网页端运行代码，其单元格（cell）支持随时写代码并运行，根据运行结果修改代码。这样的交互式编程模式极大地提升了编写代码、调试代码的效率。对于数据科学家而言，Jupyter Notebook 已成为必需品，它提供了最直观、最精炼的交互式数据科学环境，但 Jupyter Notebook 的应用领域远不止于此。

Jupyter Notebook 在机器学习与数据分析领域有很多应用，它不仅支持机器学习与深度学习，也支持大规模并行计算框架 Spark，并具有丰富的库可以实现结构化数据分析、数据挖掘、爬虫等功能。在化学、生物、地理科学等专业领域，Jupyter Notebook 的应用也在逐步丰富，为人们解决专业问题提供了更丰富的选择。

本书将专注于为读者建立起对 Jupyter Notebook 的基础认识，并学习其在金融领域的实践应用。目前在金融领域，Python 被广泛地用于数据分析，越来越多的传统金融问题和模型可以用 Python 来实现。作为重要的数据科学工具，Jupyter Notebook 在金融领域也发挥着越来越重要的作用，大家将在之后的内容中逐步学习。

1.2 在 Windows 上安装 Jupyter Notebook

在 Windows 环境下安装 Jupyter Notebook 有两种常用的方法，分别是通过 Anaconda 安装和通过命令行安装。Windows 系统开启了图形化操作界面的时代，一般我们使用 Windows

系统比较习惯于使用图形化界面操作。因此，在 Windows 环境下安装 Jupyter Notebook，我们主要学习使用图形化界面安装 Anaconda。下面我们开始一起操作。

1.2.1 准备工作

前面我们了解到，Jupyter Notebook 起源于 IPython 项目，安装 Jupyter Notebook 必须先安装 Python。在 Windows 环境下，为了更加便捷地管理多个版本的 Python 以及日益繁杂的 Python 开发包，我们特别推荐使用 Anaconda 软件。Anaconda 是一个基于 Python 的数据科学计算平台，包含了 180 多个包及其依赖项，安装之后直接包含了常用的 Python 包和 Jupyter Notebook 环境等。其优点是一键安装，方便快捷，适合初学者；缺点是由于 Anaconda 包含较多的包，导致文件较大，比较占用内存空间。

另外，通过命令行安装 Jupyter Notebook 也是较为常用的一种方法，但前提是大家的计算机已经安装好 Python 环境。若计算机没有 Python 环境，则需要先在 Python 官网下载相应的 Python 版本并安装；安装好 Python 环境之后，再使用 pip 指令在命令行中下载并安装 Jupyter Notebook。该方法的优点是包含 Python 的基本功能，但不包含额外的第三方包，节省内存空间；缺点是需要自己进行版本管理，初学者若不熟悉命令行指令，操作起来有一定的难度。

针对以上两种安装方式，读者可以根据自己的情况选择一种。本节将主要介绍通过 Anaconda 安装的方法。在进行安装前，需要先下载所需的软件的安装包。

若系统没有安装 Python 环境，且你是初学者，建议使用 Anaconda 安装。你需要先从官网下载 Anaconda 的安装包，注意选择适合计算机系统的版本下载。在本书的示例中，统一使用"Anaconda Individual Edition-Python3.8-64-Bit Graphical Installer"。如果读者的计算机是 32 位操作系统，则请选择"Anaconda Individual Edition-Python3.8-32-Bit Graphical Installer"。

若系统已经安装了 Python 环境，并且可以正常使用，你也可以直接安装 Anaconda 来使用 Jupyter Notebook，只需要注意在安装过程中不勾选添加环境变量即可。

1.2.2 通过 Anaconda 安装

在上一节的准备工作中，我们已经下载好了 Anaconda 的安装包，接下来我们来安装 Anaconda。双击下载好的 Anaconda 安装包进行安装即可。

首先单击"我同意"（I Agree）按钮，同意 Anaconda 用户协议，如图 1-1 所示。

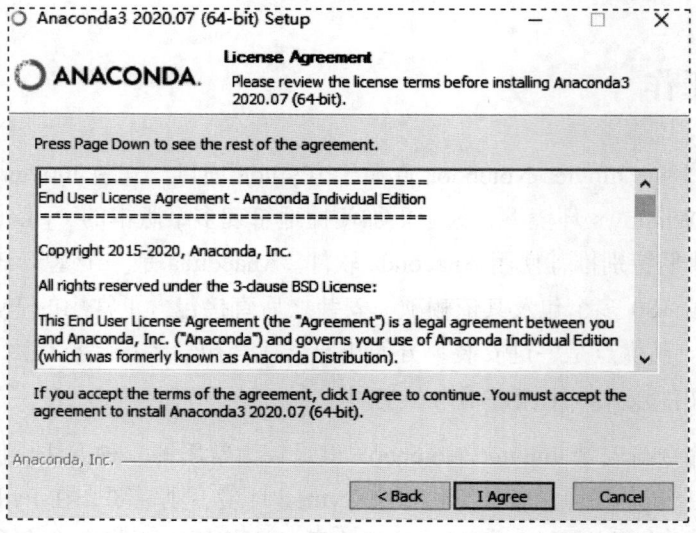

图 1-1　同意 Anaconda 用户协议

图 1-2 是为 Anaconda 选择用户，可以根据实际需求进行选择。之后，单击"下一步"（Next）按钮，进入下一步的操作。

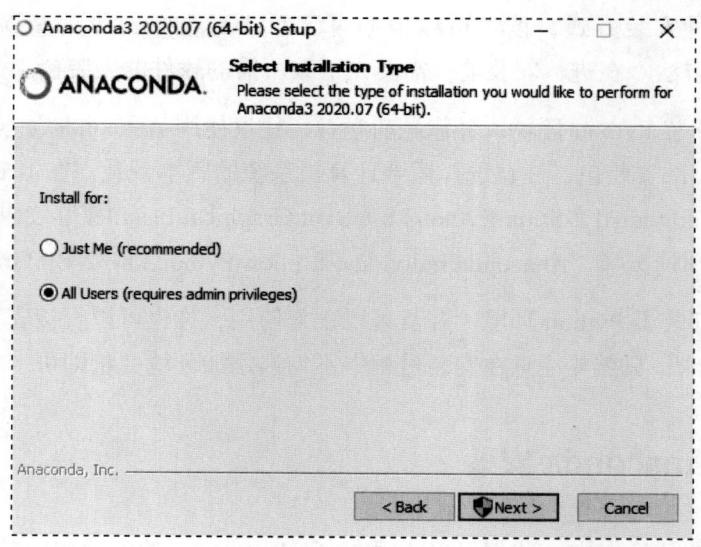

图 1-2　选择 Anaconda 用户

根据需求选择软件的安装位置，并单击"下一步"（Next）按钮，如图 1-3 所示。

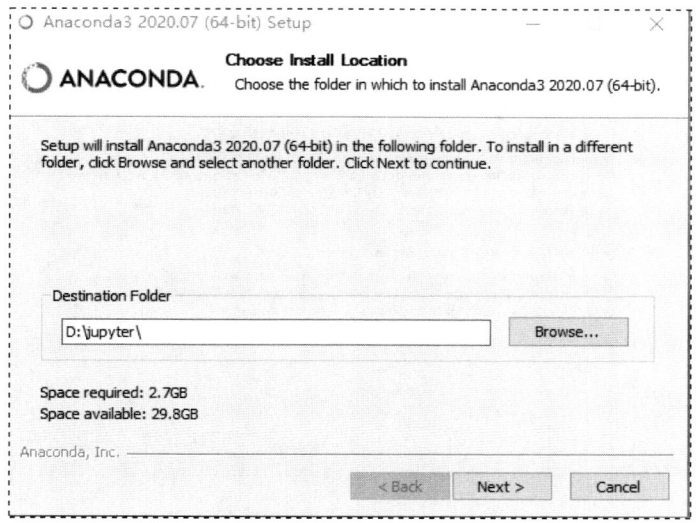

图 1-3　选择 Anaconda 安装位置

之后会弹出图 1-4 所示的页面，第一项是系统环境变量相关的设置，默认该项是不勾选的，这里建议大家将该项勾选。如图 1-5 所示，勾选该选项之后安装程序可以自动配置好环境变量，无须手动配置。

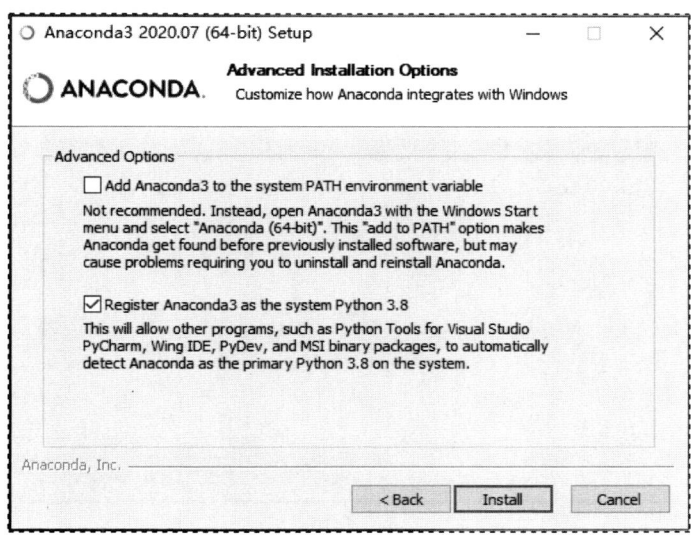

图 1-4　选择自动设置环境变量前

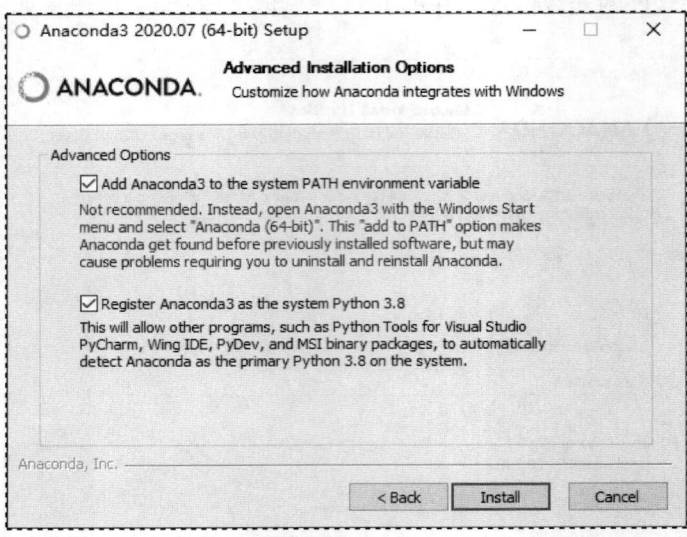

图 1-5　选择自动设置环境变量后

安装成功之后如图 1-6 和图 1-7 所示。若勾选图 1-7 中的两项，则在单击"完成"（Finish）之后，会弹出两个关于 Anaconda 的介绍页面。

安装完成后，打开系统软件目录可看到最近添加的 Anaconda，如图 1-8 所示。

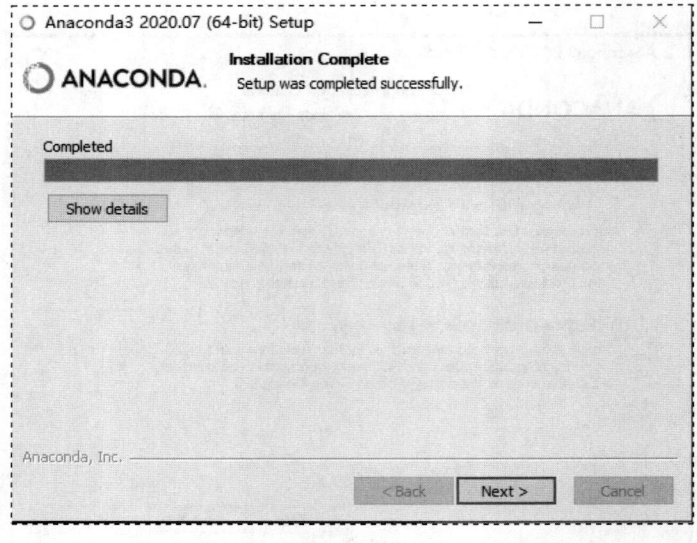

图 1-6　安装过程界面

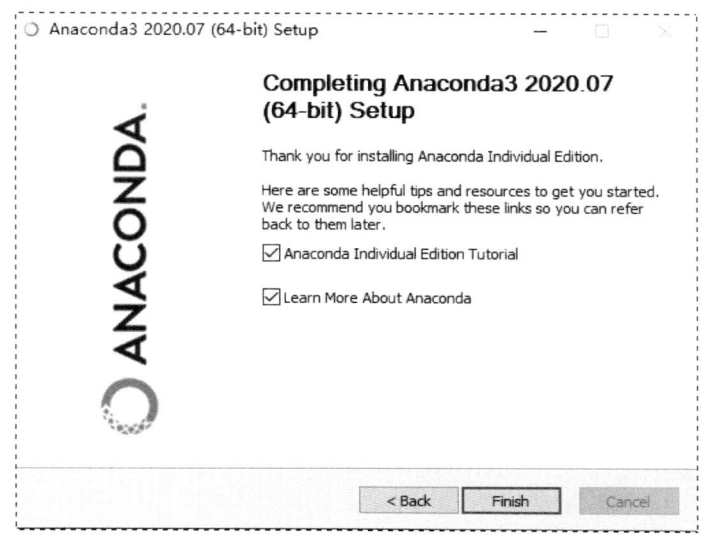

图 1-7　安装成功界面

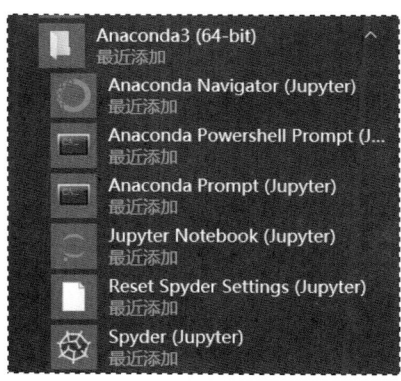

图 1-8　最近添加的 Anaconda

1.3　在 macOS 上安装 Jupyter Notebook

macOS 是基于 UNIX 系统开发的,拥有易于操作和使用的终端支持命令行工具。大家也可以使用图形化界面进行软件安装和使用。因此,在 macOS 环境下安装 Jupyter Notebook 有两种常用的方法,分别是通过 Anaconda 安装和通过命令行安装。本节我们主要介绍这两种方法。

1.3.1　准备工作

与 Windows 上安装 Jupyter Notebook 类似,在 macOS 上安装 Jupyter Notebook 可以使用 Anaconda 或通过命令行安装这两种方法。

在 macOS 上安装 Jupyter Notebook,其准备工作与上一节相似,在安装前同样需要在官网或者镜像网站上选择适合自己的计算机版本的安装包。针对最新的 Anaconda 安装包,macOS 有图形化安装和命令行安装两种安装包可选。

大家可从官网下载 Anaconda 的安装包。在本书中,我们下载的是 Python 3.8 版本,如图 1-9 所示。

图 1-9　适合 macOS 的 Python 安装包

1.3.2 通过 Anaconda 安装

在上一节的准备工作中，我们已经下载好了 Anaconda 的安装包，接下来我们可以安装 Anaconda。双击下载好的 Anaconda 安装包，如图 1-10 所示。

首先需要阅读重要信息和软件许可协议，单击"继续"按钮进行安装，如图 1-11 ~ 图 1-13 所示。

图 1-10 适合 macOS 的 Anaconda 图形化安装包

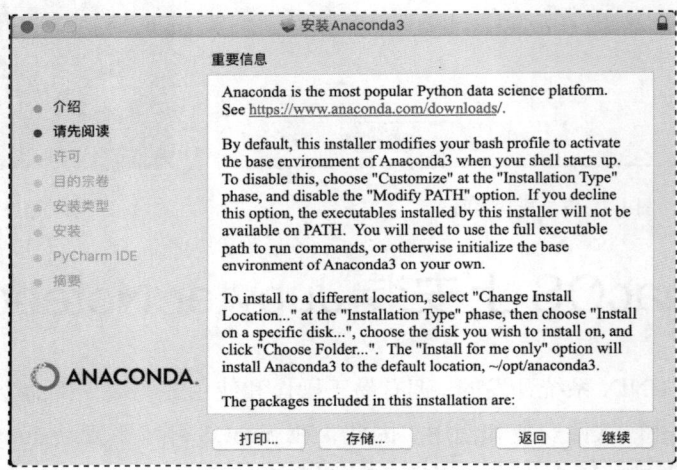

图 1-11 阅读重要信息

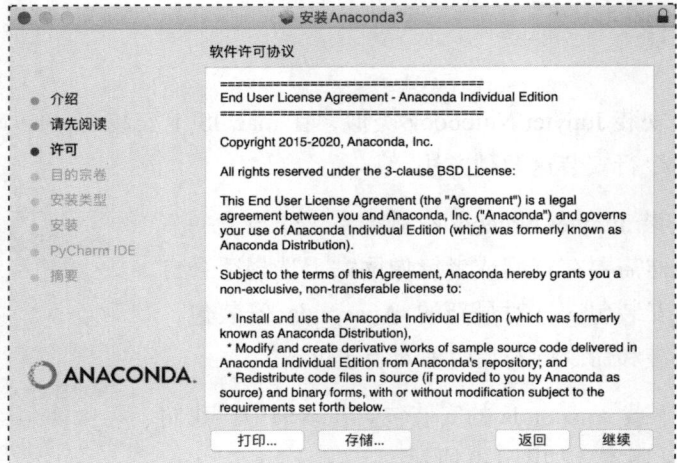

图 1-12 阅读软件许可协议

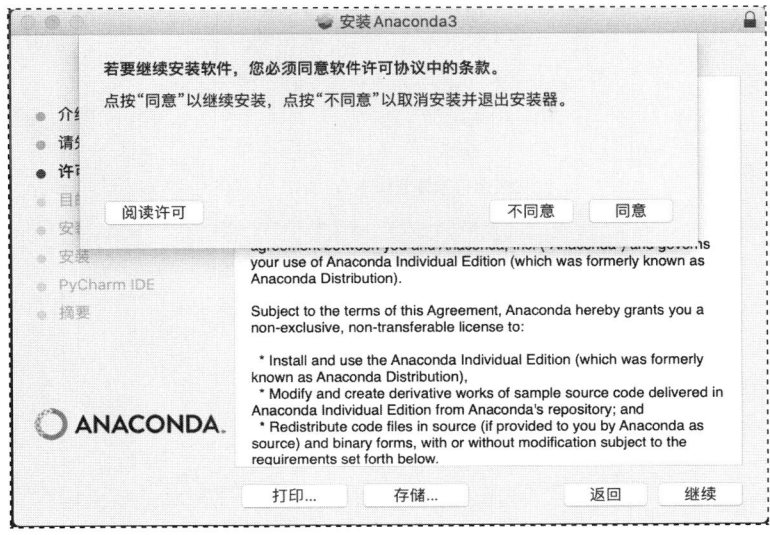

图 1-13　同意软件许可协议

如图 1-14 所示,这一步可以选择该软件的安装位置。若不需要更改软件的安装位置,则单击"安装"按钮,进入图 1-15 所示的图形化安装过程界面。

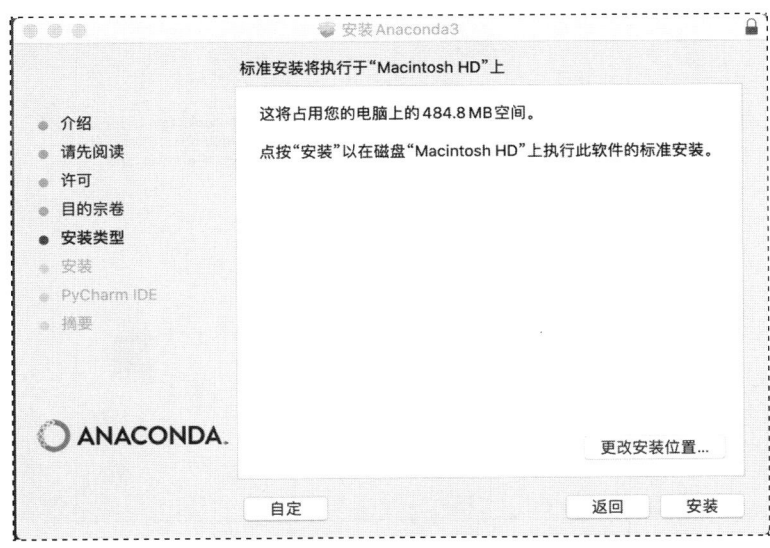

图 1-14　图形化安装确认安装位置

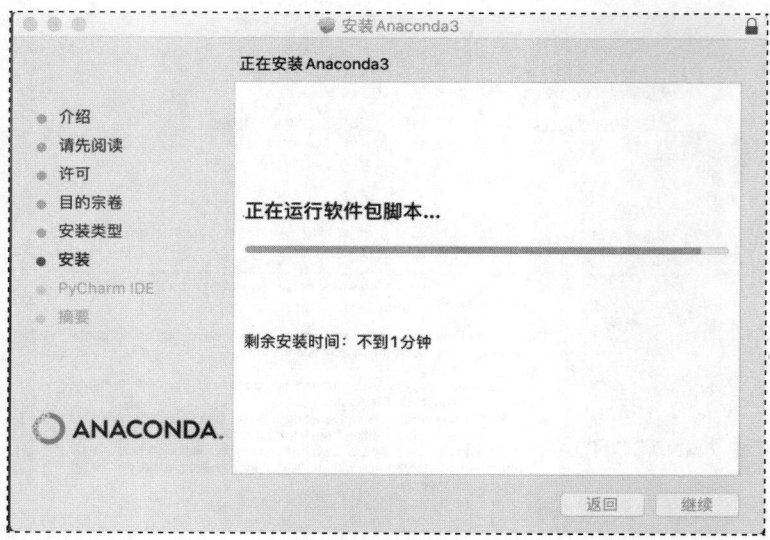

图 1-15　图形化安装过程

安装好之后,弹出 PyCharm 的宣传界面,如图 1-16 所示。单击"继续"按钮,弹出安装成功界面,如图 1-17 所示。

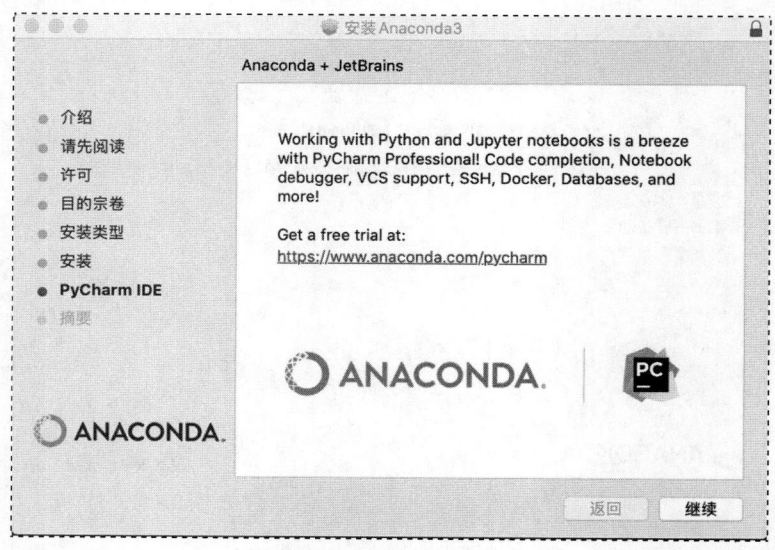

图 1-16　PyCharm 的宣传界面

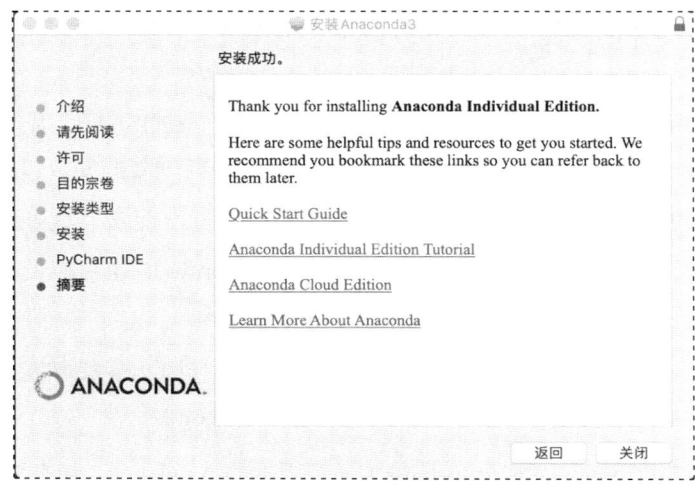

图 1-17　安装成功界面

打开 Anaconda 软件，其中包含 Anaconda 的常用软件。直接单击 Jupyter Notebook 下方的"Launch"按钮即可打开，如图 1-18 所示。

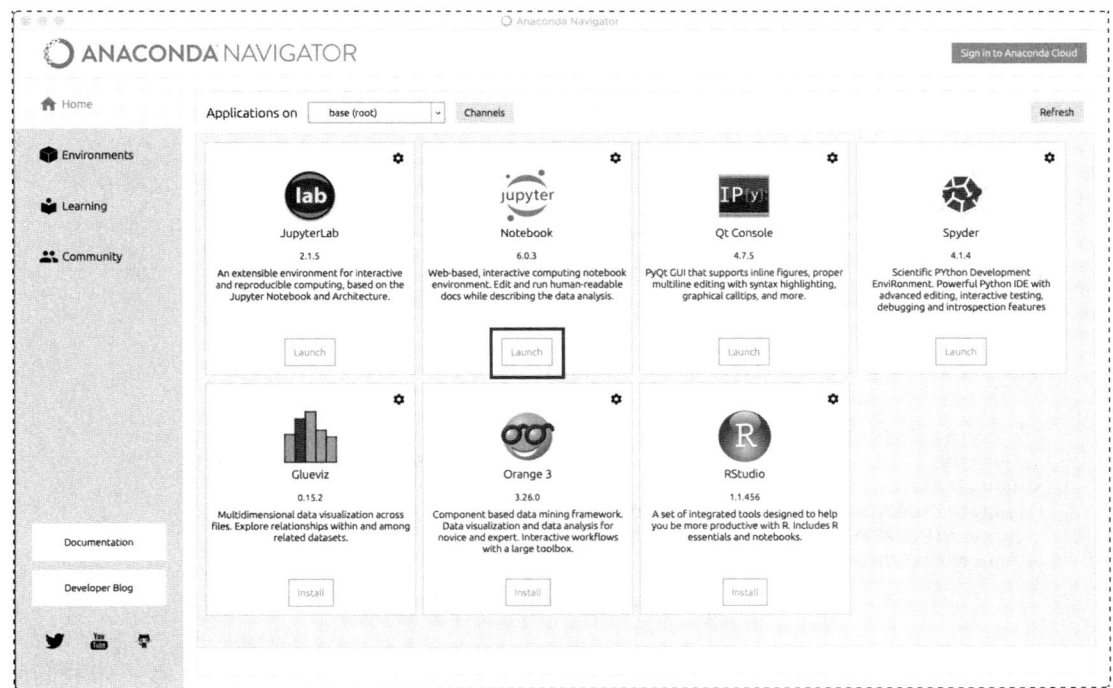

图 1-18　Anaconda 图形化界面

1.3.3 通过命令行安装

许多 macOS 用户更喜欢使用命令行来安装程序。在 macOS 上使用命令行安装 Jupyter Notebook，其操作十分方便，可以在 Anaconda 官网下载命令行安装的安装包，在终端进行操作。

通过命令行安装 Anaconda 的第一步是下载安装包，可以在官网下载文件 64-Bit Command Line Installer。若计算机安装了下载相关的指令（如 homebrew），也可以使用大家习惯的方式下载安装包。

本节将直接演示从官网下载安装包并在命令行安装的过程。下载好安装包之后，你只需要在命令行中按照以下指令进行操作，就可以安装好 Anaconda。

从官网下载 64-Bit Command Line Installer（最新版本的 Anaconda）到本地，如图 1-19 所示。

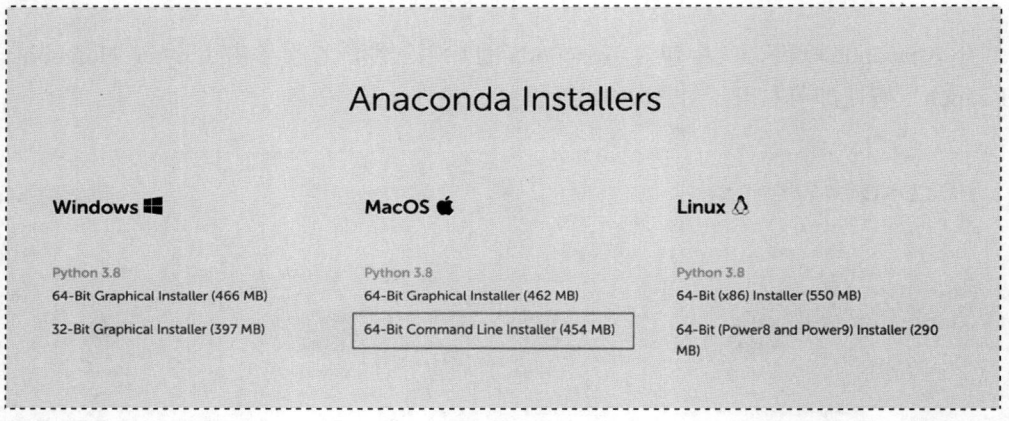

图 1-19 适合 macOS 的 Python 命令行安装包

然后通过命令进入到文件下载目录，如图 1-20 所示。

```
jupyter@C02CW0DKML87 ~ % ls
Desktop          Downloads        Movies           Pictures
Documents        Library          Music            Public
jupyter@C02CW0DKML87 ~ % cd Downloads
jupyter@C02CW0DKML87 Downloads % ls
Anaconda3-2020.07-MacOSX-x86_64.sh
```

图 1-20 命令行中进入 Anaconda 的所在位置

我们可以看到已经下载好的 Anaconda3-2020.07-MacOSX-x86_64.sh 文件。接下来我们通过命令行完成 Anaconda 的安装，如图 1-21 所示。

```
jupyter@C02CW0DKML87 Downloads % bash Anaconda3-2020.07-MacOSX-x86_64.sh

Welcome to Anaconda3 2020.07

In order to continue the installation process, please review the license
agreement.
Please, press ENTER to continue
>>>
```

图 1-21　通过命令行安装 Anaconda

如果读者感兴趣，可以仔细阅读许可协议，或者一直按回车（Enter）键直到该协议的结尾，此时系统会询问是否接受协议，输入 yes 即表示同意该协议，如图 1-22 所示。

```
Do you accept the license terms? [yes|no]
[no] >>> yes
```

图 1-22　同意许可协议

同意许可协议后，系统会让我们确认 Anaconda 的安装目录。一般我们选择默认目录，直接按回车（Enter）键就可以了。如果想改变安装位置，指定到某个目录，则需要在图 1-23 中的符号">>>"后输入绝对路径。

```
Anaconda3 will now be installed into this location:
/Users/jupyter/anaconda3

  - Press ENTER to confirm the location
  - Press CTRL-C to abort the installation
  - Or specify a different location below

[/Users/jupyter/anaconda3] >>>
```

图 1-23　选择 Anaconda 的安装位置

在确认过安装目录之后，即可等待 Anaconda 的安装过程。此时会有一系列安装过程的详细信息，大家只需要等待其安装即可。在安装完成后，屏幕会出现图 1-24 所示的提示"installation finished."，这意味着 Anaconda 已经安装成功。安装成功之后，系统会询问是否需要运行 conda init 命令初始化 Anaconda3，此时我们输入 yes，等待其执行结束即可，如图 1-24 所示。

```
Preparing transaction: done
Executing transaction: / b''
done
installation finished.
Do you wish the installer to initialize Anaconda3
by running conda init? [yes|no]
[yes] >>> yes
```

图 1-24　安装成功后初始化 Anaconda3

初始化命令执行结束后会出现图 1-25 所示的内容，若要使安装过程生效，还需要关闭当前的终端并重新打开。

```
==> For changes to take effect, close and re-open your current shell. <==
If you'd prefer that conda's base environment not be activated on startup,
   set the auto_activate_base parameter to false:
conda config --set auto_activate_base false
```

图 1-25　提示重新打开终端

重新打开终端后，如图 1-26 所示，你可以看到命令行前面多了个 base，表示当前处于 base 的虚拟环境，同时可以看到 Python 版本是 3.8.3，来自 Anaconda。这表示 Anaconda 安装成功，之后我们就可以使用 conda 管理 Python 环境了。

```
(base) jupyter@C02CW0DKML87 ~ % python
Python 3.8.3 (default, Jul  2 2020, 11:26:31)
[Clang 10.0.0 ] :: Anaconda, Inc. on darwin
Type "help", "copyright", "credits" or "license" for more information.
>>>
```

图 1-26　使用 python 指令查看已安装环境

输入以下指令即可直接启动 Jupyter Notebook。

```
$ jupyter notebook
```

1.4　在 Linux 上安装 Jupyter Notebook

Linux 系统具有稳定性高、安全性高、初期投入与维护成本较低等诸多优势，因此很多服务器部署选择使用 Linux 系统。另外，也有个人选择使用 Linux 系统。Linux 系统的命令行使用十分方便，因此本节我们主要介绍通过命令行安装 Anaconda 的方法。

1.4.1　准备工作

对于 Linux 系统，我们使用与前面 macOS 类似的命令从命令行安装 Anaconda。在 Linux 系统上安装 Anaconda 可以选择直接在官网下载好安装包进行安装，也可以使用命令行直接下载安装。由于 Linux 系统命令行操作更为方便，因此我们只演示 Linux 系统中的命令行安装方法。

1.4.2 通过命令行安装 Anaconda

在 Linux 系统中通过命令行安装 Anaconda 的步骤如下：首先需要使用浏览器或者 wget 命令下载 Anaconda 的安装脚本。在本例中，我们下载的是 2020.02 版本的 Anaconda 安装包。由于 Anaconda 的下载路径随时可能发生变化，大家也可以到 Anaconda 的官方网站查找最新的版本。

使用 wget 命令下载安装包指令如下，网址可根据官网实际情况调整。

```
$ wget -P /tmp https://repo.anaconda.com/archive/Anaconda3-2020.02-Linux-x86_64.sh
```

图 1-27 所示是下载过程，由于文件较大，请大家耐心等待。

```
jupyter@ubuntu:~$ wget -P /tmp https://repo.anaconda.com/archive/Anaconda3-2020.02-Linux-x86_64.sh
--2020-11-17 06:29:25--  https://repo.anaconda.com/archive/Anaconda3-2020.02-Linux-x86_64.sh
Resolving repo.anaconda.com (repo.anaconda.com)... 2606:4700::6810:8203, 2606:4700::6810:8303, 104.16.131.3, ...
Connecting to repo.anaconda.com (repo.anaconda.com)|2606:4700::6810:8203|:443... connected.
HTTP request sent, awaiting response... 200 OK
Length: 546910666 (522M) [application/x-sh]
Saving to: '/tmp/Anaconda3-2020.02-Linux-x86_64.sh'

Anaconda3-2020.02-L 100%[===================>] 521.57M  72.0MB/s    in 9.0s

2020-11-17 06:29:40 (57.8 MB/s) - '/tmp/Anaconda3-2020.02-Linux-x86_64.sh' saved [546910666/546910666]
```

图 1-27　使用指令下载 Anaconda 安装包

下载完成之后，即可运行以下脚本启动安装进程。

```
$ bash /tmp/Anaconda3-2020.02-Linux-x86_64.sh
```

此时可以看到如图 1-28 所示的输出，提示阅读相关的许可协议。此时只需按回车（Enter）键继续，界面会显示相关协议，大家可以直接按回车（Enter）键翻页阅读所有协议。

```
jupyter@ubuntu:~$ bash /tmp/Anaconda3-2020.02-Linux-x86_64.sh

Welcome to Anaconda3 2020.02

In order to continue the installation process, please review the license
agreement.
Please, press ENTER to continue
>>>
```

图 1-28　安装前先阅读相关的许可协议

当所有协议阅读完毕，系统会询问是否接受协议条款，此时只需输入 yes 即可，如图 1-29 所示。

```
Do you accept the license terms? [yes|no]
[[no] >>> yes
```

图 1-29　系统询问是否接受许可协议

如图 1-30 所示，接受许可协议后，系统会提示选择安装路径，一般安装在默认位置即可，也可以通过输入绝对路径更改安装位置。确认好安装位置后，按回车（Enter）键确认位置。

```
Anaconda3 will now be installed into this location:
/home/jupyter/anaconda3

  - Press ENTER to confirm the location
  - Press CTRL-C to abort the installation
  - Or specify a different location below

[/home/jupyter/anaconda3] >>>
```

图 1-30　确认安装位置

在确认过安装位置之后，即可等待 Anaconda 的安装过程，安装过程会有一系列详细信息，此时大家只需要等待其安装即可，在安装完成后会出现图 1-31 所示的"installation finished."，表示 Anaconda 已经安装成功。安装成功之后，系统会询问是否需要运行 conda init 命令初始化 Anaconda3，此时我们输入 yes，等待其执行结束即可。

```
Preparing transaction: done
Executing transaction: done
installation finished.
Do you wish the installer to initialize Anaconda3
by running conda init? [yes|no]
[no] >>> yes
```

图 1-31　安装成功后初始化 Anaconda3

想要激活并使用 Anaconda，则可以关闭终端后重新打开，也可以使用下面的命令重新加载 PATH 环境变量，将命令行工具 conda 添加到系统的 PATH 环境变量中。

```
$ source ~/.bashrc
```

若大家想验证 Anaconda 是否安装成功，可在终端输入 conda 相关指令。例如输入 conda list，屏幕会显示已经安装的软件包及版本信息等，如图 1-32 所示。这就表示已经成功地在 Ubuntu Linux 系统上安装好了 Anaconda，可以开始使用 Anaconda 了。

```
[jupyter@ubuntu:~$ source ~/.bashrc
(base) jupyter@ubuntu:~$ conda list
# packages in environment at /home/jupyter/anaconda3:
#
# Name                    Version                   Build  Channel
_ipyw_jlab_nb_ext_conf    0.1.0                    py37_0
_libgcc_mutex             0.1                        main
alabaster                 0.7.12                   py37_0
anaconda                  2020.02                  py37_0
anaconda-client           1.7.2                    py37_0
anaconda-navigator        1.9.12                   py37_0
anaconda-project          0.8.4                     py_0
argh                      0.26.2                   py37_0
asn1crypto                1.3.0                    py37_0
astroid                   2.3.3                    py37_0
```

图 1-32　使用 conda list 查看已安装的软件包

使用 Anaconda 也有两种方式，若是个人使用的 Linux 系统并且系统配备有图形化界面，在终端输入以下命令即可直接启动 Anaconda。

```
$ Anaconda Navigator
```

Anaconda 启动成功后，命令行界面如图 1-33 所示，图形化界面如图 1-34 所示。启动 Anaconda 界面之后直接单击 Jupyter Notebook 即可打开。

```
(base) jupyter@ubuntu:~$ anaconda-navigator
```

图 1-33　启动 Anaconda 的命令行界面

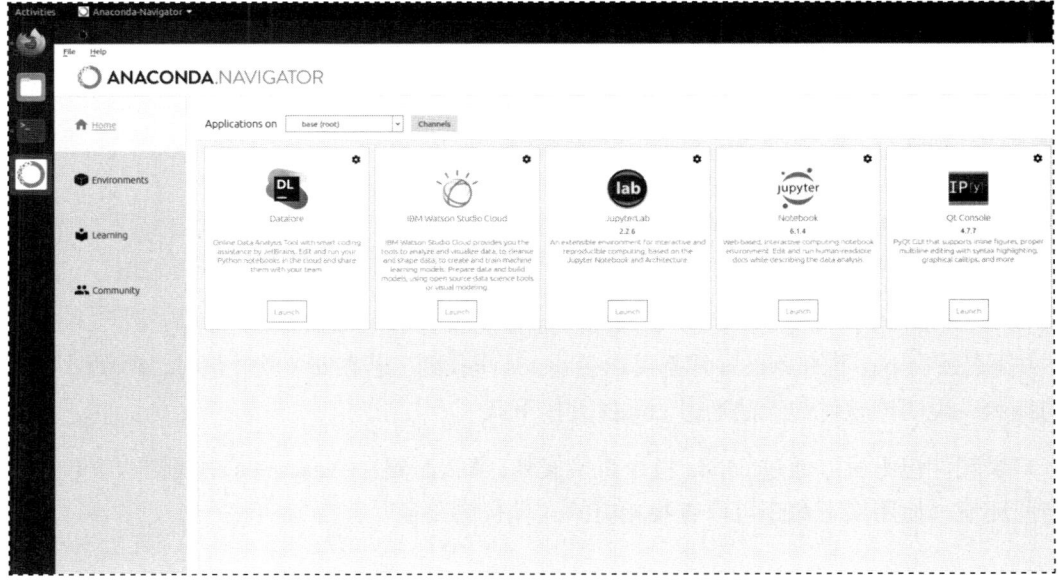

图 1-34　成功启动 Anaconda 的图形化界面

若大家将 Linux 系统作为服务器，在这个服务器上安装了 Linux 供其他系统远程登录，那么可以通过一些设置使我们能够从其他计算机的图形化界面上登录 Jupyter Notebook 并进行远程访问，具体操作步骤会在之后的章节中进行介绍。

1.5 软件包管理

Python 有很多软件包，在安装 Anaconda 时已经默认安装了常用的软件包。在使用过程中，如果需要新的软件包，可以通过相应的操作下载软件包。下面将介绍两种安装软件包的方法。

1.5.1 通过 Anaconda 管理软件包

Anaconda 为我们提供了便捷的包管理服务，可以使用 conda 指令安装软件包。下面我们将介绍 conda 指令的一些使用方法。

查看当前已经安装的软件包和软件包的版本信息列表。

```
$ conda list
```

若需要安装一个新的软件包，可以先在系统搜索相应的包，看一下这个软件包是否可以使用 conda 安装，例如我们通过以下命令搜索 pandas。

```
$ conda search pandas
```

当在上一步搜索结果中显示该软件包可以通过 conda 安装时，则可以使用以下命令安装新软件包。

```
$ conda install pandas
```

若系统中安装了一些不必要的软件包，也可以使用相关的指令删除不用的包。

```
$ conda remove pandas
```

并不是所有 pip 里的 Python 库都可以在 conda 里找到，若在安装软件包时，出现图 1-35 所示的提示，说明该软件包无法通过 conda 直接下载。

如果软件包不可以通过 conda 指令直接安装，那么需要在 Anaconda 中找到这个包并下载到当前环境。使用以下命令可以查找相应的软件包的路径。

```
$ conda install pyqt5
Collecting package metadata (current_repodata.json): done
Solving environment: failed with initial frozen solve. Retrying with flexible solve.
Collecting package metadata (repodata.json): done
Solving environment: failed with initial frozen solve. Retrying with flexible solve.

PackagesNotFoundError: The following packages are not available from current channels:

  - pyqt5

Current channels:

  - https://repo.anaconda.com/pkgs/main/osx-64
  - https://repo.anaconda.com/pkgs/main/noarch
  - https://repo.anaconda.com/pkgs/r/osx-64
  - https://repo.anaconda.com/pkgs/r/noarch

To search for alternate channels that may provide the conda package you're
looking for, navigate to

    https://anaconda.org

and use the search bar at the top of the page.
```

图 1-35　无法通过 conda 下载的软件包

```
$ anaconda search -t conda xxxx
```

使用 show 指令可以查看该包的详细情况。当我们找出可以安装的包的列表之后，可以在其中选择可以使用的软件包，如这个包的名称为 xxxx，那么可以使用下面的命令来查看详细情况。

```
$ anaconda show xxxx
```

根据上一步显示的信息下载该软件包并安装。

```
$ conda install --channel xxxx 软件包的下载路径
```

1.5.2　通过 pip 管理软件包

pip 是 Python 的软件包管理系统，是 Python 语言自带的命令行工具，它可以安装和管理第三方软件包。

通过以下指令可以查看 pip 版本及其服务于哪个 Python 版本。

```
$ pip -V
```

可以使用 pip 指令查看已经安装的软件包列表，指令如下。

```
$ pip list
```

可以使用以下指令查看软件包安装路径、软件的版本等信息。

```
$ pip show list
```

pip 可以直接帮助我们安装软件包，同时支持安装某个软件包的特定版本。下面是使用

pip 安装 pandas 的指令，若想要安装特定版本的软件包，在软件包名称后加上"==版本号"即可。

```
$ pip install pandas
$ pip install pandas ==1.1.4
```

若想要卸载一个软件包，可使用以下指令。

```
$ pip uninstall pandas
```

1.6　小结

在这一章里，我们介绍了 Jupyter Notebook 的基础知识：首先介绍了 Jupyter Notebook 的起源、特点与应用领域，帮助大家建立起对 Jupyter Notebook 的基本认识；随后，我们根据不同操作系统的特点，分别介绍了在 Windows、macOS 和 Linux 系统下的安装方法，大家可以根据自己的需求进行安装；在使用 Jupyter Notebook 的过程中，如果大家需要使用新的软件包，也可以按照相应的方法下载软件包。

经过了本章的学习，想必大家都已经了解了本书主要使用的工具——Jupyter Notebook，同时也在自己的计算机上下载了相应的软件。接下来，我们将一步一步地继续深入学习，让大家更好地掌握 Jupyter Notebook。

第 2 章 Jupyter Notebook 界面

在上一章中，我们对 Jupyter Notebook 进行了简单的介绍，并学习了 Jupyter Notebook 在不同系统上的安装，相信大家的计算机上都装好了 Jupyter Notebook 的环境。在本章中，我们将打开 Jupyter Notebook，详细地介绍 Jupyter Notebook 的应用界面，熟悉应用界面有助于我们进一步使用 Jupyter Notebook 进行实战演练。

由于本章涉及代码示例，因此建议读者在阅读本章之前，从异步社区或作者的 GitHub 主页获取与本书配套的源代码及相关数据。

在本章中，我们将探讨以下主题。

- 主界面
- 菜单栏
- 工具栏
- 交互区

2.1 主界面

首次启动 Jupyter Notebook 时，浏览器会自动打开应用的主界面。主界面中有 3 个子界面可以显示，分别是文件（Files）界面、运行（Running）界面和集群（Clusters）界面。本节将对这 3 个部分进行介绍。

2.1.1 "文件"(Files)界面

"文件"(Files)界面显示当前目录中的文件系统并提供相应的文件操作。图 2-1 所示是启动 Jupyter Notebook 之后可见的界面。

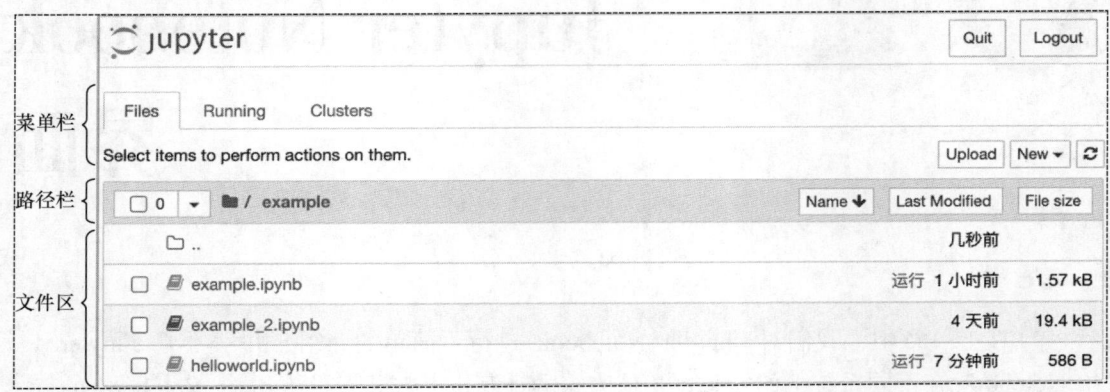

图 2-1 "文件"(Files)界面

若大家已经在自己的计算机上安装了 Jupyter Notebook,那么这个主界面显示的就是计算机的文件系统,大家可以方便地逐级访问文件目录并查找需要的文件。在文件区的上方会显示相应的文件保存路径,操作起来十分方便。在路径栏的右侧会显示最后的修改时间和文件的大小,同时"名称"(Name↓)按钮支持按照名称对文件夹中的文件进行排序。单击左上方空白文件夹样式的图标后可以回到上级目录。

文件列表中的文件名左侧有 图标,右侧有"运行"字样,表示该软件正在运行。例如图 2-2 中的 example.ipynb 就是正在运行的状态,而 example_2.ipynb 则已经关闭。需要注意的是,若没有明确关闭某个 Notebook,那么只要 Jupyter Notebook 服务器保持开启状态,则 Notebook 将一直保持运行状态,只关闭 Notebook 文件界面并不能关闭程序。

图 2-2 正在运行与已经关闭文档的显示

文件区的每个文件前面都有一个方框,单击方框可以选中相应的文件,并在菜单栏选择相应的操作。

若选中的是正在运行的文件，则对该文件可进行的操作包含"复制"（Duplicate）、"关闭"（Shutdown）、"查看"（View）、"编辑"（Edit）和"删除"（🗑），如图 2-3 所示。

图 2-3　选中正在运行的文件可进行的操作

若选中的不是正在运行的文件，则对该文件可进行的操作包含"复制"（Duplicate）、"重命名"（Rename）、"移动"（Move）、"下载"（Download）、"查看"（View）、"编辑"（Edit）和"删除"（🗑），如图 2-4 所示。

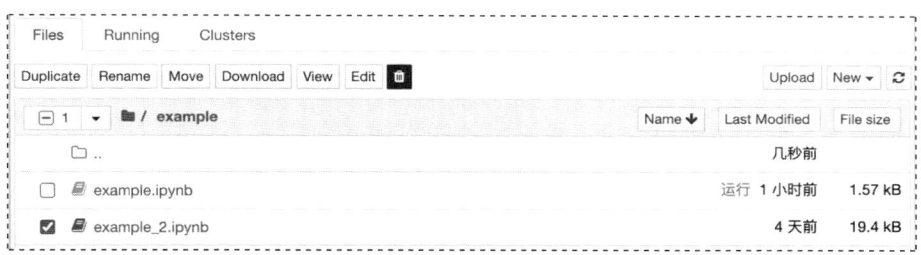

图 2-4　选中未运行的文件可进行的操作

选中文件后的按钮功能如表 2-1 所示。图 2-5 所示是编辑模式下打开文档的示意图。

表 2-1　选中文件后的按钮功能

按钮	功能
Duplicate	复制当前文件，不包含运行状态
Shutdown	关闭正在运行的文件，关闭文件的运行状态
View	打开文件
Edit	在编辑模式下编辑文件
🗑	删除该文件
Rename	给选中文件重命名，仅限不在运行的文件
Move	移动选中的文件，仅限不在运行的文件
Download	下载选中的文件，仅限不在运行的文件

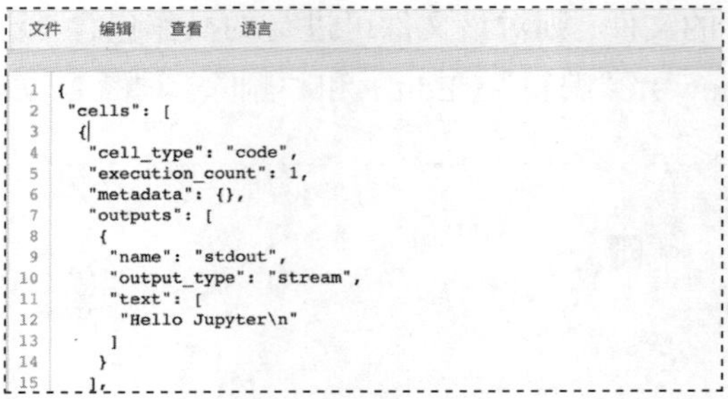

图 2-5 编辑模式示意图

"文件"(Files)界面菜单栏右侧有"上传"(Upload)、"新建"(New)和"刷新"( )这 3 个按钮,其具体功能如下。

单击"新建"(New)按钮可以创建新的 Notebook 代码文件,并支持从下拉列表中选择新建 Notebook 代码文件使用的内核。图 2-6 中显示的是系统中已经安装的内核。本书的第 14 章也会对内核进行详细介绍,并讲解如何安装不同的内核。

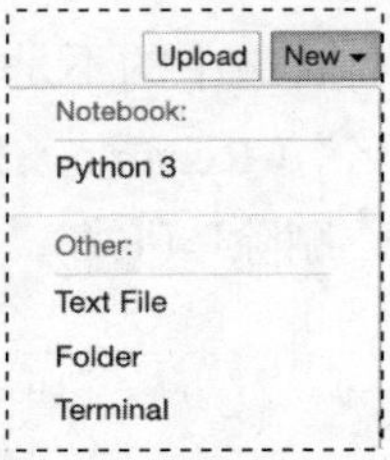

单击"上传"(Upload)按钮可将计算机中的文件上传到 Jupyter Notebook 服务器。通过该按钮,读者可以将各章节对应的代码示例导入 Jupyter Notebook 服务器中。在导入时,请注意保持各文件和文件夹的相对路径,否则可能导致示例代码在运行时找不到数据资源。

图 2-6 "新建"(New)按钮功能

单击"刷新"( )按钮可以更新当前所在的文件目录,获取最新的文件信息。

2.1.2 "运行"(Running)界面

"运行"(Running)界面显示的是当前文件目录下所有正在运行的 Notebook 文档及其所在的目录。该界面提供了一种方便的方法来跟踪长时间运行在 Notebook 服务器中的文件,如图 2-7 所示。

图 2-7 "运行"(Running)界面示意图

2.1.3 "集群"(Clusters)界面

当选择"集群"(Clusters),可以看到图 2-8 所示的内容。目前集群功能由 IPython 并行提供,该功能大家暂时不会用到,在此不作介绍。如果大家感兴趣,可以单击'IPython parallel'查看安装细节。

图 2-8 "集群"(Clusters)界面示意图

2.2 菜单栏

当我们想打开 Jupyter Notebook 代码文件,例如读者可以选择导入并打开本书配套源代码中的"第 2 章 Jupyter Notebook 界面.ipynb"文件,如图 2-9 所示,此界面由以下几个部分组成:标题栏、菜单栏、工具栏和代码交互区。接下来,我们将对菜单栏进行详细的介绍。

图 2-9 打开文档后的界面示意图

Jupyter Notebook 的菜单栏包含"文件"(File)、"编辑"(Edit)、"查看"(View)、"插入"(Insert)、"单元格"(Cell)、"服务"(Kernel)、"组件"(Widgets)、"帮助"(Help)这 8 个部分,如图 2-10 所示。下面我们将详细介绍菜单栏的这几个部分。

图 2-10 菜单栏

2.2.1 "文件"(File)菜单

"文件"(File)菜单包含"新建 Notebook"(New Notebook)、"打开"(Open)、"复制"

（Make a Copy）、"另存为"（Save as）、"重命名"（Rename）、"保存"（Save and Checkpoint）、"恢复"（Revert to Checkpoint）、"打印预览"（Print Preview）、"下载"（Download as）、"关闭"（Close and Halt）等选项，如图 2-11 所示。

具体功能可参见表 2-2。

表 2-2 "文件"（File）菜单选项功能

选项	功能
New Notebook	新建一个 Notebook 代码文件
Open	在新的网页中打开主界面
Make a Copy	复制当前的 Notebook，生成一个新的 Notebook
Save as	将当前的 Notebook 另存为另一个 Notebook
Rename	重命名当前的 Notebook
Save and Checkpoint	保存当前的 Notebook
Revert to Checkpoint	将当前的 Notebook 恢复到上一个保存节点
Print Preview	打印预览
Download as	下载当前 Notebook 并保存为一种格式，单击之后会有格式选择步骤
Close and Halt	结束当前 Notebook 的运行并关闭

单击"下载"（Download as）按钮，会出现图 2-12 所示的格式栏供选择。

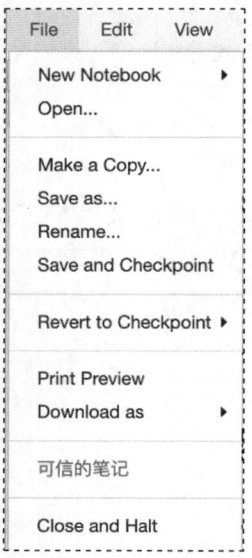

图 2-11 "文件"（File）菜单

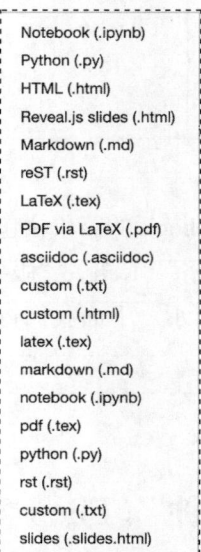

图 2-12 格式栏

2.2.2 "编辑"(Edit)菜单

"编辑"(Edit)菜单包含"剪切代码块"(Cut Cells)、"复制代码块"(Copy Cells)、"粘贴到上面"(Paste Cells Above)等多个功能,主要实现对交互区代码块的编辑,如表2-3所示。

表2-3 "编辑"(Edit)菜单选项功能

选项	功能
Cut Cells	剪切当前选中的代码单元格并保存到粘贴板
Copy Cells	复制当前选中的代码单元格并保存到粘贴板
Paste Cells Above	将粘贴板中保存的代码块粘贴到当前代码单元格上方
Paste Cells Below	将粘贴板中保存的代码块粘贴到当前代码单元格下方
Paste Cells &Replace	将当前选中的代码单元格替换为粘贴板中的代码单元格
Delete Cells	删除当前选中的代码单元格
Undo Delete Cells	撤销删除操作
Split Cell	将当前的代码单元格在光标处拆分为两个代码单元格
Merge Cell Above	将当前代码单元格与上方的代码单元格合并
Merge Cell Below	将当前代码单元格与下方的代码单元格合并
Move Cell Up	将当前的代码单元格位置上移
Move Cell Down	将当前的代码单元格位置下移
Edit Notebook Metadata	JSON文件下编辑Notebook界面元数据
Find and Replace	查找相关内容并替换
Cut Cell Attachments	切割单元格附件
Copy Cell Attachments	复制单元格附件
Paste Cell Attachments	粘贴单元格附件
Insert Image	在MarkDown模式下向单元格中添加图片

2.2.3 "查看"(View)菜单

"查看"(View)菜单如图2-13所示,主要用于更改Notebook界面中各部分的显示情况,切换页面的不同样式。

各个选项的具体功能如表2-4所示。

图2-13 "查看"(View)菜单

表 2-4 "查看"(View)菜单选项功能

选项	功能
Toggle Header	隐藏或显示标题栏
Toggle Toolbar	隐藏或显示工具栏
Toggle Line Numbers	隐藏或显示代码单元格的行号
Cell Toolbar	对单元格进行编辑

其中"单元格工具栏"(Cell Toolbar)内容如图 2-14 所示。

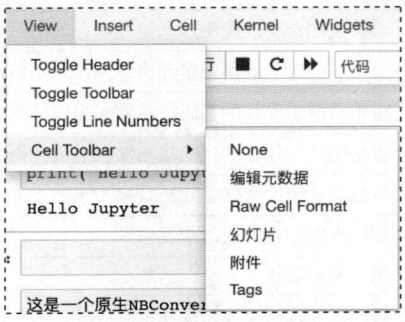

图 2-14 "单元格工具栏"(Cell Toolbar)

2.2.4 "插入"(Insert)菜单

"插入"(Insert)菜单主要用于在 Notebook 中相应的位置插入空白的单元格,具体功能如表 2-5 所示。

表 2-5 "插入"(Insert)菜单选项功能

选项	功能
Insert Cell Above	在当前单元格上面插入空白的单元格
Insert Cell Below	在当前单元格下面插入空白的单元格

2.2.5 "单元格"(Cell)菜单

如表 2-6 所示,"单元格"(Cell)菜单主要用于运行单元格的代码、调整单元格类型、设置输出结果等功能。

表 2-6 "单元格"(Cell)菜单选项功能

选项	功能
Run Cells	运行当前单元格的所有代码
Run Cells and Select Below	运行当前选中的单元格并将光标移动到下一格
Run Cells and Insert Below	运行当前选中的单元格并在下方插入空白单元格
Run All	运行页面所有代码单元格
Run All Above	运行当前选中单元格上方的所有代码单元格中的代码
Run All Below	运行当前选中单元格下方的所有代码单元格中的代码
Cell Type	设置当前选中单元格的类型
Current Outputs	设置当前选中代码单元格输出结果的显示效果
All Output	设置所有代码单元格的输出结果的显示效果

2.2.6 "内核服务"(Kernel)菜单

如表 2-7 所示,"内核服务"(Kernel)菜单主要用于在页面中运行代码时进行相应的控制。

表 2-7 "内核服务"(Kernel)菜单选项功能

选项	功能
Interrupt	中断当前代码的运行
Restart	重启当前的 Notebook
Restart & Clear Output	重启当前 Notebook 并清空所有代码单元格的输出结果
Restart & Run All	重启当前的 Notebook 并运行所有代码单元格
Reconnect	将当前的 Notebook 重新连接到内核
Shutdown	关闭当前 Notebook 内核
Change Kernel	切换当前 Notebook 的内核,如由 Python 2 切换到 Python 3

2.2.7 "组件"(Widgets)菜单

我们在很多地方可能都接触过组件,包括滑动条、下拉框、选择框等。在 Python 中,也有专门的包提供了组件的功能。在支持显示组件的浏览器中打开 Jupyter Notebook,导入相应的包,即可在 Notebook 中使用组件。

"组件"（Widgets）是一个功能丰富并且包含了状态的插件。在安装 Anaconda 时，软件已经包含了可以实现组件功能的基础包。大家可以学习使用这些包，从而实现插入组件的功能。

接下来，我们通过两个例子介绍"组件"（Widgets）的使用方法。首先，我们通过插入"组件"（Widgets）实现滑动条的功能，代码如图 2-15 所示。

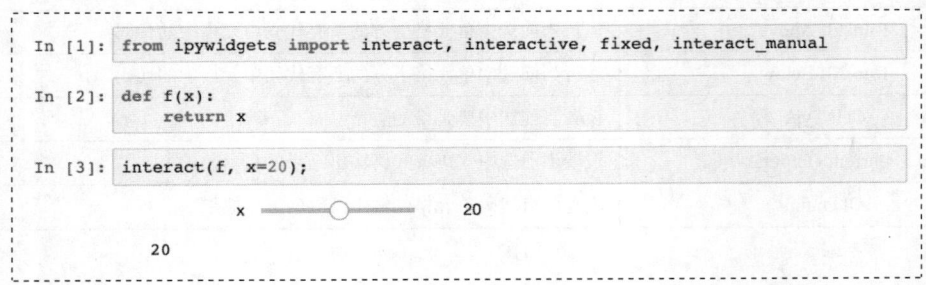

图 2-15　"组件"（Widgets）基本功能演示——滑动条

在菜单栏中的"组件"（Widgets）目录下，包含了针对小组件的一些功能操作。前面我们提到"组件"（Widgets）是包含状态的，因为这些小组件提供了交互功能。正如上面的例子所示，当我们拖曳滑动条时，就会改变 x 的值。下面的例子是设计一个选择框，可以用于选择不同的专业，选择之后，会改变相应的内容，如图 2-16 所示。

```
def ff(专业):
    return 专业

interact(ff, 专业=['金融学','经济学','计算机']);
        专业  计算机          ∨
'计算机'
```

图 2-16　"组件"（Widgets）基本功能演示——下拉框

在"组件"（Widgets）菜单栏中，有图 2-17 所示的 4 个功能，分别是"保存 Notebook 组件的状态"（Save Notebook Widget State）、"清空 Notebook 组件的状态"（Clear Notebook Widget State）、"下载组件状态"（Download Widget State）和"嵌入组件"（Embed Widgets）。

当选择"嵌入组件"（Embed Widgets）时，会生成当前组件的 HTML 文本，新建 HTML 文档并粘贴相应的文本，并且可以打开当前组件的内容，如图 2-18 所示。

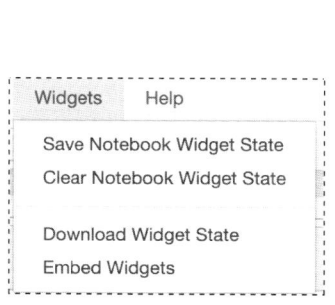

图 2-17 "组件"(Widgets)菜单栏

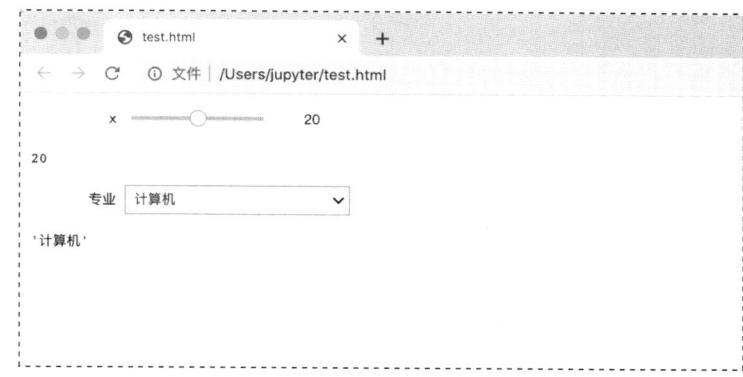

图 2-18 用"嵌入组件"(Embed Widgets)功能生成的 HTML 文本打开示意图

2.2.8 "帮助"(Help)菜单

在"帮助"(Help)菜单中列出了使用 Jupyter Notebook 的一些功能和基本信息的介绍,包括"用户界面介绍"(User Interface Tour)、"快捷键介绍"(Keyboard Shortcuts)、"编辑快捷键"(Edit Keyboard Shortcuts),以及 Python 及其重点包的介绍,如图 2-19 所示。在使用的过程中,如果大家有兴趣,可以详细查看该菜单,一些重点的功能在后面的章节我们也会进行详细介绍。

图 2-19 "帮助"(Help)菜单

2.3 工具栏

工具栏的作用主要是提供针对菜单栏中常用功能的快捷操作,可以使我们更加方便高效地使用 Jupyter Notebook。工具栏主要包含图 2-20 所示的选项,从左到右依次是保存、添加新单元格、剪切、复制、粘贴、上移、下移、运行、中断服务、重启服务、重启并运行所有代码块、选择单元格格式、命令面板,具体功能可参见表 2-8,图 2-21 所示是命令面板示意图。

图 2-20 工具栏

表 2-8 工具栏选项功能

选项	功能
保存（💾）	保存当前 Notebook，覆盖之前保存的内容
添加新单元格（➕）	在当前选中的单元格下方插入新的空白单元格
剪切（✂）	剪切当前选中的代码单元格
复制（📄）	复制当前选中的代码单元格
粘贴（📋）	粘贴当前选中的代码单元格
上移（⬆）	将当前选中的代码单元格向上移动
下移（⬇）	将当前选中的代码单元格向下移动
运行（▶ 运行）	运行当前选中的代码单元格
中断服务（■）	中断正在运行的代码单元格
重启服务（↻）	重启当前 Notebook 内核，单击之后会有弹窗提醒
重启并运行所有代码块（⏩）	重启并运行当前 Notebook，单击之后会有弹窗提醒
代码单元格格式类型（代码 ⌄）	设定当前代码单元格的类型，包含代码、Markdown 等多种类型
命令面板（⌨）	可查看并对当前 Notebook 运行各种命令

图 2-21 命令面板示意图

2.4 交互区

目前 Jupyter Notebook 应用界面菜单栏和工具栏下方就是交互区，交互区是编写文档、代码的位置。Notebook 交互区由一系列单元格（cell）组成，包括代码单元格、Markdown 单元格、原生 NBConvert 单元格和标题单元格这 4 种形式。可以根据需求选择单元格的格式并对单元格进行操作，最常用的是代码单元格和 MarkDown 单元格。

代码单元格是编写代码的地方，在代码单元格中可以使用选择的内核语言进行编程，使用编程语言的语法编写代码，写好代码后可以使用"Shift + Enter"组合键运行代码，代码的运行结果显示在代码下方，代码单元格左侧有行号方便查看代码顺序，如第一行格式为"In [1]"。代码单元格如图 2-22 所示。

```
In [1]:  #这是一个代码单元格
         print('Hello Jupyter')
         Hello Jupyter
```

图 2-22　代码单元格示意图

Markdown 语言是由约翰·格鲁柏（John Gruber）在 2004 年创建的。它是一种轻量级的标记语言，可以对纯文本进行编辑，编写出易读易写的文档。Notebook 文档支持 Markdown 格式。Markdown 单元格采用 Markdown 的语法规范，支持插入链接、数学公式和图片。Markdown 单元格也支持使用"Shift + Enter"组合键直接运行，将编写的 Markdown 原始文件转化为带有格式的文本。具体的 Markdown 语法将在之后的章节进行介绍。

原生 NBConvert 单元格内容会原样显示，如图 2-23 所示。在使用 NBConvert 转换后才会显示成特殊的格式。

```
这是一个原生NBConvert
```

图 2-23　原生单元格示意图

具体的关于不同单元格的功能和操作方式，将在第 3 章代码运行中进行详细的介绍。

2.5 小结

在本章中，我们对 Jupyter Notebook 的界面进行了详细的介绍，包括其主界面、菜单栏、工具栏和交互区。通过这一章的学习，想必大家对 Jupyter Notebook 的界面都不陌生了。Jupyter Notebook 为我们创造了一个方便友好的交互界面。在主界面中，大家可以看到自己系统中的文件目录，可以直接对文件进行基本的复制、删除、查看等操作。当大家打开一个文档，Jupyter Notebook 也为我们设计了友好易用的工具栏和菜单栏，帮助我们实现相应的功能；在交互区，大家可以使用不同的单元格类型实现不同的功能，在编写代码时也可以实时输出。

  本章能够帮助大家建立起对 Jupyter Notebook 界面的认识，熟悉界面有助于我们进行接下来的学习。

第 3 章 Jupyter Notebook 基础操作

在第 2 章中，我们认识了 Jupyter Notebook，包括 Jupyter Notebook 的界面、菜单栏功能以及快捷键操作等各个方面，相信大家目前对 Jupyter Notebook 的界面都比较熟悉了。接下来我们将为大家讲解 Jupyter Notebook 的基本操作，带大家进入到实际操作的环节。

在这一章的学习过程中，大家可以打开计算机上安装好的 Jupyter Notebook，一步一步跟着我们的教程开始上手操作，并编写第一个 Notebook 文档。

在这一章里，我们将探讨以下主题。

- 初次运行
- 单元格的使用
- 快捷键的使用
- 魔法命令的使用
- 命令行的使用

3.1 初次运行

这一节我们将学习运用 Jupyter Notebook 编写 Notebook 文档，并完成第一个 "hello world" 程序。学习新的程序语言从输出 "hello world" 开始是编程人员的惯例。大家编写自己的首个"hello world"程序，可以先打开 Jupyter Notebook，并进入到想要将程序存储在计算机相应位置的文件夹中，单击主界面的"新建"（New）按钮，会弹出图 3-1 所示界面。

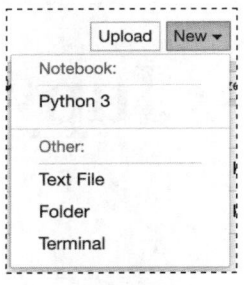

图 3-1 "新建"（New）文档

若要编写 Python 3 代码，则可以直接单击"Python 3"选项，即可生成新的文件，打开的界面如图 3-2 所示。

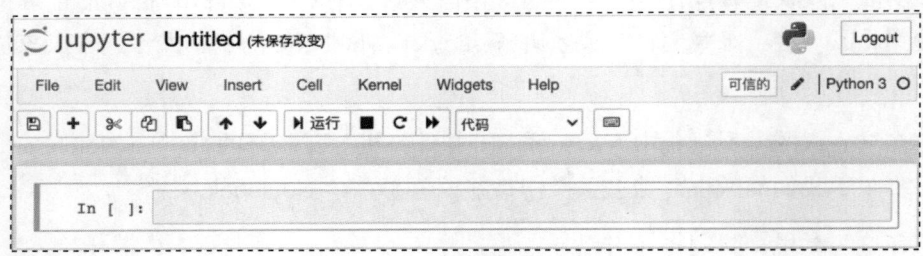

图 3-2 新建文档示意图

你可以单击"未命令"（Untitled）按钮更改这个 Notebook 的名字，在编辑模式下，可以输入 print('hello world')，单击"运行"按钮即可。

3.2 单元格的使用

Jupyter Notebook 的基本操作单元是单元格（cell），我们后续提到的单元格都代表交互区中的单元格，单元格有 3 种不同的类型，分别是代码类型、Markdown 类型、原生类型，不同的类型有不同的特点和作用。

我们可以通过依次单击菜单栏的"单元格"（Cell）、"单元格类型"（Cell Type）选项来改变某个单元格的类型，也可以在命令模式下使用快捷键来进行切换。

3.2.1 代码单元格

在代码单元格模式下，可以选择相应的代码内核，并在单元格中编写代码。单元格中的代码将被发送到内核中并执行，代码的输出结果将直接显示在代码单元格下方，如图 3-3 所示。

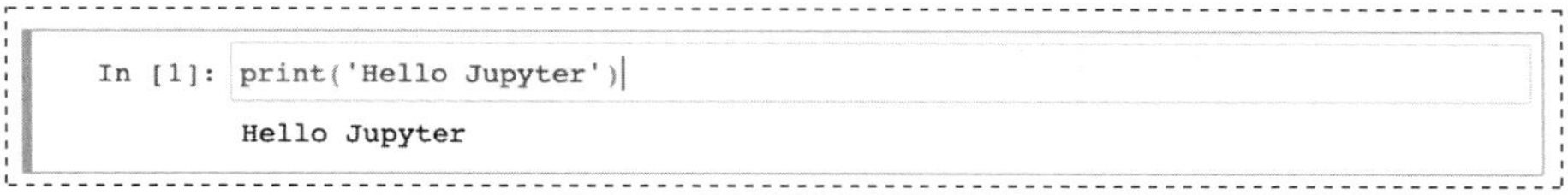

图 3-3　在代码单元格中编写代码示意图

在代码单元格模式下，我们编写的代码会被发送到内核执行，因此在代码单元格中编写代码应该完全按照代码的语法规则及在编译器中编写代码的规范进行编写。

若使用 Python 语言编写代码，就要注意保持缩进格式的正确性，当编写的代码存在问题时，运行报错也会显示在代码单元格的下方，如图 3-4 所示。

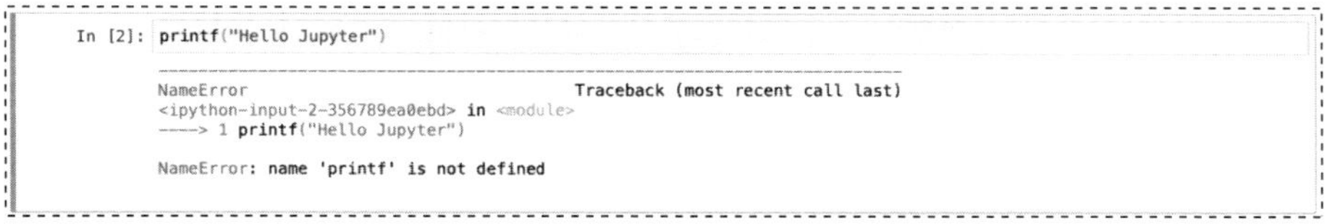

图 3-4　编写代码报错示意图

我们在写代码的过程中往往需要用到前几步定义的变量或者计算的结果，Notebook 代码单元格也具有上下文感知特性。一个 Notebook 文档是一个整体，在运行当前代码单元格时，可以使用之前定义过的变量和函数。

3.2.2 Markdown 单元格

Markdown 类型是 Jupyter Notebook 提供的一种高效编写文档的方式，想必一些读者对 Markdown 格式已经有所了解。Markdown 是一种易读易写的纯文本编写文档的方式，支持插入图片、图表、公式等丰富的内容。对于没有接触过 Markdown 格式的读者，我们在第 4 章也会系统性地为大家介绍 Markdown 文档的编写方式，帮助大家掌握这种高效的文档编写方式。

Markdown 语言通过纯文本的编辑方式展示出丰富的格式，它主要是通过一系列约定好的特殊符号来指定文本的格式，从而达到想要的效果。在大家初学的时候，可能觉得记住这些符号所代表的含义并不容易，但只要熟悉起来，快速地使用 Markdown 编写专业文档就会变得很容易。

下面向大家演示 Markdown 标题的效果。当我们把单元格格式选择为 Markdown 时，可以输入以下内容表示不同级别的标题，如图 3-5 所示。

图 3-5　Markdown 语法示意图

我们单击"运行"按钮执行这个 Markdown 单元格，可以得到标题的效果，如图 3-6 所示。

图 3-6　Markdown 运行后示意图

Markdown 格式还有很多其他的功能和作用，如果大家感兴趣可以在第 4 章详细地学习。

3.2.3　原生单元格

原生单元格，顾名思义，就是原始的单元格，单元格内输入的内容只是纯文本，既不会被内核当作程序执行，也不会被当作 Markdown 或 HTML 进行渲染。

这种类型的单元格可以很方便地进行一些纯文本记录。原生单元格更像一篇文章的正文，不需要额外的格式渲染。

3.2.4　编辑模式与命令模式

这里的单元格具有两种模式，分别是编辑模式和命令模式。

在编辑模式下，单元格周围有绿色边框，同时单元格编辑器区域中显示闪烁的光标提示符，如图 3-7 所示，此时用户可以编辑这个单元格的内容。

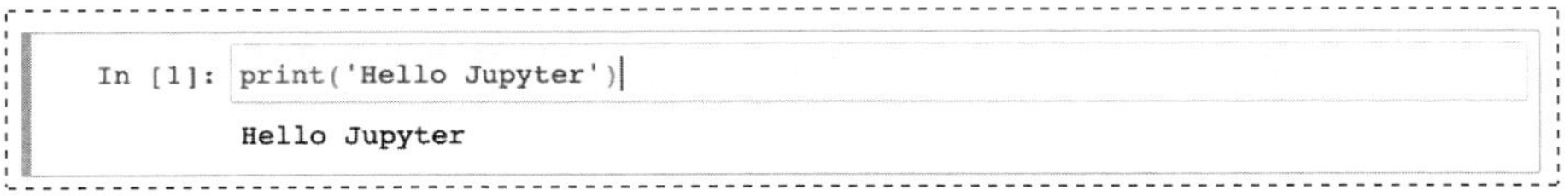

```
In [1]: print('Hello Jupyter')
        Hello Jupyter
```

图 3-7　编辑模式示意图

在命令模式下，单元格左侧有蓝色边距，同时由灰色边框包围，如图 3-8 所示。在命令模式下，可以对整个单元格进行操作，但不能在单元格中输入内容；同时，可以直接使用复制、粘贴等快捷键对单元格进行操作。若在命令模式下试图输入内容到单元格，单元格内容就会消失。

```
In [2]: print('Hello Jupyter')
        Hello Jupyter
```

图 3-8　命令模式示意图

在 Jupyter Notebook 界面中，可以按回车（Enter）键或用鼠标单击单元格的编辑区域，进入编辑模式。若在编辑模式，可以直接按键盘上的退出（Esc）键切换到命令模式，或者单击单元格中编辑区域外的位置切换到命令模式。

前面已经介绍了 Jupyter Notebook 界面中的菜单栏和工具栏各项的功能，可以使用鼠标通过菜单栏和工具栏很方便地操作 Jupyter Notebook，几乎可以实现 Jupyter Notebook 中的所有导航操作。

例如，可以通过鼠标单击单元格来选择单元格及其操作模式。如果在单元格的编辑区域内单击，将进入编辑模式；如果在单元格的编辑区域外或输出区域单击，将进入到命令模式。

在选中单元格后，可以结合菜单栏与工具栏的功能对单元格进行操作。例如单击"单元格"（Cell）菜单项，出现运行相关的指令选项；单击"编辑"（Edit）菜单项，可以对单元格进行复制粘贴等操作。其他的功能在 2.1 节中均有介绍，大家可以自行尝试。

Jupyter Notebook 的用户界面经过很好的优化，支持使用键盘对其进行操作。如可以按回车（Enter）键进入编辑模式，或按退出（Esc）按键进入命令模式。

在编辑模式下，键盘的快捷操作相对较少，主要用于在单元格中输入内容；在命令模式下，键盘主要应用于快捷方式。在帮助菜单下的快捷键相关选项中列出了可用的快捷键，具体的使用方法将在下一节详细介绍。

3.3 快捷键的使用

在进行大量文本输入工作的时候，例如编程、编写文档等，频繁地切换键盘鼠标会影响工作效率。因此 Jupyter Notebook 提供了一系列快捷键，让我们可以通过键盘组合实现更多的常用功能，实现无鼠标操作，从而极大地提高工作效率。

3.3.1 macOS 与 Windows 快捷键的差异

Jupyter Notebook 提供的快捷键适用于 macOS 系统和 Windows 系统，但相应的功能键存在差异。在这一节中，我们会简单介绍 macOS 系统与 Windows 系统里相应的按键的一些差异，并在接下来的章节对命令模式和编辑模式的快捷键进行介绍。

大家此时可以打开自己的 Jupyter Notebook，单击菜单栏的 Help 按钮，并选择"键盘快捷键"（Keyboard Shortcuts）选项进入快捷键帮助界面。

若大家的计算机系统是 Windows 系统，那么看到的界面如图 3-9 和图 3-10 所示。

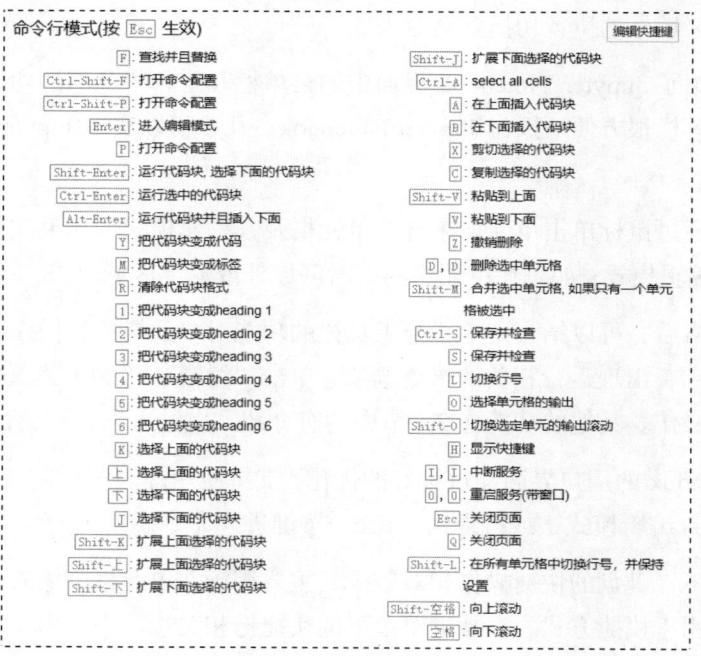

图 3-9　Windows 系统的命令模式快捷键

图 3-10 Windows 系统的编辑模式快捷键

若大家的计算机系统是 macOS，功能键与 Windows 系统存在一定的差异，如图 3-11～图 3-13 所示。

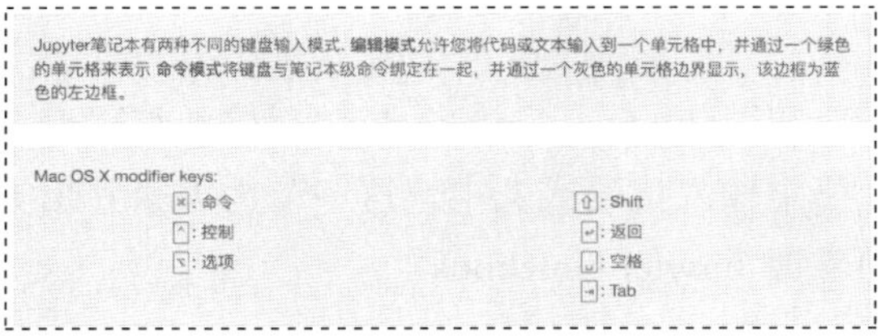

图 3-11 macOS 功能键

图 3-12 macOS 的命令模式快捷键

图 3-13 macOS 编辑模式的快捷键

3.3.2 编辑模式常用快捷键

在前面的部分，我们介绍了 Jupyter Notebook 单元格的编辑模式和命令模式，我们知道在编辑模式下可以在单元格中输入代码或文本。这一节为大家介绍编辑模式下常用的一些快捷键，以帮助大家更好地掌握 Jupyter Notebook。

在 macOS 中，有些按键是用图标表示，与 Windows 系统的按键标记有所不同，Jupyter 也对 macOS 的功能键有图 3-14 所示的名称对应。

我们在表 3-1 中列出了编辑模式下 Windows 系统中的快捷键和 macOS 中的快捷键功能集合，大家可以详细参考和对比。

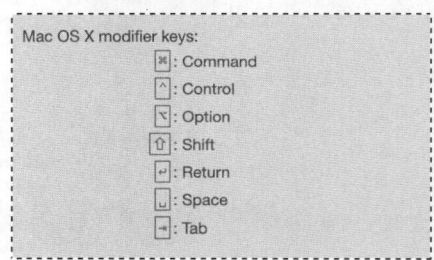

图 3-14 macOS 的功能键命名

表 3-1 编辑模式下的快捷键介绍

功能	Windows 系统中的快捷键	macOS 中的快捷键
代码完成或缩进	Tab	Tab
工具提示	Shift-Tab	Shift-Tab
缩进	Ctrl-]	Command-]
取消缩进	Ctrl-[	Command-[
全选	Ctrl-A	Command-A
撤销选择	Ctrl-U	Command-U
撤销	Ctrl-Z	Command-Z

续表

功能	Windows 系统中的快捷键	macOS 中的快捷键
将该行代码变为注释	Ctrl-/	Command-/
删除整行	Ctrl-D	Command-D
运行	Enter	Return
运行代码块并且插入下一代码格	Alt-Enter	Option-Return
跳到单元格起始处	Ctrl-上	Command-上
跳到单元格最后	Ctrl-End	Command-End
跳到单元格最后	Ctrl-下	Command-下
跳到单词左边	Ctrl-左	Command-左
跳到单词右边	Ctrl-右	Command-右
删除前面的内容	Ctrl-删除	Command-删除
打开命令配置	Ctrl-Shift-F	Command-Shift-F
打开命令配置	Ctrl-Shift-P	Command-Shift-P
保存并检查	Ctrl-S	Command-S
运行代码块, 选择下面的代码块	Shift-Enter	Shift-Return
光标上移	上	上
光标下移	下	下
进入命令模式	Esc	Esc

3.3.3 命令模式常用快捷键

当我们在编辑模式时,只需要按退出(Esc)键即可进入命令模式。命令行模式下的快捷键,如表 3-2 所示。

表 3-2 命令模式下的快捷键

功能	Windows 系统中的快捷键	macOS 中的快捷键
把代码块变成 heading 1	1	1
把代码块变成 heading 2	2	2
把代码块变成 heading 3	3	3
把代码块变成 heading 4	4	4
把代码块变成 heading 5	5	5
把代码块变成 heading 6	6	6

续表

功能	Windows 系统中的快捷键	macOS 中的快捷键
在上面插入代码块	A	A
在下面插入代码块	B	B
剪切选中的代码块	X	X
复制选中的代码块	C	C
把代码块变成标签	M	M
把代码块变成代码	Y	Y
选择上面的代码块	K	K
选择下面的代码块	J	J
显示快捷键	H	H
切换是否显示行号	L	L
把代码块变为原生格式	R	R
选择上面的代码块	上	上
选择下面的代码块	下	下
查找并且替换	F	F
粘贴到下面	V	V
撤销删除	Z	Z
保存并检查	S	S
打开命令配置	P	P
让页面向下滚动	空格	空格
让页面向上滚动	Shift-空格	Shift-空格
保存并检查	Ctrl-S	Command-S
打开命令配置	Ctrl-Shift-F	Command-Shift-F
打开命令配置	Ctrl-Shift-P	Command-Shift-P
运行代码块, 选择下面的代码块	Shift-Enter	Shift-Return
运行代码块并且插入下面	Alt-Enter	Option-Return
运行选中的代码块	Ctrl-Enter	Command-Return
粘贴到上面	Shift-V	Shift-V
重启服务(带窗口)	0,0	0,0
删除选中单元格	D,D	D,D
中断服务	I,I	I,I
扩展上面选择的代码块	Shift-上	Shift-上
扩展下面选择的代码块	Shift-下	Shift-下

续表

功能	Windows 系统中的快捷键	macOS 中的快捷键
扩展上面选择的代码块	Shift-K	Shift-上
扩展下面选择的代码块	Shift-J	Shift-J
切换选定单元的输出滚动	Shift-O	Shift-O
合并选中的单元格	Shift-M	Shift-M
在所有单元格中切换行号，并保持设置	Shift-L	Shift-L

3.4　魔法命令的使用

Jupyter Notebook 有一个命令系统，我们称之为"魔法命令"，它提供了一种与 Python 语法交互的功能。

魔法命令的输入是交互式的，因此魔法命令的使用与 Linux 命令行的规范类似。魔法命令的使用可以让我们更高效地使用代码单元格。接下来我们将了解魔法命令的基本用法和常用的魔法命令。

3.4.1　魔法命令基本用法

基本的魔法命令有两种形式，分别是行魔法命令和单元格魔法命令。

行魔法命令的使用方法是在命令前面加上一个百分号"%"，这个符号代表魔法命令的影响范围只有魔法命令所在的这一行，其他行仍然会按照原来的内核进行编译。

行魔法命令的示例如图 3-15 所示，这里我们演示了魔法命令"time"，其作用是测量代码的执行时间。我们可以看到，魔法命令"%time"只对第一句 print 语句执行了计时操作，输出了该行代码的执行时间，而 Python 代码也输出了"hello world"。

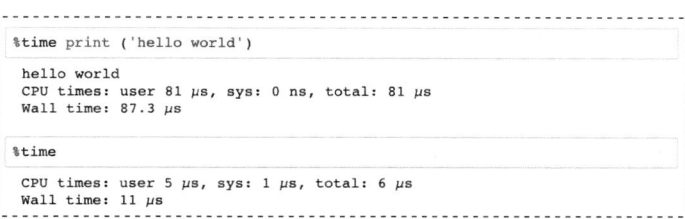

图 3-15　行魔法命令的示例

单元格魔法命令的使用方法是在单元格开头输入两个百分号"%%",这表示我们希望魔法命令的影响范围是整个单元格。由于单元格魔法命令是作用于整个单元格的,因此单元格魔法命令的符号只能用在单元格的第一行,不能用在单元格内部,同时一个单元格只能使用一次。

如图 3-16 所示,当我们使用单元格魔法命令时,time 指令输出的是该单元格的运行时间,并执行了代码执行,输出了结果。

```
%%time
print('hello world')
print(1+1)

hello world
2
CPU times: user 258 µs, sys: 0 ns, total: 258 µs
Wall time: 188 µs
```

图 3-16 单元格魔法命令使用示例

3.4.2 常用的魔法命令

在上一节的学习过程中,我们介绍了行魔法命令和单元格魔法命令,并使用代码进行了演示。常用的魔法命令还有很多,本节将为大家介绍。

目前,应用比较广泛的魔法命令如表 3-3 所示。

表 3-3 常用的魔法命令及其功能

魔法命令	功能
%time、%%time	计算代码执行时间/平均时间
%timeit、%%timeit	多次执行代码,取平均执行时间
%run	执行 Python 脚本
%reset	清除当前全部变量
%lsmagic	查看魔法命令
%load	将代码导入 Notebook
%system	输入命令行指令
%%HTML	切换内核为 HTML 模式

魔法命令是交互式的,与 Linux 的语法规范有相似之处。学习过 Linux 命令行操作的读者应该对"ls"这个命令并不陌生,这个命令可以帮助我们展示当前文件夹的内容。同样我们也可以通过执行"%lsmagic"命令,来展示出所有可用的魔法命令,如图 3-17 所示。

```
%lsmagic
Available line magics:
%alias  %alias_magic  %autocall  %automagic  %autosave  %bookmark  %cat
%cd  %clear  %colors  %config  %connect_info  %cp  %debug  %dhist  %dirs
%doctest_mode  %ed  %edit  %env  %gui  %hist  %history  %killbgscripts
%ldir  %less  %lf  %lk  %ll  %load  %load_ext  %loadpy  %logoff  %logon
%logstart  %logstate  %logstop  %ls  %lsmagic  %lx  %macro  %magic  %man
%matplotlib  %mkdir  %more  %mv  %notebook  %page  %pastebin  %pdb  %pde
f  %pdoc  %pfile  %pinfo  %pinfo2  %popd  %pprint  %precision  %profile
%prun  %psearch  %psource  %pushd  %pwd  %pycat  %pylab  %qtconsole  %qu
ickref  %recall  %rehashx  %reload_ext  %rep  %rerun  %reset  %reset_sel
ective  %rm  %rmdir  %run  %save  %sc  %set_env  %store  %sx  %system  %
tb  %time  %timeit  %unalias  %unload_ext  %who  %who_ls  %whos  %xdel
%xmode

Available cell magics:
%%!  %%HTML  %%SVG  %%bash  %%capture  %%debug  %%file  %%html  %%javasc
ript  %%js  %%latex  %%markdown  %%perl  %%prun  %%pypy  %%python  %%pyt
hon2  %%python3  %%ruby  %%script  %%sh  %%svg  %%sx  %%system  %%time
%%timeit  %%writefile

Automagic is ON, % prefix IS NOT needed for line magics.
```

图 3-17 使用"%lsmagic"展示所有魔法命令

我们可以看到，常用的魔法命令也分为行魔法命令和单元格魔法命令两类。若大家想知道每个魔法命令的用途，只需要在魔法命令后面直接加问号（？）就可以看到这个魔法命令的说明文档，如图 3-18 所示。

```
In [22]: %colors?

Docstring:
Switch color scheme for prompts, info system and exception handlers.

Currently implemented schemes: NoColor, Linux, LightBG.

Color scheme names are not case-sensitive.

Examples
--------
To get a plain black and white terminal::

  %colors nocolor
File:      /usr/local/install_package/anaconda3/lib/python3.7/site-packages/IPython/core/magics/basic.py
```

图 3-18 查看行魔法命令功能示例

查看魔法命令的用途不仅适用于行魔法命令，也适用于单元格魔法命令，如图 3-19 所示。

```
%%time?
```

图 3-19 查看单元格魔法命令功能示例（1）

如图 3-20 所示，弹出的相应魔法命令的说明文档，不仅给出了该魔法命令的功能，还详细介绍了魔法命令的用法，同时还给出了魔法命令的使用示例。

```
Docstring:
Time execution of a Python statement or expression.

The CPU and wall clock times are printed, and the value of the
expression (if any) is returned.  Note that under Win32, system time
is always reported as 0, since it can not be measured.

This function can be used both as a line and cell magic:

- In line mode you can time a single-line statement (though multiple
  ones can be chained with using semicolons).

- In cell mode, you can time the cell body (a directly
  following statement raises an error).

This function provides very basic timing functionality.  Use the timeit
magic for more control over the measurement.

Examples
--------
::

  In [1]: %time 2**128
  CPU times: user 0.00 s, sys: 0.00 s, total: 0.00 s
  Wall time: 0.00
  Out[1]: 340282366920938463463374607431768211456L

  In [2]: n = 1000000

  In [3]: %time sum(range(n))
  CPU times: user 1.20 s, sys: 0.05 s, total: 1.25 s
  Wall time: 1.37
```

图 3-20　查看单元格魔法命令功能示例（2）

上述方法可以帮助我们快速掌握魔法命令的基本用法，感兴趣的读者可以自行进行探索，这里不再一一举例说明。

3.5　命令行的使用

大家在使用计算机的过程中一定都或多或少地接触过命令行，命令行可以帮助我们与计算机进行交互。Jupyter Notebook 在设计之时，已经将我们常用的工作内容与命令行的服务器指令操作进行了隔离，但有时候我们可能还是会需要使用命令行进行一些操作。

为了避免偶尔需要单独打开命令行进行操作的不便，Jupyter 提供了一种可以在 Notebook 中完成的命令行操作，让我们可以在 Notebook 中直接操作服务器。

3.5.1　命令行的基本用法

在 Jupyter Notebook 的代码单元格下，若大家想要输入命令行，只需要在命令前加符号"!"，即可实现命令行的交互操作。

Linux 系统与命令行关系密切，我们常常使用命令"!ls"查看当前路径下的所有文件。

在 Jupyter Notebook 中也支持这个操作，我们在代码单元格中输入"!ls"，单击"运行"按钮，就可以看到文件夹下的所有文件，如图 3-21 所示。

```
!ls
'5.1.1 元组.ipynb'                '7.2.1 组合子图.ipynb'
'5.1.2 列表.ipynb'                '7.2.2 坐标轴,标题,图例.ipynb'
'5.1.3 字典.ipynb'                 dataset
'5.1.4 集合.ipynb'                 jupyter.png
'5.2.2 numpy常规数组.ipynb'         jupyter金融实践.ipynb
'5.2.3 numpy结构化数组.ipynb'       picture
'5.2.4 numpy向量化操作.ipynb'       reference
'5.3.2 pandas-Series.ipynb'       saveplt.jpg
'5.3.3 pandas-DataFrame.ipynb'    Untitled1.ipynb
'6.1 csv文件读取.ipynb'             Untitled.ipynb
'6.2 json读取.ipynb'               备份
'6.3 数据库读取.ipynb'             '第11章 产品销售额预测模型实例.ipynb'
'6.4 txt文件读取.ipynb'            '第12章 信用评分模型实例.ipynb'
'7.1.1 线性图.ipynb'              '第13章 信用反欺诈模型实例.ipynb'
'7.1.2 散点图.ipynb'              '第3章 魔法命令.ipynb'
'7.1.3 饼状图.ipynb'              '第4章 Markdown语法介绍.ipynb'
'7.1.4 直方图.ipynb'               第一部分-第一章.txt
'7.1.5 箱型图.ipynb'
```

图 3-21　命令行命令使用示例

在之前的学习过程中，我们介绍了使用魔法命令输入命令行的方法，例如，使用"%system"可以让我们在指令后直接输入命令行指令。这里前面讲到的符号"!"加命令的方式与"%system"实现的功能是一样的。

3.5.2　命令行常用的命令

熟悉基础的 Linux 命令行指令有助于我们更好地开展工作。因此本节我们将为大家介绍几种常用的 Linux 命令行指令以及其对应的含义，如表 3-4 所示。

表 3-4　命令行常用命令

命令	含义	作用
ls	list files	显示指定工作目录下的内容
cd	change directory	进入某个文件夹内
mv	move	文件改名或移动某个文件或文件夹
mdir	make directory	创建文件夹
rm	remove	删除文件或目录
cp	copy file	复制文件

如果大家对命令行指令感兴趣,可以查询相关资料进一步了解和学习更多的命令行指令,以及它们参数的使用和拓展使用的方式。

3.6 小结

在这一章里,我们主要介绍了 Jupyter Notebook 的基础操作,熟悉 Python 代码的运行和单元格是我们使用 Jupyter Notebook 的基本技能,掌握了这些之后大家可以迅速上手进行代码和文档的编写;学会使用快捷键可以帮助大家快速便捷地操作;掌握魔法命令和命令行的使用,也可以提高大家在使用 Jupyter Notebook 工作过程中的效率。

通过这一章的学习,大家已经基本可以使用 Jupyter Notebook 进行一些有意思的尝试。在之后的章节中,我们会继续深入地讲解更多的使用方法。

第 4 章 Jupyter Notebook 文档编写

在上一章中,我们学习了 Jupyter Notebook 的基础操作,其中关于代码单元格的使用涉及 Markdown 语法。经过前面内容的铺垫,相信大家对 Markdown 语法也有了初步的了解,Markdown 是一种轻量级的标记语言,由约翰·格鲁伯(John Gruber)在 2004 年创建。使用 Markdown 可以以纯文本格式直接编写文档;同时,Markdown 也支持图片、图标、数学公式等多种格式,有很好的读写属性。

在本章中,我们将详细介绍 Markdown 语法,让大家更好地掌握在 Jupyter Notebook 中编写文档。

在这一章里,我们将探讨以下主题。

- Markdown 基本语法介绍
- 高级技巧
- 文档共享

4.1 Markdown 基本语法

在 Jupyter Notebook 中,我们可以使用 Markdown 设置标题、编写专业文档,为文档设置清晰的层次结构。

Markdown 的特性非常适合用来编写专业文档。通过使用 Markdown,我们可以非常有条理地将整个 Notebook 的工作思路和底层逻辑整理起来，文档的可阅读性非常强。

4.1.1 标题

在 Markdown 中，我们通过一些符号来设置 Markdown 文件的格式，运行后会变成包含格式的文档。

Markdown 中有 6 级标题，可以用 3 种方法来表示。

第一种方法，也是较为常用的方法，是利用符号"#"来标记格式，其中一个"#"代表一级标题，两个"#"代表二级标题，以此类推，6 级标题可以用 6 个"#"表示。注意"#"与标题之后需要加一个空格，如图 4-1 所示。

图 4-1　使用单侧"#"表示 Markdown 标题（1）

以上展示了标题分级输入方法，当输入完相应的内容后，可以单击"运行"按钮，Markdown 文档就会变成最终的格式，如图 4-2 所示。

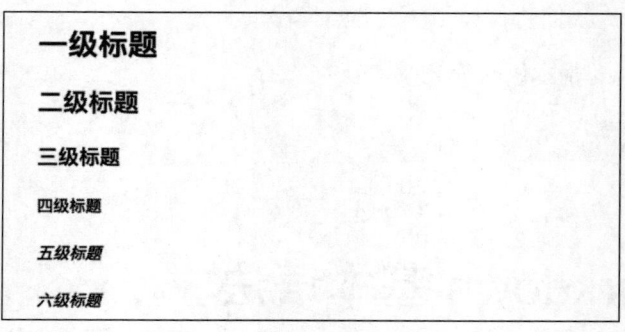

图 4-2　使用单侧"#"表示 Markdown 标题（2）

第二种方法，也是利用符号"#"来标记格式，但是"#"标记在标题文字的两端，其中前后各一个"#"代表一级标题，前后各两个"#"代表二级标题。以此类推，6 级标题可以用前后各 6 个"#"表示，注意"#"与标题之间需要加一个空格，如图 4-3 所示。

图 4-3　使用双侧"#"表示 Markdown 标题（1）

以上展示了第二种方法，当输入完相应的内容后，可以单击"运行"按钮，Markdown 文档就会变成最终的格式，如图 4-4 所示。

图 4-4　使用双侧"#"表示 Markdown 标题（2）

第三种方法是使用"="和"-"表示，其中两个及两个以上"="号代表一级标题，两个及两个以上"-"代表二级标题，如图 4-5 所示。

图 4-5　使用符号"="和"-"表示标题（1）

以上展示了标题输入的第三种方法，当输入完相应的内容后，可以单击"运行"按钮，Markdown 文档就会变成最终的格式，如图 4-6 所示。

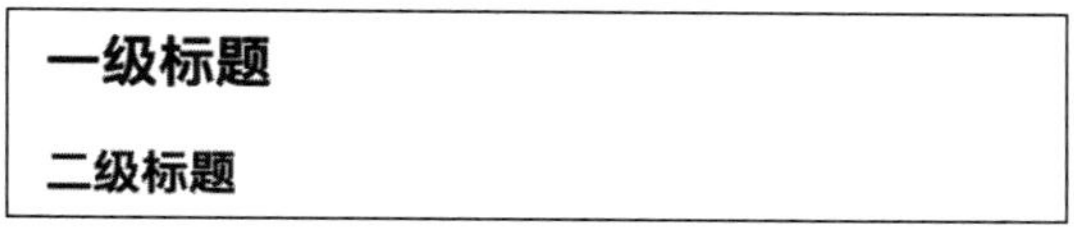

图 4-6　使用符号"="和"-"表示标题（2）

该标题实现了简洁有序的层次结构，同时当我们将编辑好的 Notebook 文档以 PDF 等文本格式导出时，这些标题可以起到类似目录大纲的作用。在 PDF 阅读器中，可以通过单击这些标题跳转到文章对应的章节。

4.1.2 段落格式

在编写文档正文时，需要设置相应的段落格式。Markdown 文档没有像 Word 那么多样的段落格式，只需要编写段落的文字内容即可，段落之间以空行相隔，如图 4-7 所示。

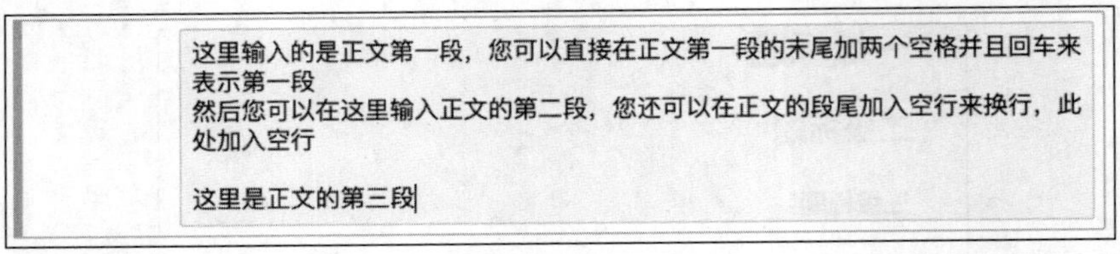

```
这里输入的是正文第一段，您可以直接在正文第一段的末尾加两个空格并且回车来
表示第一段
然后您可以在这里输入正文的第二段，您还可以在正文的段尾加入空行来换行，此
处加入空行

这里是正文的第三段
```

图 4-7　段落分段格式的输入示例（段尾加空格）

上述格式运行之后如图 4-8 所示。

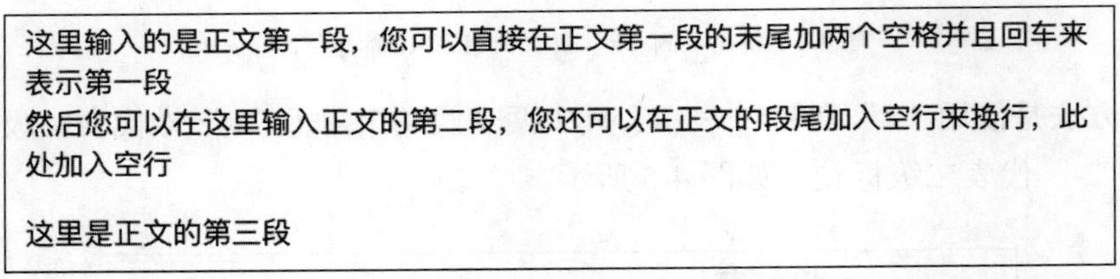

```
这里输入的是正文第一段，您可以直接在正文第一段的末尾加两个空格并且回车来
表示第一段
然后您可以在这里输入正文的第二段，您还可以在正文的段尾加入空行来换行，此
处加入空行

这里是正文的第三段
```

图 4-8　段落分段格式的运行示例（段尾加空格）

图 4-9 中的段落格式只加了回车，没有输入空格，运行之后如图 4-10 所示，可以看到，前两段文字之间并没有分段，而第二段和第三段之间有分段。

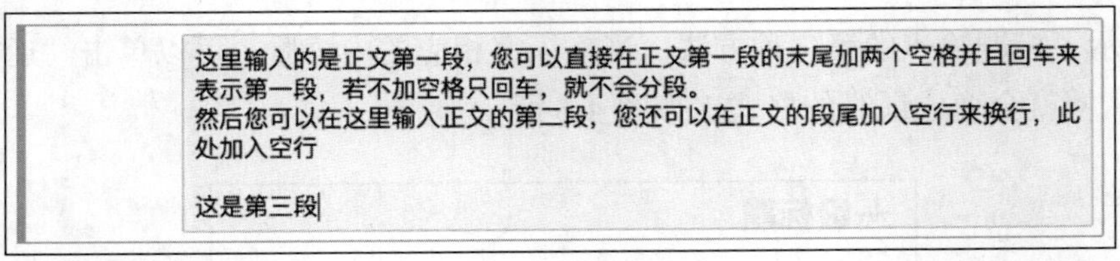

```
这里输入的是正文第一段，您可以直接在正文第一段的末尾加两个空格并且回车来
表示第一段，若不加空格只回车，就不会分段。
然后您可以在这里输入正文的第二段，您还可以在正文的段尾加入空行来换行，此
处加入空行

这是第三段
```

图 4-9　段落分段格式的输入示例（段尾不加空格）

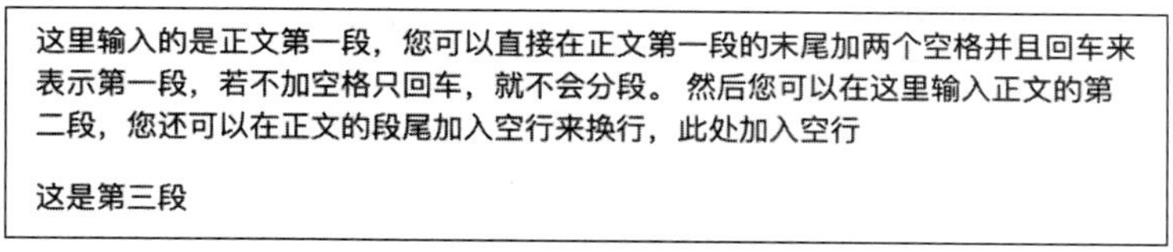

```
这里输入的是正文第一段，您可以直接在正文第一段的末尾加两个空格并且回车来
表示第一段，若不加空格只回车，就不会分段。然后您可以在这里输入正文的第
二段，您还可以在正文的段尾加入空格来换行，此处加入空行

这是第三段
```

图 4-10　段落分段格式的运行示例（段尾不加空格）

Markdown 的段落之间也可以插入分隔线，将上下部分的内容分隔开，在 Jupyter Notebook 中分隔线主要有以下几种表示方法，如图 4-11 所示。

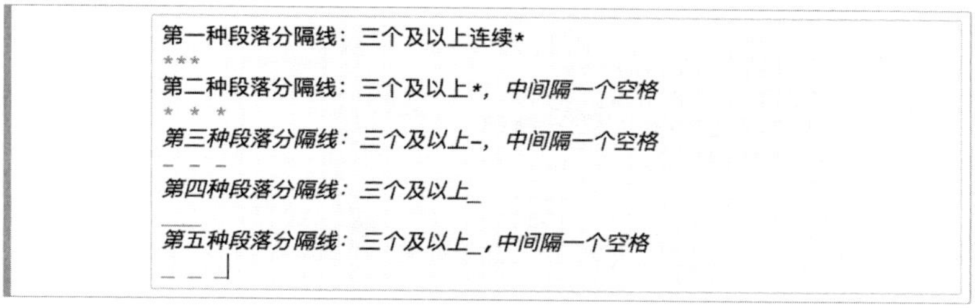

```
第一种段落分隔线：三个及以上连续*
***
第二种段落分隔线：三个及以上*，中间隔一个空格
* * *
第三种段落分隔线：三个及以上-，中间隔一个空格
- - -
第四种段落分隔线：三个及以上_
___
第五种段落分隔线：三个及以上_，中间隔一个空格
_ _ _
```

图 4-11　段落分隔线的输入示例

运行结果如图 4-12 所示。

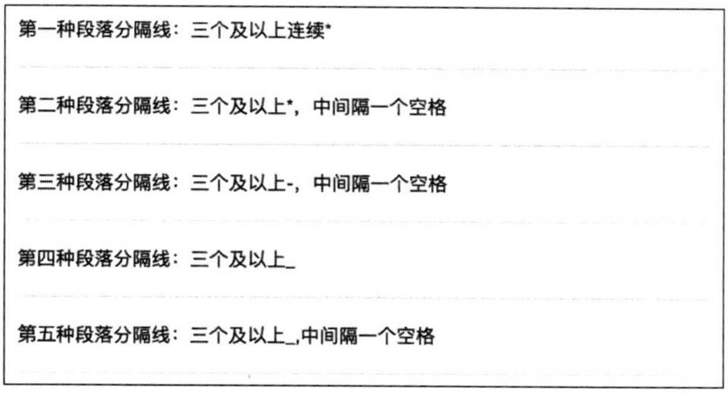

```
第一种段落分隔线：三个及以上连续*

第二种段落分隔线：三个及以上*，中间隔一个空格

第三种段落分隔线：三个及以上-，中间隔一个空格

第四种段落分隔线：三个及以上_

第五种段落分隔线：三个及以上_，中间隔一个空格
```

图 4-12　段落分隔线的运行示例

除了以上的段落格式功能外，Markdown 还支持为文档内容增加脚注。

4.1.3　文字格式

上面我们介绍了 Markdown 段落的一些主要格式的编写方法，在 Markdown 中，也支持不同的字体格式。下面我们将学习如何设置 Markdown 的字体格式。

Markdown 可以设置字体的粗细和正斜，也可以在字体上面增加删除线或者添加下划线。改变文字格式的方法和我们在编程过程中写注释很像，在文字前后增加一个星号 "*" 或者一个下画线 "_"，可以使符号之间的文字都变为斜体，不会影响其余文字。

同理，在文字前后增加两个星号 "*" 或者两个下画线 "_" 可以使符号区域内文字变为粗体，在文字前后增加 3 个星号 "*" 或者 3 个下画线 "_" 可以使符号区域内文字变为粗斜体。具体的写法示例如图 4-13 所示。

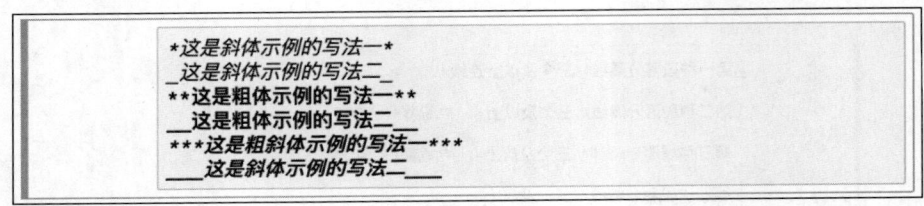

图 4-13　文字字体的输入示例

在图 4-13 的基础上，我们可以顺便复习一下上一节段落中的分段知识点，只按回车（Enter）键并不能达到分段的目的，还需要在按回车（Enter）键之前增加至少两个空格，增加空格之后，单击"运行"按钮，如图 4-14 所示。

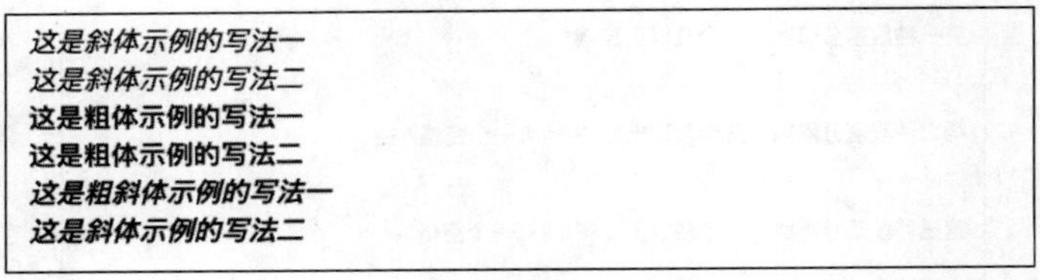

图 4-14　文字字体的运行示例

Markdown 不仅支持不同格式的字体，也支持在字体下面增加下画线或在字体上增加删除线，若要增加下画线，只需要在文字前增加<u>，文字后增加</u>；若要增加删除线，则只需要在文字前后增加 "~~" 即可，具体示例如图 4-15 所示。

图 4-15　文字下画线与删除线的输入示例

运行结果如图 4-16 所示。

```
这里示范下画线书写
这里示范删除线
```

图 4-16　文字下画线与删除线的运行示例

4.1.4　列表格式

在编写文档时，我们常常需要编写列表。使用列表格式可以使包含不同级别内容的文档更加清晰明确，便于阅读。

Markdown 文档可以让我们很方便地编写列表格式，实现不同级别的列表格式只需要在文字前面增加相应的符号和空格即可。

可以使用 "*" "+" "-" 实现列表格式，在一级列表中，只需要使用以上 3 种符号中的任意一个，并在符号后面加上空格即可，如图 4-17 所示。

```
* 这是第一项
* 这是第二项

+ 这是第一项
+ 这是第二项

- 这是第一项
- 这是第二项
```

图 4-17　列表符号的输入示例

运行结果如图 4-18 所示。

```
• 这是第一项
• 这是第二项
• 这是第一项
• 这是第二项
• 这是第一项
• 这是第二项
```

图 4-18　列表符号的运行示例

我们也可以使用 Markdown 编写有序的列表，只需要使用数字、符号 "." 和空格来编写，输入示例如图 4-19 所示。

```
1. 这是第一项
2. 这是第二项
3. 这是第三项
```

图 4-19　列表数字的输入示例

运行结果如图 4-20 所示。

```
1. 这是第一项
2. 这是第二项
3. 这是第三项
```

图 4-20　列表数字的运行示例

若想要实现二级列表、三级列表等嵌套格式，你可以在符号前再输入 4 个空格。具体的输入示例如图 4-21 所示，图中我们使用了不同的方式来实现列表功能。读者在使用过程中可以选择喜欢的方式输入。

```
1. 这是第一项
    - 这是第一项的二级子项目的第一个
        * 这是三级子项目
        * 这是三级子项目
    - 这是第一项的二级子项目的第二个
        * 这是三级子项目
        * 这是三级子项目
2. 这是第二项
    + 这是第二项二级子项目的第一个
        - 这是三级子项目
        - 这是三级子项目
    + 这是第二项二级子项目的第二个
        + 这是三级子项目
        + 这是三级子项目
```

图 4-21　列表嵌套格式的输入示例

运行结果如图 4-22 所示。

```
1. 这是第一项
    • 这是第一项的二级子项目的第一个
        ▪ 这是三级子项目
        ▪ 这是三级子项目
    • 这是第一项的二级子项目的第二个
        ▪ 这是三级子项目
        ▪ 这是三级子项目
2. 这是第二项
    • 这是第二项二级子项目的第一个
        ▪ 这是三级子项目
        ▪ 这是三级子项目
    • 这是第二项二级子项目的第二个
        ▪ 这是三级子项目
        ▪ 这是三级子项目
```

图 4-22　列表嵌套格式的运行示例

4.1.5　区块格式

在编写文档时，我们有时候会需要将一部分内容突出显示为一个区块，使这部分内容与其他文档内容区分开，这样做使文档结构更清晰明确。Markdown 也为我们提供了很便捷的方式实现这种结构。

可以在文字前加上符号“>”并在符号之后加一个空格，即可将这段文字变成一个区块显示，输入示例如图 4-23 所示。

```
> 这是一个区块的内容
> 使用这种格式可以突出显示一部分内容
> 将这部分文字显示为一个区块
```

图 4-23　区块格式的输入示例

运行结果如图 4-24 所示。

> 这是一个区块的内容
> 使用这种格式可以突出显示一部分内容
> 将这部分文字显示为一个区块

图 4-24　区块格式的运行示例

同样的，区块也可以实现嵌套的格式，前面我们讲到一个“>”可以实现区块的格式，两个“>”可以表示下一层级的嵌套区块，3 个“>”可以表示再下一级的嵌套，以此类推，区块格式可以实现多级的嵌套，输入示例如图 4-25 所示。

```
> 区块格式的最外层
>> 嵌套区块的第一层
>>> 嵌套区块的第二层
>>>> 嵌套区块的第三层
```

图 4-25　嵌套区块的输入示例

运行结果如图 4-26 所示。

> 区块格式的最外层
>> 嵌套区块的第一层
>>> 嵌套区块的第二层
>>>> 嵌套区块的第三层

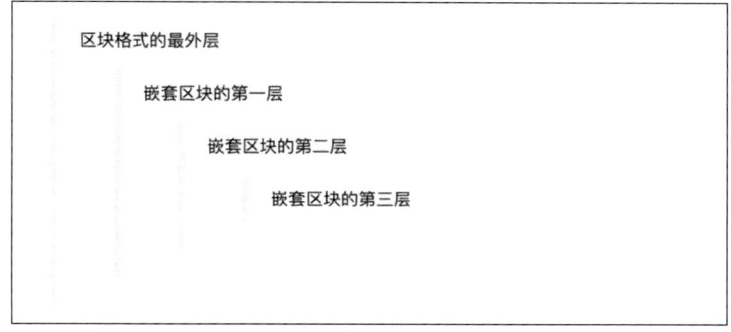

图 4-26　嵌套区块的运行示例

在 4.1.4 小节中，我们介绍了 Markdown 文档的列表格式。区块是一种突出显示文档部分的方法，因此在区块内部也可以使用列表格式。同样的，列表内部也可以使用区块格式。

图 4-27 演示了如何在区块中使用列表。

```
> 这部分我们展示如何在区块中使用列表
> 1. 这是第一项
>     + 这是第一项的第一子项
>     + 这是第一项的第二子项
> 2. 这是第二项
>     - 这是第二项的第一子项
>     - 这是第二项的第二子项
```

图 4-27　在区块中使用列表的输入示例

运行结果如图 4-28 所示。

> 这部分我们展示如何在区块中使用列表
> 1. 这是第一项
>   • 这是第一项的第一子项
>   • 这是第一项的第二子项
> 2. 这是第二项
>   • 这是第二项的第一子项
>   • 这是第二项的第二子项

图 4-28　在区块中使用列表的运行示例

下面示例是演示如何在列表中使用区块，如图 4-29 所示。

```
**这部分我们展示如何在列表中使用区块**
* 这是第一项
    > 这是第一项中的区块
    > 您可以在列表中使用区块
* 这是第二项
    > 在使用不同的格式嵌套中
    > 一定要记住空格的使用，缺少空格将影响格式的正确显示
```

图 4-29　在列表中使用区块的输入示例

运行结果如图 4-30 所示。

这部分我们展示如何在列表中使用区块

- 这是第一项

    > 这是第一项中的区块 您可以在列表中使用区块

- 这是第二项

    > 在使用不同的格式嵌套中
    > 一定要记住空格的使用，缺少空格将影响格式的正确显示

图 4-30　在列表中使用区块的运行示例

4.1.6 代码格式

在编写一些技术文档的过程中，我们也需要在文档中插入代码。Markdown 支持在文档中插入代码格式的文本，可以在文档中插入单行代码，也可以在文档中插入多行代码。具体的实现方式有两种，分别是使用反引号"`"或者是使用缩进。

若想在段落中插入一行代码，则可以使用单个反引号"`"来标记代码，将代码内容包含进去，具体的输入如图 4-31 所示。

```
Markdown也支持文档中加入代码格式的文本
例如，我们在文档中讲解如何使用Python中的`print()`函数
```

图 4-31　单行代码格式文本的输入示例

运行结果如图 4-32 所示。

```
Markdown也支持文档中加入代码格式的文本 例如，我们在文档中讲解如何使用Python中的
print() 函数
```

图 4-32　单行代码格式文本的运行示例

若想要输入多行代码，则可以在代码前后使用 3 个反引号"```"，将代码包含进去，具体示例如图 4-33 所示。

````
```python
print('hello world')
print('在此格式下你可以输入多行代码')
```
````

图 4-33　多行代码格式文本的输入示例

运行结果如图 4-34 所示，可见 Markdown 较好地显示了代码的高亮格式。

```
print('hello world')
print('在此格式下您可以输入多行代码')
```

图 4-34　多行代码格式文本的运行示例

4.1.7 链接格式

在我们编写文档时，有时候会需要插入一些网页链接，方便我们在阅读的过程中直接通过链接跳转到相应的页面。在 Markdown 中，也为我们提供了插入链接的方式，单击链接名称便可以直接跳转到设置好的网页之中。

插入简单的链接十分容易，使用英文模式下的方括号和圆括号，并在括号内分别写上链接的名称和链接的地址，就可以生成链接的形式，具体的示例如图 4-35 所示。

> 在这里你可以学习如何插入链接，比如你插入Python官网的链接[python官网]
> (https://www.python.org/)

图 4-35　插入链接的方式（1）

运行结果如图 4-36 所示，可以单击有下画线的文字，即可跳转到 Python 官网。

> 在这里你可以学习如何插入链接，比如你插入Python官网的链接<u>python官网</u>

图 4-36　插入链接方式（1）的运行示例

除了上述方法，也可以直接使用符号"<>"将网页链接放在文档中，如图 4-37 所示。

> 在这里你可以学习如何插入链接，比如你插入Python官网的链接
> <https://www.python.org/>

图 4-37　插入链接的方式（2）

运行结果如图 4-38 所示，可以单击有下画线的文字，即可跳转到 Python 官网。

> 在这里你可以学习如何插入链接，比如你插入Python官网的链接<u>https://www.python.org/</u>

图 4-38　插入链接的方式（2）的运行示例

为了使文档看起来整齐美观，我们可以使用变量来代表相应的网址，在正文中使用简洁的形式代表网址，并将真正的网址放在文末。例如，你可以在英文方括号里面写相应的变量名称来代表网址，之后可以正常编写文档内容，并在文末写上网址，具体的示例如图 4-39 所示。

```
网址变量1：[jupyter官网][1]
网址变量jupyter：[jupyter官网][jupyter]

[1]: https://jupyter.org/
[jupyter]:https://jupyter.org/
```

图 4-39　插入链接的方式（3）

运行结果如图 4-40 所示，可以单击有下画线的文字，即可跳转到 Jupyter 官网。

网址变量1：jupyter官网
网址变量jupyter：jupyter官网

图 4-40　插入链接的方式（3）的运行示例

4.1.8　表格格式

在编写文档的过程中，我们也需要使用表格这种形式来展示相应的内容，使文档内容更加清晰、有条理。Markdown 插入表格的方式也十分具有 Markdown 的特色，只需要用不同的符号来进行分隔表示，即可形成表格的格式。

在 Markdown 语法中，使用符号"|"来分隔不同的单元格，并使用符号"-"来分隔表头与表格的内容；其中，每行的符号"|"并不需要一一对齐，符号"-"的个数也不作要求，具体示例如图 4-41 所示。

```
|姓名 |专业   |年级 |
|---  |---    |---  |
|张三 |金融学 |大三 |
|李四 |经济学 |研一 |
```

图 4-41　插入表格的输入示例

运行结果如图 4-42 所示。

姓名	专业	年级
张三	金融学	大三
李四	经济学	研一

图 4-42　插入表格的运行示例

在 Markdown 文件的表格编写过程中，我们也可以很方便地设置表格的对齐方式。在分隔表头与表格内容的位置使用符号"："与"-"的相对位置来表示对齐方式，对齐方式的设置如表 4-1 所示，对符号"-"的个数也不作要求。

表 4-1 Markdown 表格的对齐格式

对齐方式	表示方式
右对齐	:-
左对齐	-:
居中对齐	:-:

具体的示例如图 4-43 所示。

```
| 右对齐  | 左对齐  | 居中对齐 |
| :----- | -----: | :----: |
| 张三   | 金融学  | 大三   |
| 李四   | 经济学  | 研一   |
```

图 4-43 设定表格对齐方式的输入示例

运行结果如图 4-44 所示。

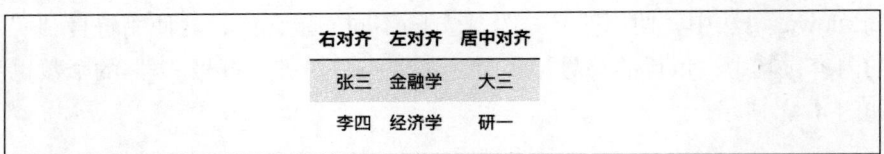

图 4-44 设定表格对齐方式的运行示例

4.1.9 图片格式

在编写文档的过程中，我们也可能需要插入相应的图片来使文档更加清晰美观。Markdown 支持我们插入相应的图片，但并不是直接将图片复制粘贴进去，而是使用相应的语法来插入图片。Markdown 支持我们插入本地图片和网络图片，并支持将图片保存在 Markdown 中插入。

需要注意的是，在本地的 Jupyter Notebook 中编写 Markdown 文档，若插入本地地址的图片，会不便于分享文档，因为图片在其他计算机上无法显示；若插入网络图片，则在阅读时会依赖于网络环境，网络环境不好时可能会影响图片的显示。

插入图片的具体格式为在开头使用一个英文模式下的感叹号"!"，随后输入英文模式下的方括号"[]"，方括号中可以输入图片的替代文字，之后输入英文模式下的圆括号"()"，括号内填入图片地址，具体的格式示例如图 4-45 所示。

!\[jupyter图标\](./picture/jupyter.png)

图 4-45　插入图片的方式（1）

运行结果如图 4-46 所示。

图 4-46　插入图片方式（1）的运行示例

同样的，与上一节插入链接相似，在插入图片时，也可以为了文档的整齐美观而使用变量来代表图片地址，将真正的图片网址放在文末，如图 4-47 所示。

这里插入Jupyter图标，并用1作为网址变量，真正的地址放在文章结尾 [Jupyter][1].
[1]: https://jupyter.org/assets/main-logo.svg

图 4-47　插入图片的方式（2）

运行结果如图 4-48 所示，单击 Jupyter 可以看到图片。

这里插入Jupyter图标，并用1作为网址变量，真正的地址放在文章结尾 Jupyter.

图 4-48　插入图片方式（2）的运行示例

在 Markdown 中直接插入图片暂时无法设置图片的大小等格式。若想设定图片的大小，Markdown 支持我们使用 HTML 中的<img>标签来设置。大家可以在 4.2 节学习具体的操作方式。

4.2 Markdown 高级技巧

前面提到 Markdown 语法插入图片格式暂时不支持设置图片大小,这是因为 Markdown 的基本语法并没有涵盖所有的功能。在基本语法之外,Markdown 支持一些高级技巧,本节将对这些技巧进行介绍。

4.2.1 HTML 元素

HTML 英文全称为 Hyper Text Markup Language,即超文本标记语言,是一种标识性的语言。所谓的超文本,我们可以理解为是将信息以一定的方式组织起来,这里的信息可以包含文本、图表等各种类型,这些信息也可能分布在完全不同的位置。有了超文本这种组织方式,我们检索查找信息会变得更加方便。

提到 HTML,相信很多同学都会想到网页。HTML 作为一种标记语言,也是建立网页文本的语言。我们通过这种标记语言编写 HTML 文本,将信息整合起来,而网页浏览器就像是一个阅读器,帮助我们把 HTML 文本显示成为大家看到的网页。

HTML 语言包含了一系列的标签,这些标签的作用主要是帮助我们把网络上不同格式的文档进行统一,让分散在网络上的资源在逻辑上看起来像是一个整体。HTML 命令支持图片、表格、声音等多种资源。

Markdown 支持 HTML 语言,因此,对于一些使用 Markdown 无法实现的功能,可以在 Markdown 文档中使用 HTML 撰写。

Markdown 支持且常用的 HTML 标签及其功能如表 4-2 所示,需要注意的是,对于需要前后使用的 HTML 标签,后面的标签要在标签字母前加 "/"。

表 4-2 Markdown 中 HTML 常用标签

标签	功能	使用方法
\<br\>	换行	测试\<br /\>换行
\<mark\>	标记	测试\<mark\>标记\</mark\>
\<s\>	删除线	测试\<s\>删除线\</s\>
\<u\>	下画线	测试\<u\>下画线\</u\>

续表

标签	功能	使用方法
<big>	文字变大	测试<big>文字变大</big>
<small>	文字表小	测试<small>文字变小</small>
<b>	文字加粗	测试<b>文字加粗</b>
<i>	文字斜体	测试<i>文字斜体</i>
<em>	强调格式文本	测试<em>强调格式</em>
<sup>	文字上标	测试<sup>上标</sup>
<sub>	文字下标	测试<sub>下标</sub>
<center>	文字居中	测试<center>文字居中</center>
<p align="center">	图片居中	< p align="center"><img src=……></p>
<kbd>	定义键盘文本	测试<kbd>Ctrl</kbd>

在表 4-2 中，我们讲解了一些常用的 HTML 标签，接下来为大家简单演示一下。图 4-49 所示是我们输入的内容。

图 4-49　HTML 标签的输入示例

当上述内容运行之后，结果如图 4-50 所示，你可以看到相应的格式均较好地显示出来。

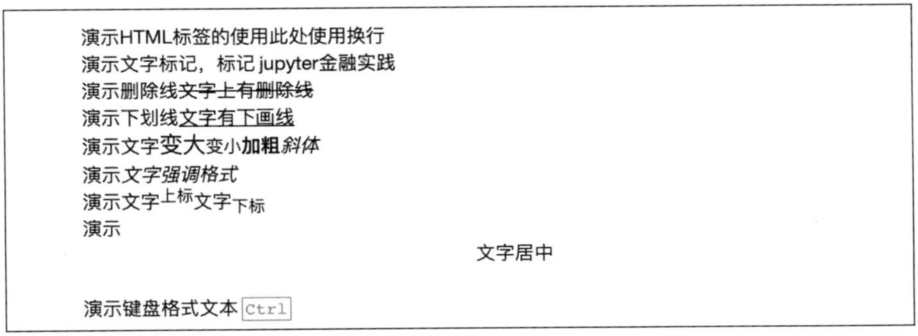

图 4-50　HTML 标签的运行示例

HTML 中有专门的<img>标签，这个标签可以帮助我们插入图片，同时支持对图片的格式进行设计，图 4-51 演示了使用<img>标签插入图片。

```
<img src="./picture/jupyter.png"
     width="300"
     height="300"
     title="这是jupyter的logo"
     alt="这是jupyter的logo"
/>
```

图 4-51　HTML 标签插入图片的输入示例

当运行上述代码之后，结果如图 4-52 所示，可以看到相应的格式均较好地显示出来。

图 4-52　HTML 标签插入图片的运行示例

4.2.2　转义

在前面的学习过程中，我们了解到 Markdown 中的多种符号的用法。由于 Markdown 中的很多符号被赋予了不同的功能，因此有读者可能会思考，当我们真的只想输入某个符号的时候，应该怎么输入呢？这个时候就需要我们来学习转义这个概念了。

转义字符在很多程序语言中都有涉及，以转义字符开头的序列具有与仅仅使用这个字符所不同的含义。一般来讲，转义字符常用于表示没有办法用字母直接表示的特殊数据，或者用于输入无法直接通过键盘输入的符号，例如回车或者该字符在语言上下文有其特殊的含义导致我们无法正常输出该字符；或者在编程语言中，有的符号代表了特殊的含义而无法单独输出该符号。

前面我们了解到 Markdown 中的很多具有不同含义的特殊符号，例如一个星号"*"可以表示将文字格式设置为斜体，两个星号"*"可以表示文字加粗，那么当我们真的需要输出并显示星号"*"时，就需要使用转义字符。

在 Markdown 中，我们使用反斜杠符号"\"来实现转义的功能，支持使用反斜杠实现转义功能的符号主要如表 4-3 所示。

表 4-3　在 Markdown 中需要使用转义的常用符号

符号	名称	符号	名称
#	井号	_	下划线
`	反引号	()	英文圆括号
*	星号	[]	英文中括号
.	英文点	{}	英文大括号
+	加号	\	反斜线
-	减号	!	感叹号

具体的输入内容如图 4-53 所示。

```
*这里的星号表示文字斜体*
\*这里的星号打印为星号\*
**这里的双星号表示文字加粗**
\*\*这里的星号打印为两个星号\*\*
```

图 4-53　转义符号的输入示例

运行结果如图 4-54 所示，可以看出使用了转义符号的星号显示为星号本身，没有实现其特殊的语法功能。

```
这里的星号表示文字斜体
*这里的星号打印为星号*
这里的双星号表示文字加粗
**这里的星号打印为两个星号**
```

图 4-54　转义符号的运行示例

4.2.3　公式

在编写专业文档时，我们常需要输入公式，而公式的输入在很多文档编辑软件中都十分复杂。

LaTeX 是美国计算机专家莱斯利·兰伯特开发的基于 TeX 的一种排版格式，可以用于生成复杂的表格和数学公式，目前被广泛应用于生成数学文档。

LaTeX 是一种建立在 TeX 上的宏语言，而 TeX 是一种文本排版系统，可以很好地将复杂格式显示出来，因此我们可以将 LaTeX 理解为基于 TeX 开发的一种排版格式，在系统内部通过翻译成多个 TeX 命令实现编辑特殊格式文本的目的。而 LaTeX 的优势在于，它基于 TeX 设计了很多模板命令，使我们可以方便快速地编写包含公式的文档。

在 Markdown 中，我们只需要掌握输入方法即可轻松地使用 LaTeX。当想要输入 LaTeX 格式的文本时，可以在想要输入的公式前后各使用两个美元符号"\$\$"，在两组符号中间便可以输入 LaTeX 格式。在 Markdown 中使用 LaTeX，也可以使用反斜线加 begin{equation} 和 end{equation} 来结束公式的输入。

表 4-4 所示为一部分常用数学符号及其输入方法。

表 4-4 常用数学符号及其输入方法

符号名称	输入方法	符号样式
下标	x_n	x_n
上标	x^n	x^n
箭头	\to	$\to$
双箭头：向右	\Rightarrow	$\Rightarrow$
双箭头：向左	\Leftarrow	$\Leftarrow$
任意	\forall	$\forall$
无穷	\infty	∞
求和符号	\sum	$\sum$
分数	\frac{1}{5}	$\frac{1}{5}$
积分	\int_{1}^{10}	$\int_{1}^{10}$
微分	\partial	∂
属于	\in	$\in$
小于等于	\leqslant	$\leqslant$
大于等于	\geqslant	$\geqslant$
不等于	\neq	$\neq$

LaTeX 语法还有很多，上面我们只是列举出了一部分常用符号，如果大家需要可以进行详细的学习。

下面我们将使用一个例子简单介绍常用的 LaTeX 语法，输入如图 4-55 所示。

```
$$
f(x)=x_n+y^n\alpha\beta
$$
```

图 4-55　公式的输入示例

运行结果如图 4-56 所示。

$$f(x) = x_n + y^n \alpha\beta$$

图 4-56　公式的运行示例

4.3　文档共享

在 4.1 节和 4.2 节中，我们学习了 Jupyter Notebook 中 Markdown 文档的语法。学会这些语法技巧，有助于我们高效的编写专业文档。当我们编写好文档之后，势必需要将文档进行导出或共享。

本节我们将学习如何把 Jupyter Notebook 中的 Markdown 文档进行共享。

4.3.1　把文件导出成多种格式

在第 2 章中，我们学习了 Jupyter Notebook 的菜单栏和工具栏的使用方法，其中在文件菜单中，有一个名为"下载"（Download as）的选项，该选项为我们提供了导出 Jupyter 文件的多种格式，如图 4-57 所示。

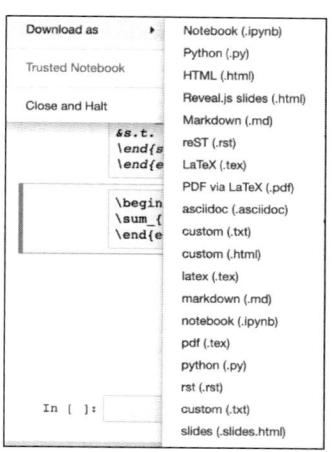

图 4-57　"下载"（Download as）选项卡的内容

当选择了一种格式之后，便可以将编写好的文档以相应的格式保存下来。当大家把文档保存为需要的格式并存储在本地之后，就可以将文件共享到其他设备或者分享给他人。这是最基础的文件共享方式。

4.3.2 使用 nbviewer 共享

除了 4.3.1 节提到的下载之后将下载文档共享之外，Jupyter Notebook 也提供了其他的文档共享方式。

nbviewer 是一个 Web 应用程序，也是 Jupyter 下的一个重要的开源项目，它支持我们在线查看 Jupyter 文档的内容，它会将文档内容呈现为静态 HTML 网页，可以让我们很方便地与他人共享自己编写好的文档。

大家可以在浏览器输入网址打开 nbviewer 的官方主页，页面如图 4-58 所示。

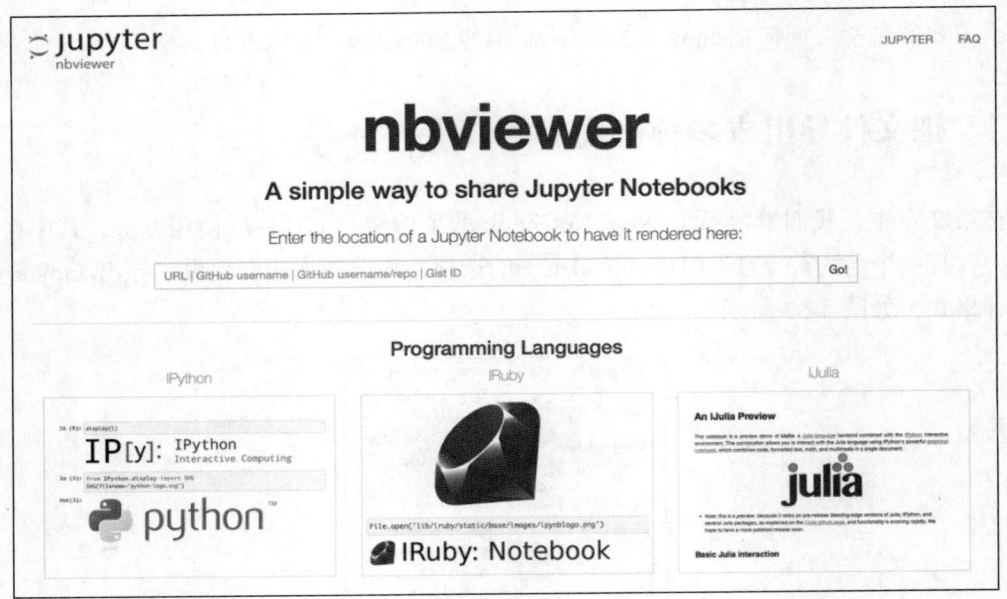

图 4-58 nbviewer 首页示意图

我们可以看到，nbviewer 支持在输入框中输入 Jupyter 文档的地址、GitHub 的用户名、GitHub 的 ropo 和 Gist ID。

我们最常用的在线共享代码等文件的方式是 GitHub，大家可以将编写好的文档或项目代码上传到 GitHub 账号，当大家使用 GitHub 与 nbviewer 进行共享时，不仅支持显示单个 Jupyter 文档，还支持直接共享 GitHub 上的多个文档。只需要将上一节中下载的文档上传到 GitHub 文件夹中，并将 GitHub 用户名或地址提供给他人，大家就可以在线通过 nbviewer 共享文档。当大家在 nbviewer 中输入 GitHub 的地址或用户名并单击"继续"（Go!）之后，会打开 Jupyter 文档，如图 4-59 所示。

图 4-59　使用 nbviewer 打开 GitHub 文档

如果大家感兴趣，可以尝试利用 nbviewer 进行文档共享，其他的方式我们暂时不做介绍，大家可以自行学习。

4.4　小结

在本章中，我们学习了 Jupyter Notebook 中 Markdown 文档的语法和文档共享的方式。Markdown 是很好的专业文档编写工具，支持我们使用纯文本的方式编写包含丰富格式的专业文档，同时也支持代码、链接、表格和图片的插入；同时，大家在这一章也了解到，Markdown 还支持一些高级技巧，如 HTML 格式、转义的实现和公式的插入，使用起来也十分方便；大家使用 Markdown 编写好文档之后，也可以使用不同的方式将文档共享，方便大家进行沟通和交流。

相信经过这一章的学习，大家后续可以轻松地使用 Jupyter Notebook 编写专业文档，这有助于大家更好地使用 Jupyter Notebook 完成专业的工作。

第二部分
金融数据处理

✦ 第5章　基本数据操作

✦ 第6章　数据存取

✦ 第7章　数据可视化

第 5 章 基本数据操作

数据结构是计算机存储、组织数据的方式，针对不同的数据形式，我们会采用不同的数据结构进行组织管理。选择合适的数据结构可以带来更高的运行或者存储效率，了解数据结构，选择合适的数据处理方式是进行数据操作的基础。Python 是 Jupyter 数据工具中最常使用的内核，了解 Python 常用的几种数据结构对于金融数据处理是至关重要的。

此外，NumPy 和 Pandas 也是数据科学领域中常用的工具包，它们不光提供了基础数据结构之外更高效的特殊数据组织管理方式，NumPy 还提供了大量数学运算、向量化运算支持，简化了大量数据处理的流程；Pandas 提供了数据科学常用的大量函数和方法，让数据处理更高效便捷。

在本章中，我们将对各类数据结构、NumPy 和 Pandas 进行介绍，为读者的金融数据处理打下基础。

在这一章里，我们将探讨以下主题。

- Python 中常用的基本数据结构
- NumPy 的特色、数据结构和常用方式
- Pandas 的特色、数据结构和常用方式

5.1 基本数据结构

在本节中,我们将介绍几种常用的基本数据结构,包括元组、列表、字典和集合。

5.1.1 元组

元组(tuple)是一种使用小括号"()"进行对象定义的高级数据结构。当元组创建之后,其元素不能被修改。元组内部的元素不受类型的限制,整数、小数、字符串等可以同时存在。

1. 元组的创建

创建一个元组只需要在小括号中添加元素,并使用英文逗号隔开即可。

我们以一条上证系列指数列表中的数据进行展示,包含"指数名称""指数代码""基准日期"和"基准点数",参考以下示例。注意,代码示例有先后顺序,后面的示例依赖前面示例的运行结果,请勿随意跳过。

[In]	1. t = ('上证指数', '000001', '1990-12-19', 100) 2. type(t) # 显示数据类型
[Out]	tuple

2. 元组的访问查询

与其他 Python 的数据结构相似,元组也有内置的索引,可以方便地进行元素的查询。要注意的是,索引从 0 开始,即第一个元素的序号是 0。

具体参考以下示例。

[In]	1. t[1]
[Out]	'000001'
[In]	2. type(t[1]) # 因为数据被单引号括住,所以是字符串类型
[Out]	str

3. 元组的修改

元组只要创建,其内部的元素就不能修改了,但可以对元组整体进行拼接或删除。在拼接时直接使用加号"+",删除时需要用到 del()命令。

我们向 t 后面添加"成分股数量"和"成分股总股本数(亿股)"两项数据,见如下示例。

[In]	1. t2 = (1519, 42274.41) 2. t = t + t2 3. t
[Out]	('上证指数', '000001', '1990-12-19', 100, 1519, 42274.41)

当删除 t2 之后，再访问 t2 会出现异常，显示"NameError: name 't2' is not defined"，因为此时 t2 已被删除，详见如下示例。

[In]	1. del(t2) 2. t2
[Out]	``` NameError Traceback (most recent call last) <ipython-input-5-b820af313c77> in <module> 1 del t2 ----> 2 t2 NameError: name 't2' is not defined ```

4．元组常用方法和函数

元组类型有多个常用方法和函数，如表 5-1 所示。

表 5-1　元组的常用方法和函数

方法和函数	功能
count()	计算某元素出现的次数
index()	查找某元素首次出现的位置
len()	计算数据长度
max()	找出最大值
min()	找出最小值
tuple()	将其他类型的数据转换成元组

具体操作参考以下示例。注意，Python 内置的函数可以直接调用，而方法则需要通过对象调用，例如下面的"t"。

示例 1：统计元组中某个字符出现的次数。

[In]	t.count(100)
[Out]	1

示例 2：查找元组中某个元素所处的位置。

[In]	t.index(100)
[Out]	3

示例 3：查看元组长度。

[In]	len(t)
[Out]	5

示例 4：查看最大值和最小值，需要注意的是 max()和 min()只能在元组里的元素都是字符串或都是数字类型的情况下进行比较。

[In]	1. t = [1, 4.5, 5] 2. min(t)
[Out]	1

示例 5：将列表类型转换为元组类型。

[In]	1. li = ['上证指数', '000001', '1990-12-19', 100] 2. t = tuple(li) 3. t
[Out]	('上证指数', '000001', '1990-12-19', 100)

5.1.2 列表

列表（list）是一种比元组更灵活的数据结构。相比于元组，列表的内容允许更改。

1．列表的创建

列表通过方括号[]定义，基本形式与元组相似。我们使用与上一节相同的数据定义列表，示例如下。注意，代码示例有先后顺序，后面的示例依赖前面示例的结果，请勿随意跳过。

[In]	1. li = ['上证指数', '000001', '1990-12-19', 100] 2. li
[Out]	['上证指数', '000001', '1990-12-19', 100]

2．列表的访问和切片

对于列表元素可以通过下标索引来访问，还有简单的切片（slicing）操作，通过方括号可以截取列表的一部分，示例如下。

[In]	li[1]
[Out]	'000001'

选取 li 中下标为 0～2 的元素返回一个列表，要注意的是，[0:2]这种写法是包含左边界值而不包含右边界值的，因此返回的是 0～1 位置的 2 个元素，示例如下。

[In]	li[0:2]
[Out]	['上证指数', '000001']

3. 列表的修改

列表最大的优点在于可以很方便地进行修改，而这些方法都是元组和字符串无法使用的，其如表 5-2 所示。

表 5-2 列表的修改

方法和函数	功能
append()	在现有列表后任意添加一个对象
extend()	将其他列表内的元素添加到当前列表
insert()	将元素插入指定位置
remove()	删除第一次出现的元素
pop()	删除指定元素并获取该元素
del()	删除整个对象
clear()	保留列表对象，仅清除内容

详见以下示例。

示例 1：用 append()将[1519, 42274.41] 这个列表添加在列表 li 的尾部，此次的[1519, 42274.41]是作为一个整体的元素被添加到 li 中。

[In]	1. li.append([1519, 42274.41]) 2. li
[Out]	['上证指数', '000001', '1990-12-19', 100, [1519, 42274.41]]

示例 2：用 extend()将[1519, 42274.41]列表内的元素添加到 li 的尾部，此次是每个元素被单独添加进去。

[In]	1. li.extend([1519, 42274.41]) 2. li
[Out]	['上证指数', '000001', '1990-12-19', 100, 1519, 42274.41]

示例 3：将"000001CNY01"这个对象插入 li 中下标为 6 的元素之前。

[In]	1. li.insert(6, '000001CNY01') 2. li
[Out]	['上证指数', '000001', '1990-12-19', 100, [1519, 42274.41], 1519, '000001CNY01', 42274.41]

示例 4：移除在 li 中第一次出现的元素'000001CNY01'，需要注意的是，只有第一个"000001CNY01"被移除了，后面出现的相同元素不受影响。

[In]	1. li.remove('000001CNY01') 2. li
[Out]	['上证指数', '000001', '1990-12-19', 100, [1519, 42274.41], 1519, 42274.41]

示例 5：移除在 li 中下标为 4 的元素并返回该元素。

[In]	1. p = li.pop(4) 2. **print**(li, p)
[Out]	['上证指数', '000001', '1990-12-19', 100, 1519, 42274.41] [1519, 42274.41]

若想要整体删除列表，有两种方法：通过 clear()将列表内容清空或通过 del()删除列表对象。两者的区别在于 clear()方法会保留列表对象仅清除内容，而 del()函数是将该对象直接删除。在本节中，我们展示 clear()的效果，del()的效果可以参考 5.1.3 节。

示例 6：用 clear()清除全部内容，此时仍保留列表对象 li，只是清除了 li 的内容，而此时若是使用 del 那么 li 对象将被消除，会出现 not defined 异常。

[In]	1.. li.clear() 2. li
[Out]	[]

4．列表的常用操作

列表类型也有很多常用方法与函数，如表 5-3 所示。count()、index()、len()、max()和 min()函数与上一节元组中的使用方式相同，表中不再赘述。

表 5-3 列表的常用方法和函数

方法和函数	功能
list()	将其他数据类型转换为列表类型
reverse()	将整个列表翻转
sort()	对列表进行排序

具体操作参考以下示例。

示例 1：统计列表中字符出现的次数。

[In]	li.count(100)
[Out]	1

示例 2：查找列表中某元素所处的位置。

[In]	li.index(100)
[Out]	3

示例 3：查看列表长度。

[In]	len(li)
[Out]	6

示例 4：翻转列表。

[In]	1. li.reverse() 2. li
[Out]	[42274.41, 1519, 100, '1990-12-19', '000001', '上证指数']

示例 5：对列表进行排序，需要注意的是，当列表内数据类型不统一时，不能进行排序。

[In]	1. li.sort() 2. li
| [Out] | ```
TypeError                                 Traceback (most recent call last)
<ipython-input-24-5ae118ea10e5> in <module>()
----> 1 li.sort()
      2 li

TypeError: '<' not supported between instances of 'str' and 'int'
``` |

5.1.3 字典

字典（dictionary）是一种按照键值存储的数据类型，它是一种可以变容量的结构。字典与列表的最主要区别是，列表是有序的，而字典是无序的，字典采用键码寻找元素，字典内的键码不允许重复，若是同时出现相同键码则只会保留第一个键值对。

1. 字典的创建

字典的每个键值对的键（key）和值（value）用冒号"："分割，键值对之间用逗号","分割，整个字典包括在花括号{}内。

以下使用的数据依然是上证指数数据，字典的结构明显比元组和列表清晰，具体操作参考以下示例。

[In]	1. d = {'name':'上证指数', 2. 'code':'000001', 3. 'date':'1990-12-19', 4. 'point':100} 5. type(d)
[Out]	dict
```

2. 字典的访问

字典的存储方式为键值对，因此可以通过键码来确定对应元素，也可以通过 keys()、values()方法来单独获取键和值，通过 items()方法配合循环也可以依次读取字典的所有键值对。

示例 1：通过键码确定对应的元素。

[In]	d['code']
[Out]	'000001'

示例 2：查看字典的全部键码。

[In]	d.keys()
[Out]	dict_keys(['name', 'code', 'date', 'point'])

示例 3：查找该字典全部的元素值。

[In]	d.values()
[Out]	dict_values(['上证指数', '000001', '1990-12-19', 100])

示例 4：通过循环遍历全部键值对（key->value）。

[In]	1.　　for item in d.items(): 2.　　　　print(item)
[Out]	('name', '上证指数') ('code', '000001') ('date', '1990-12-19') ('point', 100)

3. 字典的修改

在通过字典的键码（key）对应到元素值（value）后可以直接对原始值进行修改，也可以通过新定义键值对的形式加入新的对象。字典类型的常用方法和函数如表 5-4 所示，详细的使用方式参考如下示例。在前文中我们可以看到，在字典 d 中 "number of stocks" 这个键码并未使用过。

表 5-4　字典的常用方法和函数

方法和函数	功能
del()	删除整个对象
clear()	保留对象，仅清除内容
copy()	复制当前字典
update()	更新参数中提及的键码，未提及的仍然保留

示例 1：通过直接对新键码赋值来增加新的元素。

[In]
```
1.  d['number of stocks'] = 1518
2.  d
```

[Out]
```
{'name': '上证指数',
 'code': '000001',
 'date': '1990-12-19',
 'point': 100,
 'number of stocks': 1518}
```

示例 2：修改某个元素的值。

[In]
```
1.  d['number of stocks'] = 1519
2.  d
```

[Out]
```
{'name': '上证指数',
 'code': '000001',
 'date': '1990-12-19',
 'point': 100,
 'number of stocks': 1519}
```

示例 3：使"number of stocks"对应的值加 1。

[In]
```
1.  d['number of stocks'] += 1
2.  d['number of stocks']
```

[Out] `1520`

示例 4：删除键码为"number of stocks"的元素。

[In]
```
1.  del(d['number of stocks'])
2.  d
```

[Out] `{'name': '上证指数', 'code': '000001', 'date': '1990-12-19', 'point': 100}`

在使用 update()方法时，只会更新语句中提及的键码，而在原字典中未出现在更新语句中的键值依然会被保留。

示例 5：使用 update()方法更新内容中的键码。

在本示例中，"point"键码未出现在更新内容中，因此键值对('point': 100)保持原状。

[In]
```
1.  d.update({'name': 'B股指数', 'code': '000003', 'date': '1992-02-21'})
2.  d
```

[Out] `{'name': 'B股指数', 'code': '000003', 'date': '1992-02-21', 'point': 100}`

示例 6：通过 copy()方法实现字典的完整复制。

[In]
```
1.  dc = d.copy()
2.  dc
```

[Out] `{'name': 'B股指数', 'code': '000003', 'date': '1992-02-21', 'point': 100}`

示例 7：使用 del()函数删除对象后再次读取该对象会报错，这是因为该对象已被整体清除。

```
[In]    1.    del(d)
```

5.1.4 集合

集合（set）是数学中常用的概念，是集合论的主要研究对象，现代的集合一般被定义为由一个或多个确定的元素所构成的整体。集合是一个无序的不重复元素序列，因此集合内的元素不需要查找，集合最重要的特点是每个元素只能出现一次，用这个特点可以进行去重操作。

1. 集合的创建

集合的构造方式通过 set()加中括号"[]"进行定义，具体参考以下示例：

```
[In]    1.    s1 = set(['a','b','c','ab','ac','a'])
        2.    s1
[Out]   {'a', 'ab', 'ac', 'b', 'c'}
```

2. 集合的修改

在添加元素时可以使用add()和update()方法，两者的区别在于add()后的参数只能是一个，即只能一次添加一个元素，而update()可以同时更新多个元素，无论哪种方式在添加时若是该元素已在集合内，由于集合元素不可重复，则不会重复添加；删除元素时也有两种方式remove()和discard()，两种方式均只能填入一个元素，即只能逐个删除。两者的区别在于使用remove()时若该元素不在集合内则会报错，而 discard()却不会。具体操作参考以下示例。

示例 1：在集合中添加元素。

```
[In]    1.    s1.add('d')
        2.    s1
[Out]   {'a', 'ab', 'ac', 'b', 'c', 'd'}
```

示例 2：更新集合中的内容。

```
[In]    1.    s1.update('d','e')
        2.    s1
[Out]   {'a', 'ab', 'ac', 'b', 'c', 'd', 'e'}
```

示例 3：删除集合中的元素。

```
[In]    1.  s1.remove('d')
        2.  s1
[Out]   {'a', 'ab', 'ac', 'b', 'c', 'e'}
```

示例 4：忽略集合中的元素。

```
[In]    1.  s1.discard('e')
        2.  s1
[Out]   {'a', 'ab', 'ac', 'b', 'c'}
```

3. 集合的运算

Python 的集合提供了数学中的交并集操作，可以通过函数和符号运算实现。

具体操作参考以下示例。

示例 1：为两个集合取并集，等同于 s1 | s2。

```
[In]    1.  s2 = set(['ab','ac','bc','c'])
        2.  s1.union(s2)
[Out]   {'a', 'ab', 'ac', 'b', 'bc', 'c'}
```

示例 2：为两个集合取交集，等同于 s1 & s2。

```
[In]        s1.intersection(s2)
[Out]   {'ab', 'ac', 'c'}
```

示例 3：找出在集合 s1 中但不在集合 s2 中的元素，等同于 s1 - s2。

```
[In]        s1.difference(s2)
[Out]   {'a', 'b'}
```

示例 4：找出只在二集合之一中的元素，等同于 s1 ^ s2。

```
[In]        s1.symmetric_difference(s2)
[Out]   {'a', 'b', 'bc'}
```

4. 使用集合去重

集合的最常用方式是利用集合内元素只能出现一次的特征来进行对列表的去重，具体参考以下示例。

示例：通过集合实现对列表的去重。

```
[In]    1.  li = [1, 2, 3, 3, 4, 4, 5]
        2.  s = set(li)
        3.  s
[Out]   {1, 2, 3, 4, 5}
```

5.2　NumPy 库

NumPy 是数据分析中经常用到的程序库，本节介绍 NumPy 的基本功能及其数组的使用。

5.2.1　NumPy 简介

NumPy（全称为 Numerical Python）是 Python 的一个扩展库，它是一个开源的项目，在 2005 年由特拉维斯·奥利潘特（Travis Oliphant）在 Numeri 基础上结合 Numarray 的特点，进一步开发而成。NumPy 的运行速度非常快，支持高维度的数组与矩阵运算，并提供大量的数学函数库。

安装 NumPy 最简单的方法是使用 pip 工具，在终端中输入如下指令即可安装。

```
$ pip install numpy
```

NumPy 有以下优点：

- 提供强大的数组/向量运算；
- 高效便捷实现多维数组；
- 支持复杂的科学计算；
- 支持对多维数组中存储的数据进行重构。

NumPy 提供了方便高效的方法来处理大量数据，在向量、矩阵乘法和数据重构方面功能强大，并且性能优秀。

5.2.2　常规数组

NumPy 的核心是数组对象 ndarray，它是一种高效的存储方式。ndarray 是存有相同类型和大小的对象的多维容器。数组中的维和项的数量由其形状（shape）定义，shape 是一个表示各维度大小的元组；数组中的项类型由数据类型对象（dtype）指定，描述数组中的固定大小值的格子。

1. ndarray 的创建

创建一个 ndarray 只需要调用 NumPy 中的 array 函数即可。如果需要创建特定的 array，还可以采用特定函数来创建。此处需要注意的是，一般情况下 ndarray 只用来存放数值类型，由于 ndarray 内部类型必须一致，若是同时存放了字符串和数值类型，因此数值类型会被迫转换为字符串类型。具体操作参考以下示例，注意，代码示例有先后顺序，后面的示例依赖前面示例的运行结果，请勿随意跳过。

示例 1：创建一维数组。

[In]
```
1.  import numpy as np
2.  a = np.array([1,2,3])
3.  a
```
[Out] `array([1, 2, 3])`

示例 2：创建二维数组。

[In]
```
1.  b = np.array([[1, 2], [3, 4]])
2.  b
```
[Out]
```
array([[1, 2],
       [3, 4]])
```

示例 3：创建元素都是 0 的数组。

[In]
```
1.  a = np.zeros((2,3))
2.  a
```
[Out]
```
array([[0., 0., 0.],
       [0., 0., 0.]])
```

示例 4：创建元素都是 1 的数组。

[In]
```
1.  a = np.ones((2,3))
2.  a
```
[Out]
```
array([[1., 1., 1.],
       [1., 1., 1.]])
```

示例 5：创建数组，设置元素起点、终点和步长，在本示例中，起点为 2，终点为 5，步长为 1 的数组，边界值包含左边的起点 2，不包含右边的终点 5。

[In]	1. a = np.arange(2,5,1) 2. a
[Out]	array([2, 3, 4]).

示例 6：创建等差数列，示例中为起点为 1，终点为 5，有 5 个数的等差数列。

[In]	1. a = np.linspace(1,5,5) 2. a
[Out]	array([1., 2., 3., 4., 5.])

示例 7：创建等比数列，示例中为起点为 5 的 0 次方，终点为 5 的 3 次方，包含 4 个数的等比数列，若不设置则 base 参数默认为 10。

[In]	1. a = np.logspace(0,3,4,base=5) 2. a
[Out]	array([1., 5., 25., 125.])

示例 8：同时存放字符串和数值，数值被迫转化为字符串类型，比如例子中的数值（100）变成了字符串（'100'）。

[In]	1. a = np.array(['上证指数','000001','1990-12-19',100]) 2. a
[Out]	array(['上证指数', '000001', '1990-12-19', '100'], dtype='<U10')

2．ndarray 的访问

在 ndarray 的使用过程中，可以使用中括号"[]"来定位并选择需要的部分，要注意的是多维数组的结构实际上是数组中包含着数组，而定位操作返回的是下级对象，即二维数组定义返回的是一维数组，因此若要定位到最内部元素则需要多层定位。具体操作参考以下示例。

示例 1：一维数组定位。

[In]	1. import numpy as np 2. a=np.array([1,2]) 3. a[1]
[Out]	2

示例 2：二维数组一次定位。

[In]	1. b=np.array([[1,2],[3,4]]) 2. b[1]
[Out]	array([3, 4])

示例 3：二维数组二次定位。

[In]	b[1][1]
[Out]	4

与前面列表数据结构相似，ndarray 也支持对数组进行索引或切片。但此处应注意定位操作与切片操作的区别，切片操作返回的是同级对象，即二维数组一次切片后返回值还是二维数组。

示例 4：二维数组切片。

[In]	b[1:]
[Out]	array([[3, 4]]) #虽然只有一组数但依然是二维数组

3. ndarray 的修改和删除

在修改 ndarray 中具体元素时，参照查找的方法进行定位后直接修改即可。在拼接两个 ndarray 时，若是维数相同则可以使用 vstack()和 hstack()进行横向或纵向的拼接，不同维数的可以用一个 n 行列向量和一个 m 列行向量构造出一个 $n×m$ 矩阵。在删除元素时同样可以使用查找的方法，也可以通过 delete()配合 axis 参数按行或列进行删除。具体操作参考以下示例。

示例 1：对 n 维数组定位后，修改其中的值。

[In]	1. b=np.array([[1,2],[3,4]]) 2. b[1][0] = 5 3. b
[Out]	array([[1, 2], [5, 4]])

示例 2：对数组横向拼接，即行数不变，将元素拼接到对应的行之后。

[In]	1. a = np.array([[1,2],[3,4]]) 2. b = np.array([[5,6],[7,8]]) 3. np.vstack((a,b))

[Out]	array([[1, 2],
	       [3, 4],
	       [5, 6],
	       [7, 8]])

示例 3：对数组纵向拼接，即列数不变，将元素拼接到对应的列元素之中。

[In]	1. np.hstack((a,b))
[Out]	array([[1, 2, 5, 6], [3, 4, 7, 8]])

示例 4：用一个 n 行列向量和一个 m 列行向量构造出一个 $n×m$ 矩阵。

[In]	1.　a = np.array([[1],[2]]) 2.　b = ([[10,20,30]]) 3.　a+b
[Out]	array([[11, 21, 31], 　　　 [12, 22, 32]])

示例 5：对数组以定位至其下级的方式删除，这实际上属于降维，通过定位到下级对象来删除不需要的同级对象。

[In]	1.　a = a[0] 2.　a
[Out]	array([1])

示例 6：使用 delete() 删除，删除第 1 行，行号从 0 开始计数。

[In]	1.　a = np.array([[1,2,3],[3,4,5],[5,6,7]]) 2.　np.delete(a,1,axis = 0)
[Out]	array([[1, 2, 3], 　　　 [5, 6, 7]])

示例 7：使用 delete() 删除，删除第 1、2 列，列号从 0 开始计数。

[In]	np.delete(a,(1,2),axis = 1)
[Out]	array([[1], 　　　 [3], 　　　 [5]])

4. ndarray 的常用方法

ndarray 的常用方法分为两部分：一部分用于查看数组的属性，包括结构、类型、元素个数、元素大小；另一部分常用于数据分析与统计，sum() 用于求和，mean() 用于求平均值，std() 用于求标准差，cumsum() 用于求累计和，这些方法配合 axis 参数可以按行或列进行统计。具体操作参考以下示例。

示例 1：通过 "shape" 属性查看数组结构。

[In]	1.　b = np.array([[1, 2], [3, 4]]) 2.　b.shape
[Out]	(2, 2)

示例 2：通过"dtype"查看数组类型。

[In]	b.dtype
[Out]	dtype('int32')

示例 3：通过"size"属性查看元素个数。

[In]	b.size
[Out]	4

示例 4：通过"itemsize"属性查看每个元素的大小。

[In]	b.itemsize
[Out]	4

示例 5：对数组中所有元素求和。

[In]	b.sum()
[Out]	10

示例 6：对数组中所有元素求平均值。

[In]	b.mean()
[Out]	2.5

示例 7：对数组中所有元素求标准差。

[In]	b.std()
[Out]	1.118033988749895

示例 8：计算累计和，即自身和之前所有的数字之和，常用于统计。

[In]	b.cumsum()
[Out]	array([1, 3, 6, 10], dtype=int32)

示例 9：对数组按列求和。

[In]	b.sum(axis=0)
[Out]	array([4, 6])

示例 10：对数组按行求和。

[In]	b.sum(axis=1)
[Out]	array([3, 7])

ndarray 相比于对应的 Python 操作，生成的速度快大约 20 倍，计算速度同样卓越，因此性能就是 ndarray 的一大卖点。

5.2.3 结构化数组

NumPy 提供了结构化数组，让我们参考数据库的模式，在每列使用不同的数据类型，然后根据列名进行对应。

示例 1：我们仿照 5.1.1 节关于元组的示例，定义了 4 列名称和类型并填充：

- name 列，字符串类型，字符长度等于或少于长度 10；
- code 列，字符串类型，字符长度等于或少于长度 10；
- date 列，Datetime 类型，精确到天（day）；
- point 列，32 位 int 型整数。

```
[In]    1.  import numpy as np
        2.  a = np.array([('上证指数', '000001', '1990-12-19', 100), ('B 股指数', '000003',
            '1992-02-21', 100)],dtype=[('name','U10'), ('code', 'U10'), ('date','datetime64[D]'),
            ('point', 'i4')])
        3.  a
[Out]   array([('上证指数', '000001', '1990-12-19', 100),
               ('B 股指数', '000003', '1992-02-21', 100)],
              dtype=[('name', '<U10'), ('code', '<U10'), ('date', '<M8[D]'), ('point', '<i4')])
```

示例 2：在对结构性数组进行操作时，可以参考字典对象的查找方式，采用键码（列名）来查找。

```
[In]    a['name']
[Out]   array(['上证指数', 'B 股指数'], dtype='<U10')
```

示例 3：查找 code 为 000001 的对象的名称。

```
[In]    a[a['code']=='000001']['name']
[Out]   array(['上证指数'], dtype='<U10')
```

结构化数组可以看作 ndarray 常规数组的延伸，其中每列的数据类型必须相同。结构化数组为 Python 提供了类似数据库的结构，较复杂但也继承了常规数组的优势。

5.2.4 矩阵操作

向量化是机器学习的一个必要过程，通过向量化可以一次对一个复杂对象进行操作，而不用再对该对象的每个元素进行操作,这样能够获得更紧凑的代码以换取更快的执行速度。而 NumPy 提供了方便的向量(矩阵)化操作。具体操作参考以下示例。

示例 1:按元素位置对应相加,要注意的是,矩阵与矩阵之间的加法要求矩阵的结构相同。

```
[In]  1. import numpy as np
      2. a = np.random.standard_normal((4,3))   # 随机生成一个符合标准正态分布的4×3的矩阵
      3. b = np.random.standard_normal((4,3))
      4. a+b
[Out] array([[ 0.29793943,  1.64732   ,  0.82442504],
             [-1.1646719 , -0.71022657,  1.12176551],
             [-0.56051346, -1.16281998,  0.85099824],
             [ 1.38338047,  0.07489906, -0.12774861]])
```

示例 2:对内部所有元素乘以 2 再加上 1。

```
[In]  a*2 +1
[Out] array([[-0.28657108,  2.09724565,  1.03899139],
             [-0.61650928, -0.77523953,  1.327721907],
             [ 1.43702134, -0.29336916,  1.78759173],
             [ 1.0735027 ,  1.89784182,  1.28276709]])
```

示例 3:对矩阵进行转置。

```
[In]  b.transpose()
[Out] array([[ 0.94122497, -0.35641726, -0.77902413,  1.34662912],
             [ 1.09869717,  0.17739319, -0.5161354 , -0.37402185],
             [ 0.80492935,  0.95815597,  0.45720237, -0.26913216]])
```

示例 4:矩阵相乘,要求 a 的列数与 b 的行数相同。

```
[In]  np.dot(a,b.transpose())
[Out] array([[ 0.01298659,  0.34527994,  0.22688478, -1.07671089],
             [-1.60428066,  0.28738165,  1.16258452, -0.80046264],
             [-0.18786497,  0.18471944,  0.34359612,  0.43014387],
             [ 0.64162319,  0.20200419, -0.19569327, -0.15646665]])
```

示例 5:矩阵重组,要求重组后的数组内元素数量与重组前相同。

```
[In]  a.reshape(2,6)
[Out] array([[-0.64328554,  0.54862283,  0.0194957 , -0.80825464, -0.88761977,
               0.16360954],
             [ 0.21851067, -0.64668458,  0.39379587,  0.03675135,  0.44892091,
               0.14138354]])
```

5.3 Pandas 库

Pandas 是数据科学领域重要的数据分析工具包。本节介绍 Pandas 库，主要包括 Pandas 的数据结构 Series 和 DataFrame 的使用。

5.3.1 Pandas 简介

Pandas 是基于 NumPy 的一种工具包，可以把它们认为是增强版的 NumPy 结构化数组。Pandas 纳入了大量的函数库和一些标准的数据模型，为数据分析领域提供了高效而简便的函数和方法，它是 Python 在数据分析方面成为主流工具的最重要因素之一。Pandas 最初由 AQR Capital Management 于 2008 年 4 月作为金融数据分析工具开发出来，并于 2009 年年底开源，目前由专注于 Python 数据包开发的 PyData 开发团队继续开发和维护，属于 PyData 项目的一部分。

Pandas 的安装方式与 NumPy 相同，使用 pip 工具可以简单安装。

```
pip install pandas
```

5.3.2 Series 数据结构

Series 是具有标签的一维数据，与 NumPy 中的一维 array 类似，但它的行列不再只是简单的整数索引，还可以使用显式索引，自行定义标签。它与基本的数据结构列表也很相似，区别主要在于列表中的元素可以是不同的数据类型，而 array 和 Series 中则只允许存储相同类型的数据，这样可以更有效地使用内存，提高运算效率。

1. Series 的创建

Series 的创建有些类似字典和 NumPy 的结构化数组，通过 Series()函数来创建，并可以自定义索引，index 若是默认的，那么索引将会从 0 开始编号。若其存放的元素类型不同，则所有元素会都转换为 object 类型。具体操作参考以下示例。

示例 1：用 Series 存放相同类型的对象。

```
[In]  1.  import pandas as pd
      2.  ser = pd.Series([1,2,3,4],index =['a','b','c','d'])
      3.  ser
```

```
[Out]    a    1
         b    2
         c    3
         d    4
         dtype: int64
```

示例 2：用 Series 存放不同类型的对象。

```
[In]    1.  ser2 = pd.Series(['上证指数', '000001', '1990-12-19', 100], index =['name',
            'code','date','point'])
        2.  ser2
[Out]   name     上证指数
        code     000001
        date     1990-12-19
        point    100
        dtype: object
```

2. Series 的访问

Series 访问元素的方法是通过指定索引或指定位置来读取元素，在使用索引时需要使用 loc()，在读取元素时，也可以省略 loc()直接使用中括号"[]"。要注意的是，若是同时读取多个元素，需要使用中括号"[]"将其组合在一起，再放入到最外层的中括号"[]"中；根据位置读取元素时，需要使用 iloc()，此时的 iloc()不可省略。Series 也可以进行切片操作，此时必须使用 loc()。具体操作参考以下示例。

示例 1：按索引读取一个元素，此时 loc()可以省略。

```
[In]    ser.loc['b']
[Out]   2
```

示例 2：按位置读取一个元素，此时用到 iloc()，不要混淆。

```
[In]    ser.iloc[1]
[Out]   2
```

示例 3：读取多个元素，注意此时使用了两个中括号"[]"。

```
[In]    ser[['a','c']]
[Out]   a    1
        c    3
        dtype: int64
```

示例 4：切片操作，注意这里的切片同时包含了首尾。

```
[In]     ser.loc['b':'d']
[Out]    b    2
         c    3
         d    4
         dtype: int64
```

3. Series 的修改

Series 的修改与 ndarray 相同，也是先定位再修改。添加元素时，需要通过 append() 拼接两个 Series，以实现增加元素的效果。删除元素时，要使用 drop()，根据索引进行删除即可。具体操作参考以下示例。

示例 1：修改 Series 中某个元素的内容。

```
[In]     1.  ser['b'] = 10
         2.  ser
[Out]    a    1
         b    10
         c    3
         d    4
         dtype: int64
```

示例 2：添加元素，通过拼接实现效果。

```
[In]     1.  ser3 = pd.Series([11],index =['f'])
         2.  ser = ser.append(ser3)
         3.  ser
[Out]    a    1
         b    10
         c    3
         d    4
         f    11
         dtype: int64
```

示例 3：删除 Series 中的某个元素。

```
[In]     ser.drop('b')
[Out]    a    1
         c    3
         d    4
         f    11
         dtype: int64
```

5.3.3 DataFrame 数据结构

DataFrame 是具有标签的二维数据，可以看作 Series 的组合，每一列都可以看作一个 Series。在 Series 的基础上，DataFrame 的每列数据类型可以不同，既有行索引也有列索引，可以方便地对表类型的数据（例如 csv、txt）进行读写操作。

1．DataFrame 的创建

DataFrame 的创建使用 Pandas.DataFrame 类，形式类似 Series，不过比 Series 多了一个 columns 参数，通过 index 和 columns 能够对数据进行索引。具体操作参考以下示例。

示例 1：直接构建一个 DataFrame。

```
[In]  1.  import pandas as pd
      2.  df = pd.DataFrame([['上证指数','000001','1990-12-19',100],['B 股指数', '000003','1992-02-21',100]],
      3.  index = ['row1','row2'],columns = ['name','code','date','point'])
      4.  df
```

	name	code	date	point
row1	上证指数	000001	1990-12-19	100
row2	B股指数	000003	1992-02-21	100

示例 2：通过构建字典，此时未定义行的名称，index 则默认为从 0 开始的编号。

```
[In]  1.  d = {'name':['上证指数','B 股指数'],
      2.       'code':['000001','000003'],
      3.       'date':['1990-12-19','1992-02-21'],
      4.       'point':[100,100]}
      5.  pd.DataFrame(d)
```

	name	code	date	point
0	上证指数	000001	1990-12-19	100
1	B股指数	000003	1992-02-21	100

2．DataFrame 的访问

与 Series 类似，DataFrame 使用 loc() 根据 "index" 和 "columns" 定位。此外，由于 DataFrame 可以看作由多个 Series 组成，因此也可以按列拆分为 Series。具体操作参考以下示例。

示例 1：按索引读取一个元素，此时的 loc() 不可以省略。

[In]	df.loc['row1','name']
[Out]	'上证指数'

示例 2：按行读取，此时用到 loc()，同样不可省略，会返回一个 Series。

[In]	type(df.loc['row2'])
[Out]	pandas.core.series.Series

示例 3：按列读取，注意此时不能使用 loc()，同样返回 Series。

[In]	df['name']
[Out]	row1 上证指数 row2 B股指数 Name: name, dtype: object

示例 4：也可以读取多列，此时注意需要将读取的列用"[]"包住，此时返回的依然是 DataFrame。

[In]	df[['name','code']]
[Out]	name code row1 上证指数 000001 row2 B股指数 000003

示例 5：先按列读取，再按行读取可以很容易实现切片操作。

[In]	df[['name','code']].loc['row2':]
[Out]	name code row2 B股指数 000003

3. DataFrame 的修改

DataFrame 的修改与 Series 相同，也是先定位再修改。需要注意的是：若是按行修改，则新加入的元素个数需要与列数相同；当按列修改时，若是只填写一个元素，则会将该列全部元素进行修改，若是全部修改，同样需要与行数对应相同。DataFrame 的增加分为按行和按列：按行增加则需要新建一个 DataFrame，通过 append() 进行拼接来实现增加一行。按列增加则直接按定义方式即可，DataFrame 会自动增加一列。删除也是先进行定位再使用 del() 函数执行删除操作。具体操作参考以下示例。

示例 1：先对 DataFrame 定位，再修改对应位置的值。

```
[In]   1.  df.loc['row1','name']='A股指数'
       2.  df
```

[Out]

	name	code	date	point
row1	A股指数	000001	1990-12-19	100
row2	B股指数	000003	1992-02-21	100

示例 2：修改 DataFrame 一整行的值，该操作要求新修改的值与原列数对应。

```
[In]   1.  df.loc['row1']=['A股指数','000002','1990-12-19',100]
       2.  df
```

[Out]

	name	code	date	point
row1	A股指数	000002	1990-12-19	100
row2	B股指数	000003	1992-02-21	100

示例 3：修改 DataFrame 一整列的值。

```
[In]   1.  df['point']=101
       2.  df
```

[Out]

	name	code	date	point
row1	A股指数	000002	1990-12-19	101
row2	B股指数	000003	1992-02-21	101

示例 4：修改 DataFrame 一整列的全部元素，该操作要求修改的内容与原行数对应。

```
[In]   1.  df['point']=[0,1]
       2.  df
```

[Out]

	name	code	date	point
row1	A股指数	000002	1990-12-19	0
row2	B股指数	000003	1992-02-21	1

在新增一行内容时，新增的 DataFrame 的列名（columns）与原 DataFrame 应注意保持相同，否则虽然能够拼接成功，但有可能会导致两个 DataFrame 在拼接后列对应错误。

示例 5：正常定义列名（columns）。

```
[In]   1.  df1 = pd.DataFrame([['上证380','000009','2003-12-31',1000]],
       2.                    index =['row3'],
       3.                    columns = ['name','code','date','point'])
       4.  df.append(df1)
```

```
[Out]         name    code      date     point
       row1  A股指数  000002  1990-12-19    0
       row2  B股指数  000003  1992-02-21    1
       row3  上证380  000009  2003-12-31  1000
```

示例 6：在未定义列名（columns）的情况下，新增的 DataFrame 会默认以 0 开始的编号作为列名（columns），从而导致列的错配。

```
[In]  1.  df1 = pd.DataFrame([['上证380','000009','2003-12-31',1000]],
      2.                     index =['row3'])
      3.  df.append(df1)
```
```
[Out]         0       1         2       3     code      date      name   point
       row1  NaN     NaN       NaN     NaN   000002  1990-12-19  A股指数   0.0
       row2  NaN     NaN       NaN     NaN   000003  1992-02-21  B股指数   1.0
       row3  上证380 000009  2003-12-31  1000.0  NaN     NaN        NaN    NaN
```

示例 7：为 DataFrame 新增"amount"列，并为该列赋值。

```
[In]  1.  df['amount']=[1475,44]
      2.  df
```
```
[Out]         name    code      date     point  amount
       row1  A股指数  000002  1990-12-19    0     1475
       row2  B股指数  000003  1992-02-21    1       44
```

示例 8：删除 DataFrame 其中的某列，具体定位方式可以查看之前的内容，以下代码用于删除"point"列。

```
[In]  1.  del(df['point'])
      2.  df
```
```
[Out]         name    code      date    amount
       row1  A股指数  000002  1990-12-19  1475
       row2  B股指数  000003  1992-02-21    44
```

4. DataFrame 的常用操作

作为一个为数据分析而生的数据结构，DataFrame 提供了很多方便的函数，例如用于设置索引的 reindex()、set_index()和 reset_index()，用于求和的 sum()，用于查看 DataFrame 信息的 info()函数，用于显示常用统计结果的 describe()，用于映射的 apply()、applymap()，用于排序的 sort_values()，以及处理缺失数据的几种方法，如表 5-5 所示。

表 5-5　DataFrame 的常用方法

方法	功能
reindex()、set_index()、reset_index()	用于设置索引
sum()	求和
info()	查看 DataFrame 信息
describe()	显示常用的统计信息
apply()、applymap()	将指定函数应用到指定数据上
sort_values()	排序
isnull()、dropna、fillna()	空值处理

具体操作参考以下示例。

示例 1：DataFrame 本身具有向量化的特点，可以直接在 DataFrame 之间进行运算，示例中使用加号"+"。这个操作会映射到两个 DataFrame 的对应位置，字符就执行拼接，数值型则直接相加。

```
[In]    1.    df1 = pd.DataFrame([['上证指数','000001','1990-12-19',100],['B 股指数', '000003',
        '1992-02-21',100]],index =['row1','row2'],columns = ['name','code','date','amount'])
        2.    df1+df
```

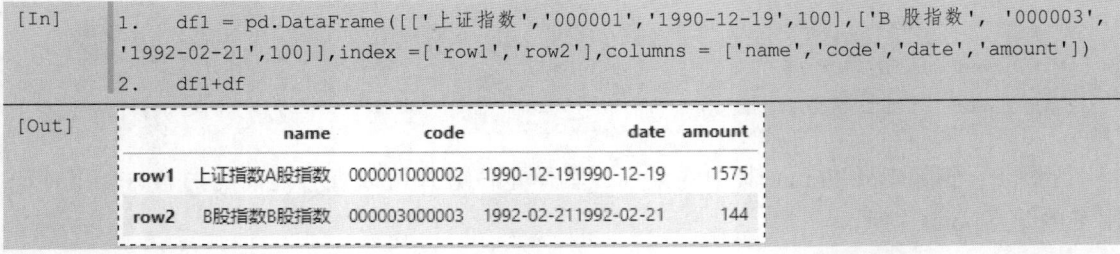

示例 2：reindex()用于交换顺序，而不是重新定义，若新定义了索引则会被空值填充。

```
[In]    df.reindex(['row2','row1','row3'])
```

[Out]

	name	code	date	amount
row2	B股指数	000003	1992-02-21	44
row1	A股指数	000002	1990-12-19	1475
row3	NaN	NaN	NaN	NaN

示例 3：reset_index()可以重置为默认的从 0 开始的编号索引，若设置 drop=True，则会丢掉原始的索引，否则原始索引会变为新生成的一列。

```
[In]    df.reset_index()
[Out]       index   name    code    date        amount
         0  row1    A股指数  000002  1990-12-19  1475
         1  row2    B股指数  000003  1992-02-21    44
```

示例4：set_index()将某一列设置为索引列。

```
[In]    df.set_index('name')
[Out]            code    date        amount
         name
         A股指数  000002  1990-12-19  1475
         B股指数  000003  1992-02-21    44
```

示例5：sum()实际是对一列或一行进行两两相加，因此字符串会被拼接，数值会被累加。sum()可以设置 axis 参数来按行或按列相加，默认情况下是按列相加。

```
[In]    1.  df1 = pd.DataFrame([[5.456,6,7.5635,-0.241],[1.783,6.2,8,5.2785]])
        2.  df1.sum(axis=0)
[Out]   0     7.2390
        1    12.2000
        2    15.5635
        3     5.0375
        dtype: float64
```

示例6：info()用于显示 DataFrame 的各项信息，包括维度、各个列的情况、空值的存在、类型等。

```
[In]    df.info()
[Out]   <class 'pandas.core.frame.DataFrame'>
        Index: 2 entries, row1 to row2
        Data columns (total 4 columns):
        name    2 non-null object
        code    2 non-null object
        date    2 non-null object
        amount  2 non-null int64
        dtypes: int64(1), object(3)
        memory usage: 160.0+ bytes
```

示例7：describe()是展示 DataFrame 的常用统计信息的，是按列计算的，虽然 mean()函数像统计方法一样可以用于 DataFrame，但是 describe()更加简便，包含了基本常用的统计量。

```
[In]        df1.describe()
```

[Out]

	0	1	2	3
count	2.000000	2.000000	2.000000	2.000000
mean	3.619500	6.100000	7.781750	2.518750
std	2.597203	0.141421	0.308652	3.902876
min	1.783000	6.000000	7.563500	-0.241000
25%	2.701250	6.050000	7.672625	1.138875
50%	3.619500	6.100000	7.781750	2.518750
75%	4.537750	6.150000	7.890875	3.898625
max	5.456000	6.200000	8.000000	5.278500

示例 8：DataFrame 的 apply()可以将自己定义的函数应用到由各列或各行所形成的一维数组上。以下示例为计算出每行最大值与最小值的差值。其中，lamda 的语法刚开始会令人感到困惑，以下简单展示它的用法。

```
[In]    1.   f = lambda x:x.max() - x.min()
        2.   df1.apply(f)
```

```
[Out]   0    3.6730
        1    0.2000
        2    0.4365
        3    5.5195
        dtype: float64
```

示例 9：若是要将函数映射到每一个元素上，则需要使用 applymap()。以下示例为每个元素保留两位小数。

```
[In]    1.   format = lambda x:'%.2f'%x
        2.   df1.applymap(format)
```

[Out]

	0	1	2	3
0	5.46	6.00	7.56	-0.24
1	1.78	6.20	8.00	5.28

示例 10：sort_values()既可以根据列数据排序，也可根据行数据排序，但是必须指定 by 参数，即哪几行或哪几列。由 axis 参数决定是根据行还是列，ascending 参数决定是升序还是降序。以下示例按照第一列进行升序排列。

```
[In]        df1.sort_values(by=0,axis=0,ascending=True)
```

[Out]

	0	1	2	3
1	1.783	6.2	8.0000	5.2785
0	5.456	6.0	7.5635	-0.2410

示例 11：Pandas 处理缺失值的方法主要有丢弃和填补两种，使用 dropna()丢弃缺失值，使用 fillna()填补缺失值。首先我们可以通过 isnull()和 sum()的组合来查看 DataFrame 各列的缺失值总数。

```
[In]     df.isnull().sum()
[Out]    name    0
         code    0
         date    0
         amount  0
         dtype: int64
```

示例 12：dropna()可以通过 how 参数来确定丢弃规则，all 代表若是一行或一列全是空值才删除，若不设置 how 参数则是有空值就删除，axis 参数同样用于确定行或列。

```
[In]   1.   df2 = pd.DataFrame([[1,2,3],[1,2,np.nan],[np.nan,np.nan,np.nan]])
       2.   df2.dropna(how='all',axis=0)
[Out]        0    1    2
         0  1.0  2.0  3.0
         1  1.0  2.0  NaN
```

示例 13：fillna()可以直接使用指定值来进行填充，也可以通过 method 参数指定方法来填充。

```
[In]     df2.fillna(0)
[Out]        0    1    2
         0  1.0  2.0  3.0
         1  1.0  2.0  0.0
         2  0.0  0.0  0.0
```

示例 14：指定填充方法，包括 'ffill' 代表用前一个非空值来填充，'bfill' 代表用后一个非空值来填充。

```
[In]     df2.fillna(method='ffill')
[Out]        0    1    2
         0  1.0  2.0  3.0
         1  1.0  2.0  3.0
         2  1.0  2.0  3.0
```

5.4 小结

本章主要介绍了数据分析中的基础知识：首先介绍常用的 4 种基本数据结构——元组、列表、字典和集合，我们使用几组上证指数的数据进行演示，让读者能够更清楚各个数据结构之间的区别和使用方法；之后是科学计算工具 NumPy，我们介绍了 NumPy 的常规数组 array，并在此基础上介绍了层次更清晰的结构化数组，还介绍了常用函数和数据分析中大量使用的向量化操作方法；另外本章还介绍了数据分析通用工具 Pandas，Pandas 的数据结构 Series 和 DataFrame 是数据处理中的基础，大多数的科学计算都基于这两种数据结构；最后介绍了 Pandas 常用的函数和方法，让读者掌握数据分析的基础知识和方法。

下一章会介绍各类数据的存取方式。结合本章的 Pandas 数据结构 DataFrame，你将能够让数据分析事半功倍。

第 6 章 数据存取

数据在计算机中有多种存储方式，包括文本或是数据库等形式，想要进行完整的数据操作，首先就要学会读取各种形式的数据，并能够在处理后进行相应的保存。学习了上一章的 Pandas 工具，我们可以很方便地使用它提供的方法存取各种常见形式的数据。

在本章中，我们将介绍几种数据科学中常用的数据存储方式并进行读取和保存，我们也对存取中的一些细节进行了说明，让读者了解基本的数据存取方法。

在这一章里，我们将探讨以下主题。

- CSV 的介绍和存取方法
- JSON 的介绍和存取方式
- 直接使用数据库进行存取的方法介绍
- 使用 Python I/O 进行文本文件的存取

6.1 CSV 数据存取

本节介绍 CSV 文件的读取方式，包括重要的参数介绍和保存方式，这些都是数据分析的重要基础。

6.1.1 CSV 数据读取

CSV 是一种使用逗号作为分隔符的特殊的纯文本文件格式，全称为 Comma Separate Values。文件以纯文本形式存储表格数据，可由任意数目的记录组成，记录间以某种换行符分隔。由于 CSV 文件结构清晰、简单易用，因此其常被用于跨程序、跨平台的通用数据存储、数据交换场景。

使用 Python 读取 CSV 文件的常用方式主要是通过 Pandas 的 read_csv()。我们以广告数据集的 "advertising.csv" 文件作为样例进行读取，数据内容如图 6-1 所示。具体操作参考以下示例。

```
TV,Radio,Newspaper,Sales
230.1,37.8,69.2,22.1
44.5,39.3,45.1,10.4
17.2,45.9,69.3,12
151.5,41.3,58.5,16.5
180.8,10.8,58.4,17.9
8.7,48.9,75,7.2
57.5,32.8,23.5,11.8
```

图 6-1 advertising.csv 数据

```
[In]  1.  import pandas as pd
      2.  path = "dataset/advertising.csv"
      3.  data = pd.read_csv(path)
      4.  data
```

[Out]

	TV	Radio	Newspaper	Sales
0	230.1	37.8	69.2	22.1
1	44.5	39.3	45.1	10.4
2	17.2	45.9	69.3	12.0
3	151.5	41.3	58.5	16.5
4	180.8	10.8	58.4	17.9
5	8.7	48.9	75.0	7.2

read_csv() 返回的数据格式是 DataFrame。一般情况下，由于 DataFrame 的长度较长，会使用 head() 来读取文件的前几行，head() 默认参数为 5，即读取前 5 行，但也可以自定义参数，如 head(10)。具体操作参考以下示例。

```
[In]     data.head()
```

[Out]

	TV	Radio	Newspaper	Sales
0	230.1	37.8	69.2	22.1
1	44.5	39.3	45.1	10.4
2	17.2	45.9	69.3	12.0
3	151.5	41.3	58.5	16.5
4	180.8	10.8	58.4	17.9
5	8.7	48.9	75.0	7.2
6	57.5	32.8	23.5	11.8
7	120.2	19.6	11.6	13.2
8	8.6	2.1	1.0	4.8
9	199.8	2.6	21.2	15.6

6.1.2 参数配置

接下来，我们介绍 read_csv 函数中几个常用的参数，详见以下示例。

```
[In]     1.  import pandas as pd   #导入pandas 代码模块
         2.  path = "dataset/advertising.csv"
         3.  head = ["电视", "广播","新闻","销售"]
         4.  data = pd.read_csv(path, sep=',', header=0, names=head)
         5.  data
```

[Out]

	电视	广播	新闻	销售
0	230.1	37.8	69.2	22.1
1	44.5	39.3	45.1	10.4
2	17.2	45.9	69.3	12.0
3	151.5	41.3	58.5	16.5
4	180.8	10.8	58.4	17.9
5	8.7	48.9	75.0	7.2
6	57.5	32.8	23.5	11.8
7	120.2	19.6	11.6	13.2
8	8.6	2.1	1.0	4.8

首先是 path，它表示 CSV 文件所在的位置。这个参数可以是本地的文件位置（包括相对位置和绝对位置），示例中使用的是相对位置，即以当前 Python 文件所在的目录为根目录。除此之外这个参数也可以是一个 URL 链接的位置。

sep 代表标识分隔符,示例中的分隔符为英文逗号,表示列与列之间用英文逗号分开。实际上在该示例中该参数可以不填写,因为 CSV 的默认分隔符就是逗号。还有一种情况就是使用 delim_whitespace 参数,这是个新加入的参数,默认值是 False,当设置为 True 时,表示分割符为空白字符。因此不管分隔符是什么,只要是如空格、\t 等空白字符,那么我们就可以通过设置 delim_whitespace=True 进行读取。由于 sep 和 delim_whitespace 只能使用一个,因此在本节的示例中我们没有使用 delim_whitespace。

header 表示文件列名的位置,一般与 names 参数组合使用。header 从 0 开始计数,header=0 表示第一行是列名(即表头),即数据从第二行开始,此时读取文件时第一行会作为表头出现在返回的结果中。

names 用于设置列名,若希望使用自己设置的列名,可以使用 names 定义,这时返回的列名就会被自己定义的列名代替,例如上述示例中的英文列名已被中文列名替代。要注意的是,若不定义 header 只定义 names,那么 header 会默认第一行就是数据并进行读取。

- csv 文件有表头并且是第一行,那么 names 和 header 都无须指定。
- csv 文件有表头但表头不是第一行,可能从下面几行开始才是真正的表头和数据,这个时候指定 header 即可。
- csv 文件没有表头,全部是纯数据,那么我们可以通过 names 手动生成表头。
- csv 文件有表头,但是如果你不想用这个表头,这时候可以同时指定 names 和 header。先用 header 选出表头和数据,然后再用 names 将表头替换掉。

6.1.3 CSV 数据保存

在结束数据处理之后,可以通过 Pandas 库来使结果存入相应的文件中。这时会用到 to_csv(),用于将结果存入 csv 中。具体操作参考以下示例。

```
1.    path = "dataset/new_advertising.csv"
2.    data.to_csv(path, sep='\t', float_format='%.2f', header=0, index=0)
```

to_csv()与 read_csv()的参数类似,先是路径和分隔符 sep,具体可以参考上一节的介绍。关于数字类型的保存方式,float_format 定义了小数点后保留的位数。header 和 index 分别代表表头列名和索引编号列,默认为 True,即默认保留,将这两个参数改为 0 后最终保存的数据就不会保留表头和索引。

6.2 JSON 数据存取

6.2.1 JSON 数据读取

JSON（JavaScript Object Notation）是一种轻量级的数据交换格式。JSON 简洁和清晰的层次结构使它成为理想的数据格式。键值对这种类似字典的格式易于人们阅读和编写，同时也易于机器解析和生成。

JSON 由花括号定义，括号里面的对象键值对由英文逗号分隔。接下来，我们用广告数据集的前 3 条数据生成一个简单的 JSON，样例如下。

```
[In]  1.    {
      2.        "TV": {
      3.            "0": 230.1,
      4.            "1": 44.5,
      5.            "2": 17.2
      6.        },
      7.        "Radio": {
      8.            "0": 37.8,
      9.            "1": 39.3,
     10.            "2": 45.9
     11.        },
     12.        "Newspaper": {
     13.            "0": 69.2,
     14.            "1": 45.1,
     15.            "2": 69.3
     16.        },
     17.        "Sales": {
     18.            "0": 22.1,
     19.            "1": 10.4,
     20.            "2": 12.0
     21.        }
     22.    }
```

使用 Pandas 的 read_json() 函数读取 JSON 文件，具体操作参考以下示例。

```
[In]  1.    import os
      2.    import pandas as pd
      3.    path = "dataset/advertising.json"
      4.    data = pd.read_json(path)
      5.    data
```

	TV	Radio	Newspaper	Sales
0	230.1	37.8	69.2	22.1
1	44.5	39.3	45.1	10.4
2	17.2	45.9	69.3	12.0

与读取 csv 文件时相同，该方法返回一个 DataFrame 类型的结果，同样可以使用 head 来指定查看的数据条目。

6.2.2 参数遍历

在使用 read_json() 时，也有几个需要注意的参数。其中，orient 参数尤为重要，这与需要读取的 JSON 文件的存储格式相关，我们用几个例子来详细分析。

示例 1：当 JSON 格式是 {索引 -> [index], 列名 -> [columns], 数据 -> [values]} 这种类型时，orient 参数应赋值为 'split'。这种 JSON 文件的键（key）的名字只能是 index、columns、data 这 3 个，多一个键（key）都不行，少一个值（value）也不行。

```
1.    json1 = '{
2.        "index": ["0", "1", "2"],
3.        "columns": ["TV", "Radio", "Newspaper", "Sales"],
4.        "data": [
5.            [230.1, 37.8, 69.2, 22.1],
6.            [44.5, 39.3, 45.1, 10.4],
7.            [17.2, 45.9, 69.3, 12.0]
8.        ]
9.    }'
10.   data = pd.read_json(json1, orient='split')
11.   data
```

	TV	Radio	Newspaper	Sales
0	230.1	37.8	69.2	22.1
1	44.5	39.3	45.1	10.4
2	17.2	45.9	69.3	12.0

示例 2：当 JSON 文件格式是 [{列名 -> 值},…,{列名 -> 值}] 这种形式时，orient 参数应赋值为 'records'。

```
1.    json2 = '[{
2.        "TV": 230.1,
3.        "Radio": 37.8,
4.        "Newspaper": 69.2,
5.        "Sales": 22.1
```

```
6.          }, {
7.            "TV": 44.5,
8.            "Radio": 39.3,
9.            "Newspaper": 45.1,
10.           "Sales": 10.4
11.         }, {
12.           "TV": 17.2,
13.           "Radio": 45.9,
14.           "Newspaper": 69.3,
15.           "Sales": 12.0
16.         }
17.       ]'
18.    data = pd.read_json(json2, orient='records')
19.    data
```

[Out]

	Newspaper	Radio	Sales	TV
0	69.2	37.8	22.1	230.1
1	45.1	39.3	10.4	44.5
2	69.3	45.9	12.0	17.2

示例3：当 JSON 文件格式是 {索引 -> {列名 -> 数值}}这种形式时（这种形式与上一种的唯一差别在于有自定义索引），orient 参数应赋值为 'index'。

[In]
```
1.  json3 = ' {
2.      "0": {
3.        "TV": 230.1,
4.        "Radio": 37.8,
5.        "Newspaper": 69.2,
6.        "Sales": 22.1
7.      },
8.      "1": {
9.        "TV": 44.5,
10.       "Radio": 39.3,
11.       "Newspaper": 45.1,
12.       "Sales": 10.4
13.     },
14.     "2": {
15.       "TV": 17.2,
16.       "Radio": 45.9,
17.       "Newspaper": 69.3,
18.       "Sales": 12.0
19.     }
20.   }'
21.   data = pd.read_json(json3, orient='index')
22.   data
```

	Newspaper	Radio	Sales	TV
0	69.2	37.8	22.1	230.1
1	45.1	39.3	10.4	44.5
2	69.3	45.9	12.0	17.2

示例4：当 JSON 文件格式是 {列名-> {索引 -> 数值}}这种形式时（这种形式与上一种相似，只是做了索引和列名的位置对换），orient 参数应赋值为 'columns'。

```
1.   json4 = '{
2.     "TV": {
3.       "0": 230.1,
4.       "1": 44.5,
5.       "2": 17.2
6.     },
7.     "Radio": {
8.       "0": 37.8,
9.       "1": 39.3,
10.      "2": 45.9
11.    },
12.    "Newspaper": {
13.      "0": 69.2,
14.      "1": 45.1,
15.      "2": 69.3
16.    },
17.    "Sales": {
18.      "0": 22.1,
19.      "1": 10.4,
20.      "2": 12.0
21.    }
22.  }'
23.  data = pd.read_json(json4, orient='columns')
24.  data
```

	TV	Radio	Newspaper	Sales
0	230.1	37.8	69.2	22.1
1	44.5	39.3	45.1	10.4
2	17.2	45.9	69.3	12.0

示例5：除了 "orient" 参数外，lines 参数也是经常使用的一个参数，它的值默认为 False，即把读取的对象视为一个 JSON。若将该参数设置为 True，则会将文件的每一行作为单独的 JSON 对象来读取。

读取一个 JSON 文件，内容如下所示。

```
"TV": 230.1,"Radio":37.8,"Newspaper":69.2,"Sales":22.1},{"TV": 44.5,
"Radio":39.3, "Newspaper":45.1,"Sales":10.4},{"TV": 17.2, "Radio":45.9,
"Newspaper":69.3, "Sales":12.0)
```

需要用到 lines 参数，如下所示。

```
[In]   1.  json5 = '{"TV": 230.1,"Radio":37.8,"Newspaper":69.2,"Sales":22.1},{"TV":
           44.5,"Radio":39.3,"Newspaper":45.1,"Sales":10.4},{"TV": 17.2,"Radio":45.9,
           "Newspaper":69.3,"Sales":12.0}'
       2.  data = pd.read_json(json5,lines=True,encoding='utf-8')
       3.  data
```

	Newspaper	Radio	Sales	TV
0	69.2	37.8	22.1	230.1
1	45.1	39.3	10.4	44.5
2	69.3	45.9	12.0	17.2

在读取中文文件时，为了避免乱码还需要设置 encoding 参数为 'utf-8'。

6.2.3 JSON 数据生成

DataFrame 对象的 to_json()方法能够将 DataFrame 转换为 JSON 文件进行保存，在括号中写入 JSON 文件名作为参数即可。

```
data.to_json('dataset/advertising.json')
```

保存的 JSON 文件格式如下所示。

```
{"Newspaper":{"0":69.2,"1":45.1,"2":69.3},"Radio":{"0":37.8,"1":39.3,"2":45.9},
"Sales":{"0":22.1,"1":10.4,"2":12.0},"TV":{"0":230.1,"1":44.5,"2":17.2}}
```

6.3 数据库中的数据存取

6.3.1 数据库初始化

数据库能够存储大量数据，我们可以通过 Pandas 来直接读取数据库以实现高效、清晰的读写。Pandas 使用 sqlalchemy 与数据库进行连接，支持 MySQL、Oracle、SQLServer、SQLite 等主流数据库。在首次使用 sqlalchemy 模块时，需先用 pip 安装。下面我们结合示例讲解数据库的使用。我们默认读者的 MySQL 数据库软件已经安装好，并且已经新建了一个名为"jupyter"的数据库。如果读者对 MySQL 数据库不熟悉，建议大家补充学习相关知识，此处不再赘述。

在进行数据库操作时首先需要引入 pandas 和 sqlalchemy 模块。

```
1.  import pandas as pd
2.  from sqlalchemy import create_engine
```

然后，我们要初始化数据库连接，这里使用 pymysql 模块。

```
engine = create_engine('mysql+pymysql://feature:jiahao@162.105.23.3:3306/jupyter')
```

使用 create_engine() 时只需要传入一个字符串类型的参数即可创建与数据库的连接，该参数就是对应数据库链接的 URL。该 URL 结构需要依次按照以下格式填写：数据库类型+数据库驱动名称://用户名:口令@机器地址:端口号/数据库名，具体格式如下。

```
dialect+driver://username:password@host:port/DATABASE
```

其中 dialect 用于适配不同类型的数据库（例如 MySQL、Oracle、PostgreSQL），需指定所使用的数据库语言，在此我们使用 MySQL 数据库，设置为"mysql"即可。driver 为连接数据库所使用的驱动，在此我们设置为"pymysql"即可。

在建立好数据库连接之后，我们就可以将 CSV 格式的数据集导入 MySQL 数据库了。在本示例中我们依然选择广告数据集，数据格式如图 6-2 所示。

DataFrame 对象的 to_sql() 能够实现将 DataFrame 写入数据库的功能，该方法传入的第一个参数为数据所存入的数据库表的名称，第二个参数为数据库连接对象。此外还有两个重要参数"index"和"if_exists"。当"index"被设定为"True"时，将会自动生成一列自动增加的 id。而"if_exists"表示若是存入的表已经存在时，则有 3 种方式处理数据：replace 代表替换、append 代表在表之后追加、fail 表示放弃写入。

TV	Radio	Newspaper	Sales
230.1	37.8	69.2	22.1
44.5	39.3	45.1	10.4
17.2	45.9	69.3	12
151.5	41.3	58.5	16.5
180.8	10.8	58.4	17.9
8.7	48.9	75	7.2
57.5	32.8	23.5	11.8
120.2	19.6	11.6	13.2
8.6	2.1	1	4.8
199.8	2.6	21.2	15.6
66.1	5.8	24.2	12.6
214.7	24	4	17.4

图 6-2　数据样例

完整的导入数据的代码如下所示，示例中有部分参数需要根据读者的系统环境做一些修改。

```
[In]
1.  # 导入模块
2.  import pandas as pd
3.  from sqlalchemy import create_engine
4.  # 初始化数据库连接，使用pymysql模块
5.  engine = create_engine('mysql+pymysql://usr:passwd@192.168.10.1:3306/jupyter')
6.  # 读取本地 CSV 文件
7.  df = pd.read_csv("dataset/advertising.csv", sep=',')
8.  # 将新建的 DataFrame 储存为 MySQL 中的数据表
```

```
9.    df.to_sql('advertising', engine,if_exists='replace', index= False)
10.   #读取结果
11.   pd.read_sql_table("advertising",engine).head()
```

[Out]

	TV	Radio	Newspaper	Sales
0	230.1	37.8	69.2	22.1
1	44.5	39.3	45.1	10.4
2	17.2	45.9	69.3	12
3	151.5	41.3	58.5	16.5
4	180.8	10.8	58.4	17.9

6.3.2 常用操作

在建立了与数据库的连接之后，sqlalchemy 提供了 read_sql_query()用于查改增删，该方法可以执行 SQL 语句，包括 select、update、insert 和 delete 等。具体操作参考以下示例。

示例 1：当使用 select 语句查询数据库时，会返回一个 DataFrame 类型的结果。

[In]
```
1.   sql = ' select TV from advertising; '
2.   df = pd.read_sql_query(sql, engine)
3.   df.head()
```

[Out]

	TV
0	230.1
1	44.5
2	17.2
3	151.5
4	180.8

当使用 read_sql_query()执行 SQL 语句的时候，要求返回 DataFrame 格式的数据。read_sql_query()虽然支持 insert、update 和 delete，但是由于 insert、update 和 delete 并不存在返回值。因此虽然会在数据库中执行对应的 SQL 语句，但由于没有返回值，所以代码会提示错误，为了避免产生误解，我们选择使用 engine.execute()。具体操作参考以下示例。

示例 2：执行 insert 语句插入数据。

[In]
```
1.   sql = ' insert into advertising (TV,Radio,Newspaper,Sales) values (1,1,1,1); '
2.   engine.execute(sql)
```

[Out]	177	9.3	6.4	14.8
	283.6	42	66.2	25.5
	232.1	8.6	8.7	18.4
	1	1	1	1

示例3：执行update语句更新数据。

```
[In]  1.  sql = 'update advertising set Sales=22.6 where TV=230.1'
      2.  engine.execute(sql)
```

[Out]	TV	Radio	Newspaper	Sales
	230.1	37.8	69.2	22.6
	44.5	39.3	45.1	10.4
	17.2	45.9	69.3	12
	151.5	41.3	58.5	16.5

示例4：执行delete语句删除数据。

```
[In]  1.  sql = 'delete from advertising where TV=230.1'
      2.  engine.execute(sql)
```

[Out]	TV	Radio	Newspaper	Sales
	44.5	39.3	45.1	10.4
	17.2	45.9	69.3	12
	151.5	41.3	58.5	16.5
	180.8	10.8	58.4	17.9

6.4 文本文件中的数据存取

本节介绍Python I/O读取文件的方式，该方式常用于txt文件的读取。下面我们介绍3种读取方式read()、readline()、readlines()以及常用的split()、write()函数。

6.4.1 文件数据读取

在读取各种文本文件时，除了使用上述的pandas内置方法外，还可以使用Python自带的open()函数。

我们以广告数据集中的10条数据新建一个txt文件用于读取，具体操作参考以下示例。

```
[In]  1.  f = open('dataset/new_advertising.txt','r',encoding='utf-8')
      2.  f.read()
```

```
[Out]    '230 38 69 22\n44 39 45 10\n17 46 69 12\n152 41 58 16\n181 11 58 18\n9 49 75 7\n58
         33 24 12\n120 20 12 13\n9 2 1 5\n200 3 21 16'
```

在使用 open() 函数时，有几个重要参数，首先是文件的路径，这个文件路径可以是相对的路径，也可以是绝对路径；其次是模式选择，示例中 r 代表只读模式，w 代表写模式，还有 a 代表添加模式；最后是编码格式，如果需要读取中文，保险起见需要将编码格式改为 utf-8，以防止出现乱码。

此外还有以下几点注意事项。

（1）除了读取 txt 文件时不需要引入内置模块，其他例如 json、csv 文件均需要在使用 open 前引入相应的模块，如下所示。

```
1.    import json
2.    import csv
```

（2）在只读（read）模式下，文件若不存在则会报错，且读取是不可逆的。

（3）在写（write）模式下，文件若不存在则会创建文件，且写入是覆盖而不是添加下文，在写入完毕后需要关闭重新打开。

在读取时，通常可以使用 read()、readline()、readlines() 方法。其中，read() 函数如上面例子中所示，一次性读取全部内容并返回，包括换行符。

而 readline() 一次读取一行，并定位到当前读取行的位置，一般配合 while 进行读取。具体操作参考以下示例。

```
[In]    1.    f = open('dataset/new_advertising.txt','r',encoding='utf-8')
        2.    line = f.readline()
        3.    while line:
        4.        print(line)
        5.        line =f.readline()
```

```
[Out]   230 38 69 22

        44 39 45 10

        17 46 69 12

        152 41 58 16

        181 11 58 18

        9 49 75 7

        58 33 24 12
```

```
120 20 12 13

9 2 1 5

200 3 21 16
```

readlines()方法一次性读取全部行并返回一个列表,一般配合 for 循环进行读取。具体操作参考以下示例:

[In]	1. `f = open('dataset/new_advertising.txt','r',encoding='utf-8')` 2. `for line in f.readlines():` 3. `    line = line.strip()    #去除首尾空格,包括换行符` 4. `    print(line)`
[Out]	230 38 69 22 44 39 45 10 17 46 69 12 152 41 58 16 181 11 58 18 9 49 75 7 58 33 24 12 120 20 12 13 9 2 1 5 200 3 21 16

需要注意的是,read()、readline()和 readlines()方法不能两两同时使用,因为每个方法都会重新定位文件指针。例如当运行 read()时,当文件指针定位到文件末尾,此时再运行 readline()就不会返回任何内容。

在读取并操作完文件后需要关闭文件,否则可能造成内存泄漏等异常,使用 close()关闭文件,如下所示。

```
f.close()
```

由于 close 经常被遗忘,因此我们可以使用 with 关键字来防止在操作过程中出现异常或错误。使用 with 机制,可以保证文件被正常关闭,在它的管理下,不需要再写 close 语句。

```
with open('dataset/new_advertising.txt','r') as f:
```

6.4.2 常用操作

对于读取文件的结果,我们经常需要分隔字符串,或将结果重新保存,这就需要用到常用的 split()和 write()方法。

split()用于处理字符串，作用是根据分隔符对字符串进行分隔并返回一个列表，默认为空格分隔符并进行全部分隔，也可以自定义分隔符和分隔次数。具体操作参考以下示例。

```
[In]    1.  f = open('dataset/new_advertising.txt','r',encoding='utf-8')
        2.  l = f.readline()
        3.  print(l.split())          # 以空格为分隔符，包括\n
        4.  print(l.split(' ', 1 ))   # 以空格为分隔符，进行一次分隔
[Out]   ['230', '38', '69', '22']
        ['230', '38 69 22\n']
```

write()用于向文件中写入指定字符。在写入时也可以在字符串中加入换行符（\n）等，以达到在文件中换行的效果。要注意的是，write()是一次性写入，不能实现覆盖效果，多次使用write()只会保留最后一次的结果，之前的数据将会被覆盖。

```
1.  f = open('dataset/new_advertising.txt','a',encoding='utf-8')
2.  f.write('\n199.80 2.60 21.20 15.60')
3.  f.close()
```

6.5 小结

本章介绍了各类数据存储类型的读取和保存方式，并且结合第 5 章介绍的 Pandas 包实现了简单的数据读取并转换为 DataFrame 类型，包括文本形式的 CSV 文件、JSON 格式的文件和数据库中的数据存取。此外本章还介绍了基于 Python I/O 的文本文件的读取方式。本章囊括的几种数据读取和存储方式都是数据分析中常用的方法，熟悉这些方法能够有助于为读者打下良好的数据分析基础。

下一章将介绍数据分析的可视化，数据可视化是对分析结果最直观的展示，能够使我们更清晰地对比差别和变化等情况。

第 7 章 数据可视化

可视化是数据科学中一个重要的环节，通过可视化数据的内在特征和数据分析处理的外在结果能够清晰地展示出来。Jupyter Notebook 通过 Matplotlib 工具能够支持多种可视化方法，从而满足多样化的数据展示需求。

在本章中，我们将使用 Matplotlib，从最基础的几种常用的图表展示，到图表的详细设置，再到更高阶的可视化方法，进行全流程的介绍，以此帮助读者更深入地了解数据的可视化。

在这一章中，我们将探讨以下主题。

- 可视化基础
- 可视化进阶
- 可视化拓展

7.1 可视化基础

本节将介绍使用 Matplotlib 进行数据可视化的基础，包括常用的几种图表。Matplotlib 是用于数据可视化的第三方库，有多种绘图方式和对应的设置，一般作为标准绘图工具使用。

7.1.1 折线图

在使用 Matplotlib 时首先需要引入该工具包,参考以下示例。

```
import matplotlib.pyplot as plt
```

在画图时首先需要定义 figure,即画图的画布,关于具体参数,7.2 节会有详细介绍,参考以下示例。

```
plt.figure()
```

在绘制结束后需要使用 show() 函数来显示绘制的图形,参考以下示例。

```
plt.show()
```

我们在本节首先介绍折线图,Matplotlib 使用 plot() 函数来绘制折线图,plot() 最基础的参数是 *x* 轴和 *y* 轴,此外还有绘制折线的颜色、类型、粗细等。plot() 函数支持传输"类列表对象",例如列表、元组、ndarray、Series。

我们以广告数据集的前 10 条数据来绘制折线图,数据集的前 10 条数据如图 7-1 所示,每条数据表示不同的电视、广播、报纸的广告投入组合下,销售额的情况。

	TV	Radio	Newspaper	Sales
0	230.1	37.8	69.2	22.1
1	44.5	39.3	45.1	10.4
2	17.2	45.9	69.3	12.0
3	151.5	41.3	58.5	16.5
4	180.8	10.8	58.4	17.9
5	8.7	48.9	75.0	7.2
6	57.5	32.8	23.5	11.8
7	120.2	19.6	11.6	13.2
8	8.6	2.1	1.0	4.8
9	199.8	2.6	21.2	15.6

图 7-1 广告数据集前 10 条数据

通过一段简单的代码,我们可以画一个折线图,代码如下所示。

```
[In]
1.  import os
2.  import pandas as pd
3.  import matplotlib.pyplot as plt
4.  path = "dataset/advertising.csv"
5.  data = pd.read_csv(path, sep=',')
6.  df = data.head(10)
7.  l1 = list(df['TV'])
8.  x = [1,2,3,4,5,6,7,8,9,10]
9.  plt.figure()
10. plt.plot(x, l1, "r-", linewidth=2)
11. plt.plot(x, l1, "ro", markersize=5)
12. plt.show()
```

[Out]

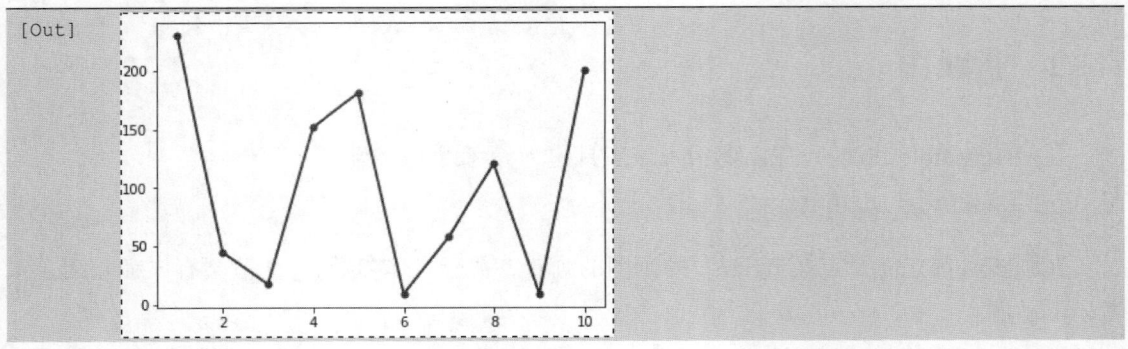

示例中 plot()函数使用了两遍:第一遍是用于绘制折线,参数依次是 x 轴的数值、y 轴的值数值、线的颜色(其中"r"代表红色,"-"代表实线)、线的粗细;第二遍是用于绘制坐标点,参数依次是 x 轴的数值、y 轴的数值、坐标点的颜色(其中"r"代表红色,"o"代表实心点)、点的大小。具体各个参数的细节在之后的篇章中会介绍。

多次使用 plot()函数可以绘制多条折线,参考以下示例。

[In]
```
1.  l2 = list(df['Radio'])
2.  l3 = list(df['Newspaper'])
3.  l4 = list(df['Sales'])
4.  plt.plot(x, l1, "r-", linewidth=2)
5.  plt.plot(x, l1, "ro", markersize=5)
6.  plt.plot(x, l2, "y-", linewidth=2)
7.  plt.plot(x, l2, "yo", markersize=5)
8.  plt.plot(x, l3, "b-", linewidth=2)
9.  plt.plot(x, l3, "bo", markersize=5)
10. plt.plot(x, l4, "g-", linewidth=2)
11. plt.plot(x, l4, "go", markersize=5)
12. plt.show()
```

[Out]

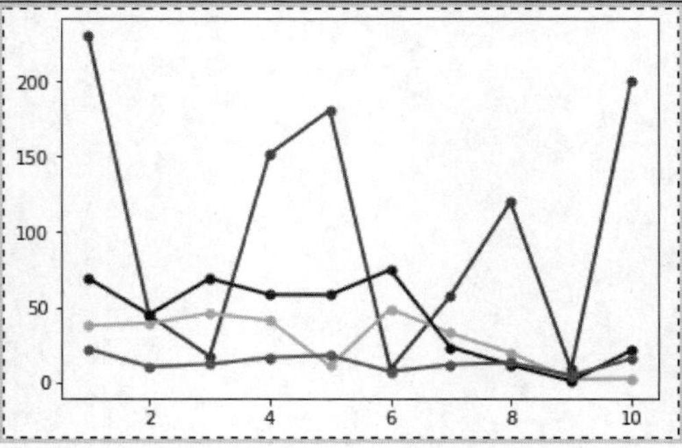

除此之外,若是绘制全部数据的折线图可以使用 df.plot()直接使用 DataFrame 绘制,该方法会直接生成标签栏用于区分各个类别,更方便简洁。具体操作参考以下示例。

```
[In]   1.  df.plot()
       2.  plt.legend(loc='upper right')
       3.  plt.show()
```

[Out]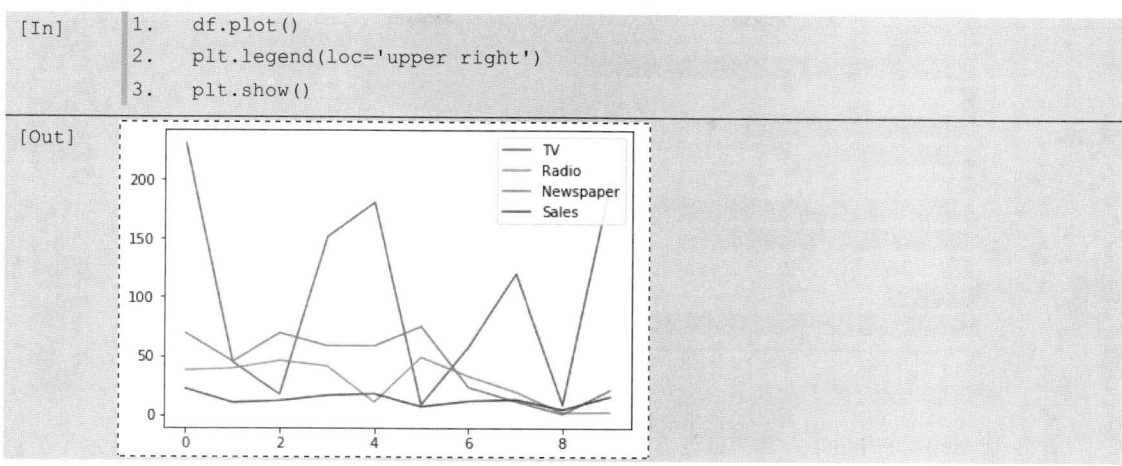

7.1.2 柱状图

柱状图通过 bar() 函数绘制，同样设有 x 轴和 y 轴参数，也有额外的参数（例如 tick_label）用于定义标签。输入的数据类型与折线图相同。

我们同样使用广告数据集的前 10 条数据绘制柱状图，参考以下示例。

```
[In]   1.  plt.figure()
       2.  plt.bar(x, l1, tick_label=x)
       3.  plt.show()
```

[Out]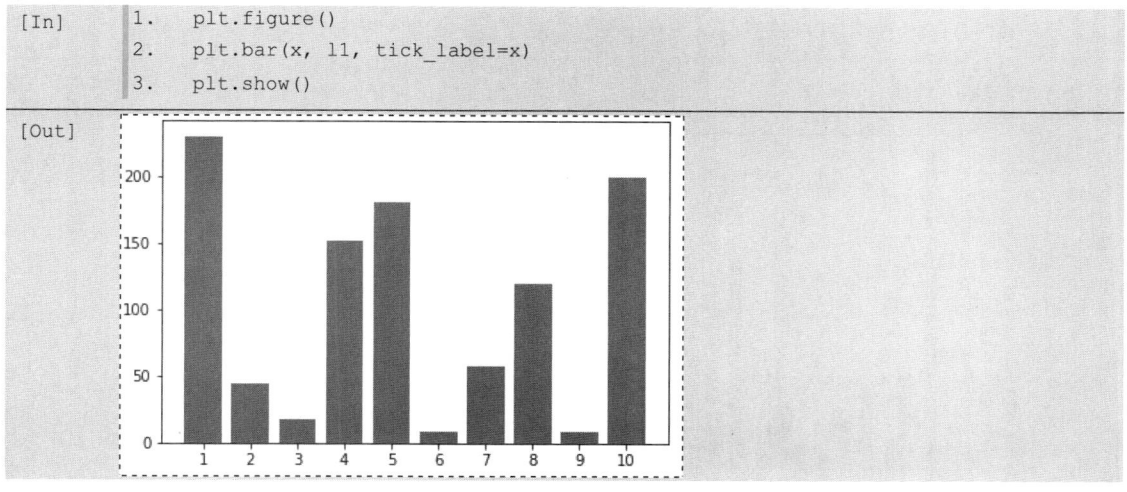

使用 barh() 函数可以使柱状图变为横向，参考以下示例。

```
[In]   1.  plt.figure()
       2.  plt.barh(x, l1)
       3.  plt.show()
```

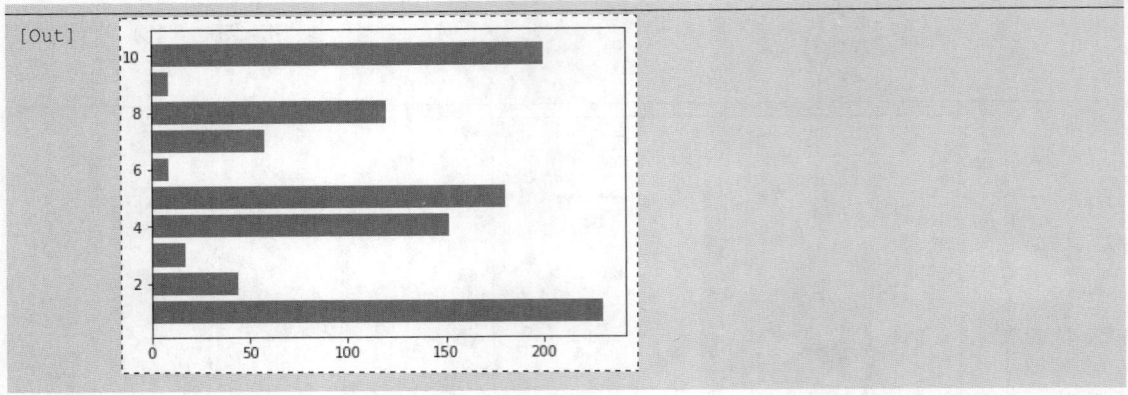

在绘制多组柱状图时，需要注意的是，不能再像绘制折线图那样随意叠加，因为各个柱状图的横坐标起点相同，会导致上层的柱状图挡住下层的图，所以我们需要自定义柱的宽度并以此为基础设置间距，来防止图形重叠。具体操作参考以下示例。

```
1.  import numpy as np
2.  w = 0.2
3.  x = [1,2,3,4,5,6,7,8,9,10]
4.  plt.figure(figsize=(10,5))
5.  plt.bar(x, l1, width=0.2, label='TV', tick_label=x)
6.  plt.bar(np.array(x)+w, l2, width=0.2, label='Radio')
7.  plt.bar(np.array(x)+w*2, l3, width=0.2, label='Newspaper')
8.  plt.bar(np.array(x)+w*3, l4, width=0.2, label='Sales')
9.  plt.legend(loc='upper right')
10. plt.show()
```

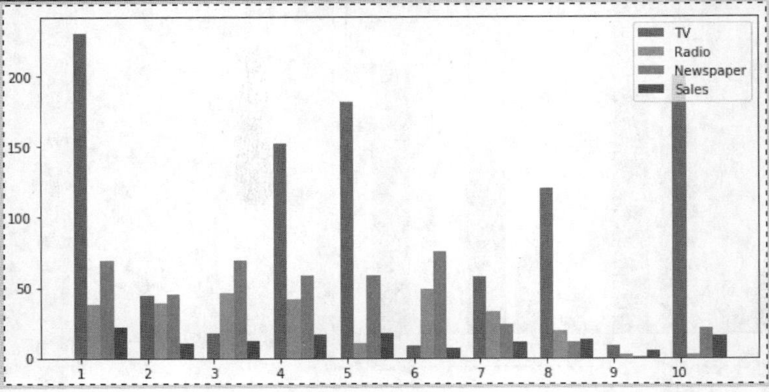

示例中使用了柱状图绘制中的新参数 width，这是柱的宽度。对于这种多组的柱状图，这个宽度需要与我们自定义的间距相对应，否则会出现间隙或者重叠。label 参数用于定义该列或行代表的标签，还可以结合 plt.legend() 对图例进行设置，从而更清晰地区分各个参数。

还有一种方法可以直接使用 DataFrame 绘制柱状图，参考以下示例。

```
[In]   1.  df.plot.bar()
       2.  plt.show()
```

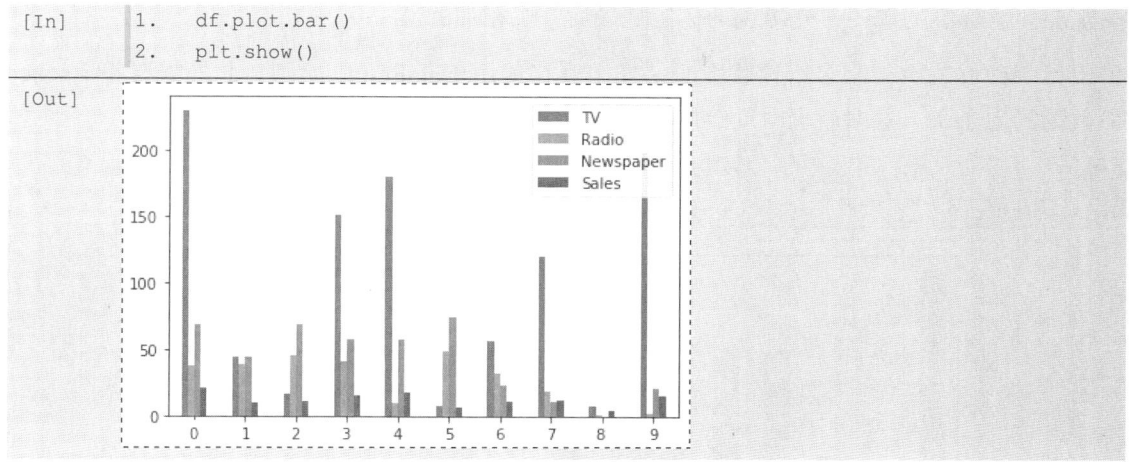

该方法会自动调整柱体的宽度和间距并直接生成标签栏，是一种很方便的绘图方式。

若需要绘制堆积柱状图，那么有两种方法。一种方法是通过利用图形覆盖的特点，将各个类别的总和放在最下面，并依次减少累加，直到最上层。具体操作参考以下示例。

```
[In]   1.  l1=np.array(l1)
       2.  l2=np.array(l2)
       3.  l3=np.array(l3)
       4.  l4=np.array(l4)
       5.  plt.bar(x,l1+l2+l3+l4,label='Sales', tick_label=x)
       6.  plt.bar(x,l1+l2+l3,label='Newspaper')
       7.  plt.bar(x,l1+l2,label='Radio')
       8.  plt.bar(x,l1,label='TV')
       9.  plt.legend()
       10. plt.show()
```

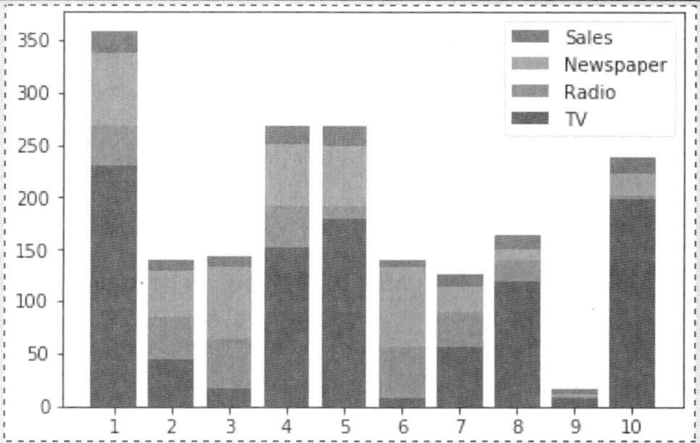

示例使用了 np.array() 函数，目的是使列表内的元素对应相加。在使用这种叠加的方法时一定要注意标签的顺序，先出现的标签是最后一个相加的。

另一种方法像绘制多组柱状图时一样，直接使用 DataFrame 绘制。此外需要将 stacked 参数设置为 True，这时就会自动绘制堆积柱状图，具体参考以下示例。

```
[In]  1.  df.plot.bar(stacked=True)
      2.  plt.show()
```

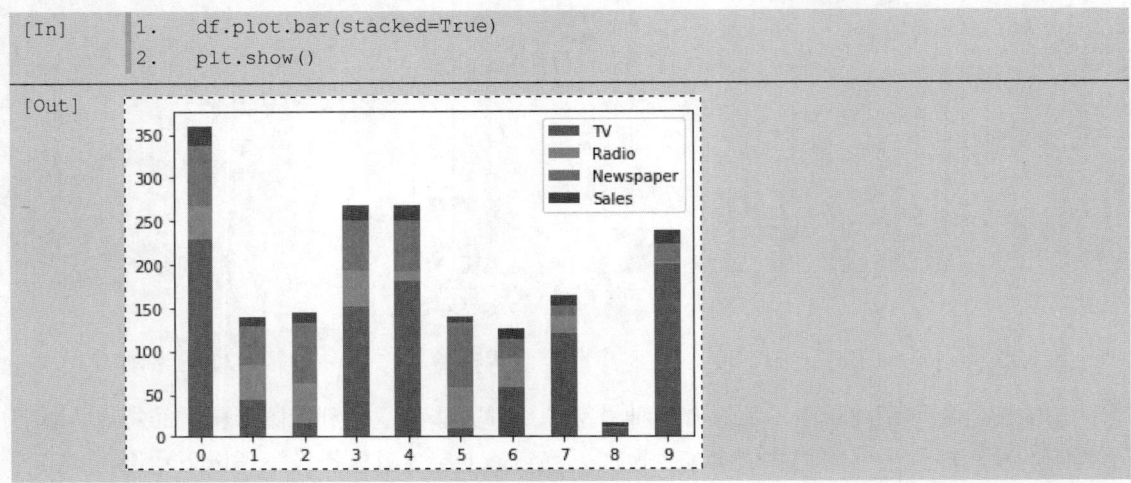

7.1.3 散点图

散点图一般包括大量数据，用于观察数据的分布以及数据与 x 轴、y 轴（甚至 z 轴）的关联，Matplotlib 通过 scatter() 函数来绘制散点图。

我们依然使用广告数据集，本次使用 "TV" 这一列来绘制散点图，以观察数据的分布。具体操作参考以下示例。

```
[In]  1.  import os
      2.  import pandas as pd
      3.  import matplotlib.pyplot as plt
      4.  path = "dataset/advertising.csv"
      5.  data = pd.read_csv(path, sep=',')
      6.  l1 = list(data['TV'].index)
      7.  l2 = list(data['TV'])
      8.  plt.figure()
      9.  plt.scatter(l1,l2)
      10. plt.show()
```

[Out]

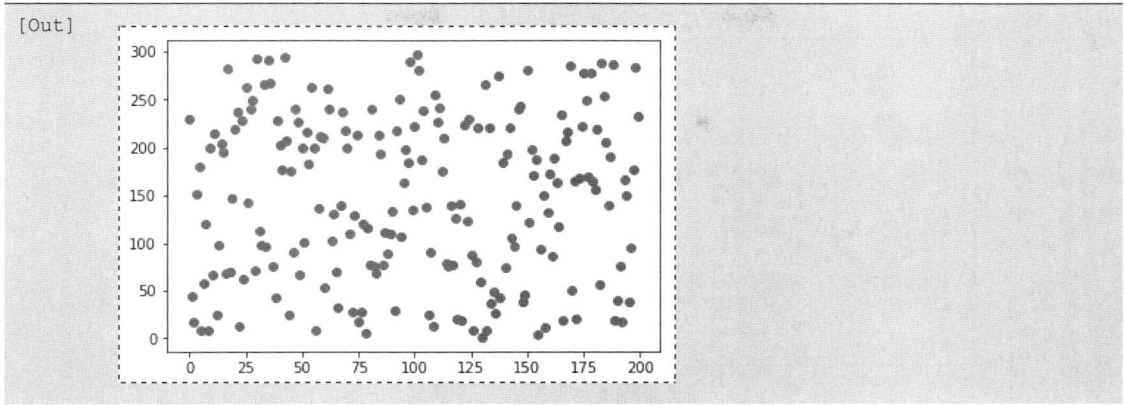

同样的，我们也可以使用 df.plot.scatter()函数绘制散点图，不过需要定义 x 和 y，我们以 "TV" 为 x 轴，"Sales" 为 y 轴绘制散点图，以观察两者之间的关系，具体参考以下示例。

[In]
```
data.plot.scatter('TV','Sales')
```

[Out]

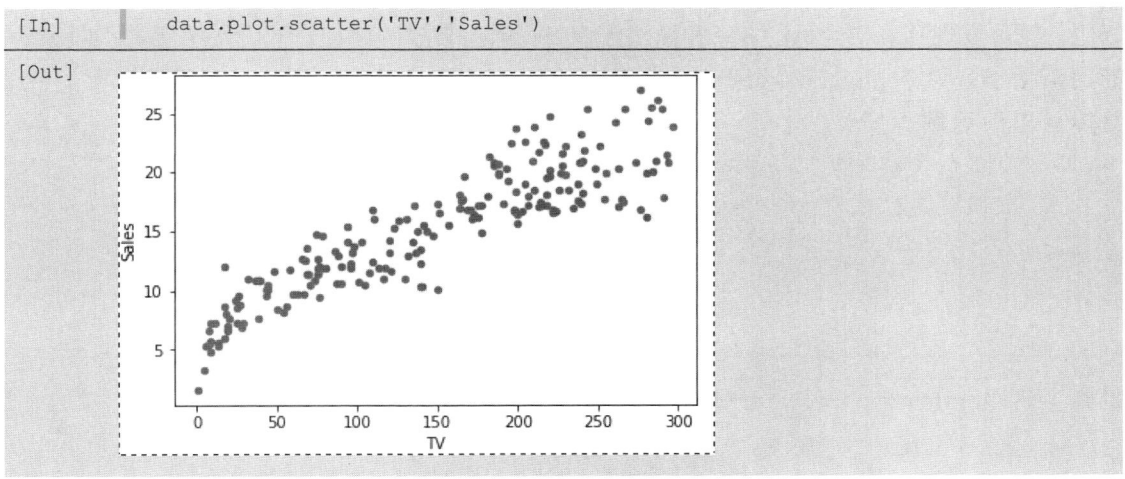

绘制多组散点图可以多次使用 scatter()函数进行叠加，具体参考以下示例。

[In]
```
1.  l2 = list(data['TV'])
2.  l3 = list(data['Radio'])
3.  l4 = list(data['Sales'])
4.  plt.figure()
5.  plt.scatter(l2,l4)
6.  plt.scatter(l3,l4)
7.  plt.show()
```

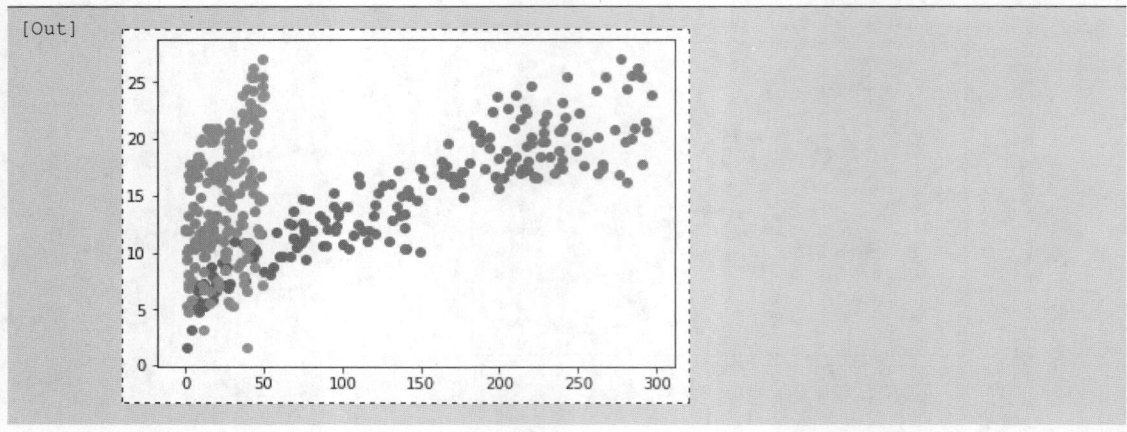

在散点图的基础上，可以添加参数 s，参数 s 代表点的大小。若将点的大小设定为第 3 个变量的数值，则可以绘制反映 3 个变量关系的气泡图。这里只需要将参数 s 设置为 Sales 的值，就可发现随着横坐标的 TV 和纵坐标 Radio 的广告投入增加，气泡逐渐变大，即销售额逐渐增加。另外 alpha 参数用于设定不透明度，这属于美化作用，大家不必过度关注。具体见以下示例。

```
1.  l2 = list(data['TV'])
2.  l3 = list(data['Radio'])
3.  l4 = list(data['Sales']* data['Sales'])  #多乘一次只是为了更好显示效果
4.  plt.figure()
5.  plt.scatter(l2, l3, s=l4, alpha=0.6)
6.  plt.show()
```

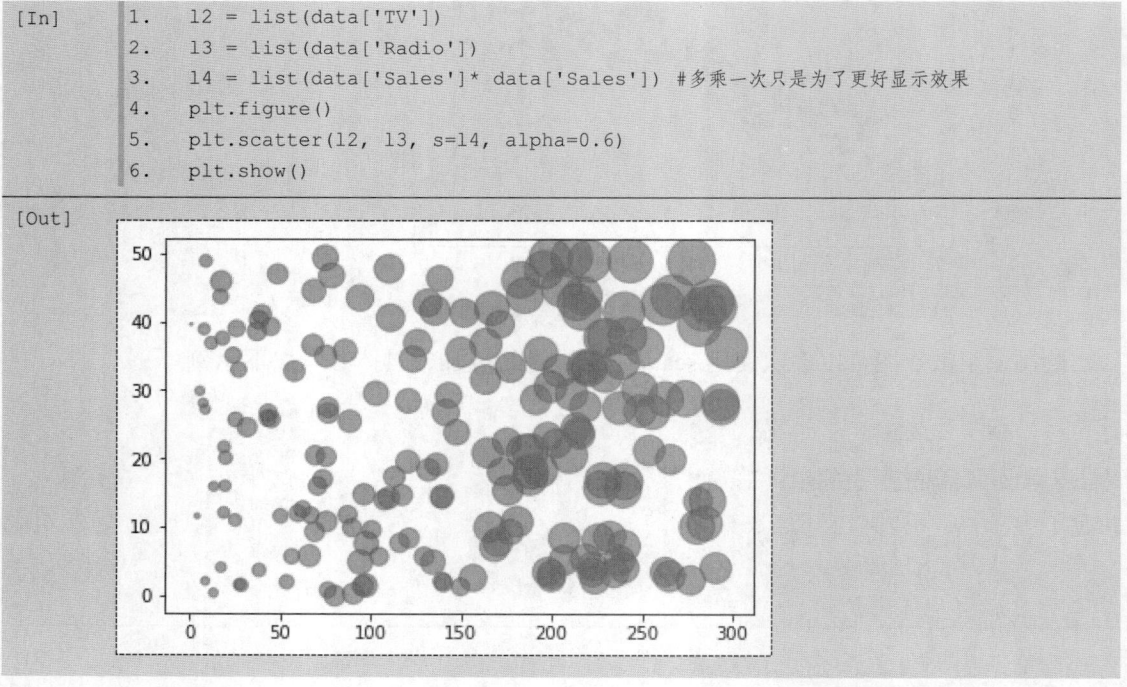

我们还可以设置参数 c，参数 c 代表点的颜色。通过颜色的区分，达到更好的视觉效果。

```
[In]    1.  plt.figure()
        2.  plt.scatter(l2, l3, s=l4, c=l4, alpha=0.6)
        3.  plt.show()
```

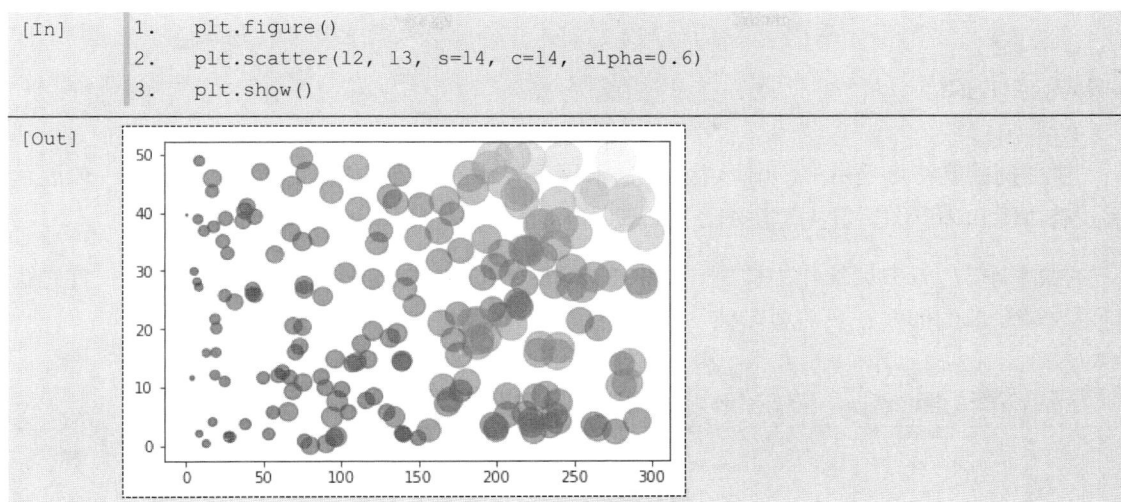

在此基础上,我们还可以绘制辅助线。现在模拟一个场景,假设广告投入额固定为 150 万元,如何分配 TV 和 Radio 的广告投入以达到最大销售额呢?此时我们可以画一条"$y=150-x$"的辅助线,找出线周围最大的气泡,即为最优组合,具体见如下示例。

```
[In]    1.  plt.figure()
        2.  plt.scatter(l2, l3, s=l4, c=l4, alpha=0.6)
        3.
        4.  #画辅助线
        5.  x=np.linspace(0,300,100)
        6.  y=150-x
        7.  plt.plot(x,y,'r--',label='y=150-x',linewidth=2)
        8.  plt.ylim(0,50)
        9.  plt.legend()
        10.
        11. plt.show()
```

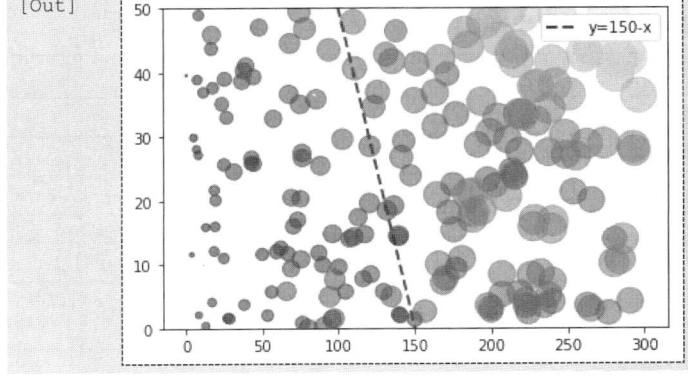

7.1.4 饼图

饼图的共同特点是由多个扇形组成,通常用于展示各个类别所占的比例。饼图的一般展示形式有饼图和环形图。首先是饼图,可以使用 Matplotlib 中的 pie()函数来绘制饼图。

我们仍以广告数据集作为样例,截取前 5 条"Sales"数据来绘制饼图观察占比,首先我们采取最简单的形式,只需要赋值一个列表作为参数即可,具体数据和示例如下。

[In]
```
1.  import os
2.  import pandas as pd
3.  import matplotlib.pyplot as plt
4.  path = "dataset/advertising.csv"
5.  data = pd.read_csv(path, sep=',')
6.  data = data.head()
7.  l1 = list(data['Sales'])
8.  plt.figure()
9.  plt.pie(l1)
10. plt.show()
```

[Out]
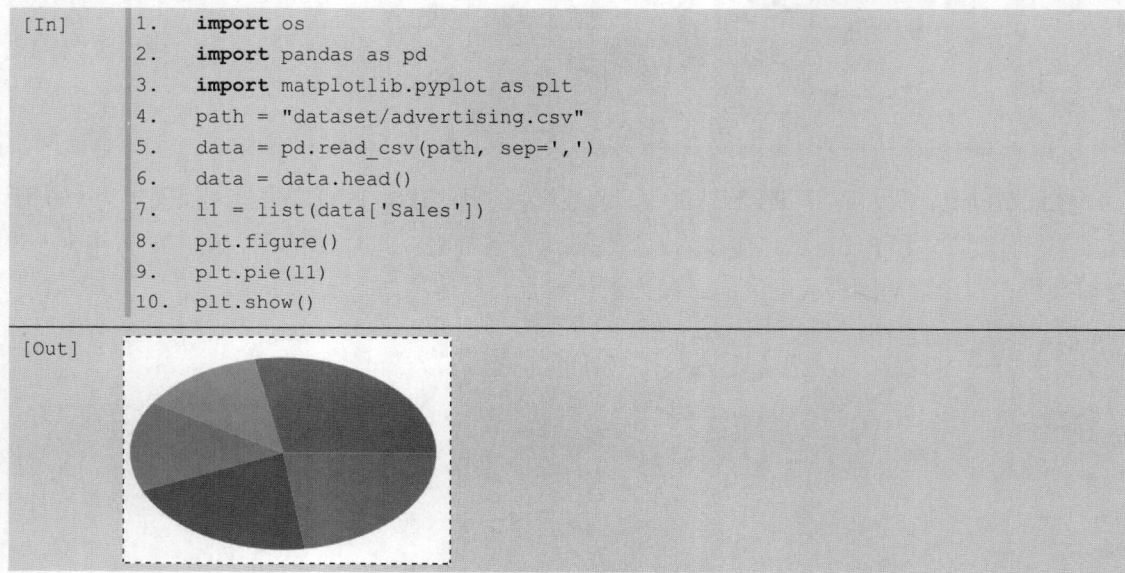

但是对于这种形式,我们并不知道各个扇形所代表的含义,因此需要调整一些参数,详见表 7-1。

表 7-1 扇形图配置参数

参数名称	用途	参数名称	用途
labels	用于展示各个扇形外围的标签	center	设定圆心的位置
labeldistance	用于设置标签到该扇形中心的距离	startangle	设定开始的角度
autopct	设定扇形内部百分比展示的数字格式	radius	设定半径
pctdistance	设定该数字百分比到该扇形中心的距离	counterclock	默认为 True,代表逆时针呈现各个变量,False 为顺时针
explode	设定各个扇形于圆心的偏离程度,用来突出某个扇形	frame	默认为 False,将其设定为 True 可以显示坐标轴方框
shadow	bool 型变量,用来设定是否显示阴影		

具体操作参考以下示例。

```
[In]  1.  plt.figure()
      2.  plt.pie(l1, labels=l1, labeldistance=1.2, autopct='%0.1f%%', pctdistance=0.5,
          explode=(0,0.02,0.05,0,0.1), shadow=True, center=(0.5,0.5), startangle=90,
          radius=0.3, counterclock=False, frame=True)
      3.  plt.show()
```

[Out]
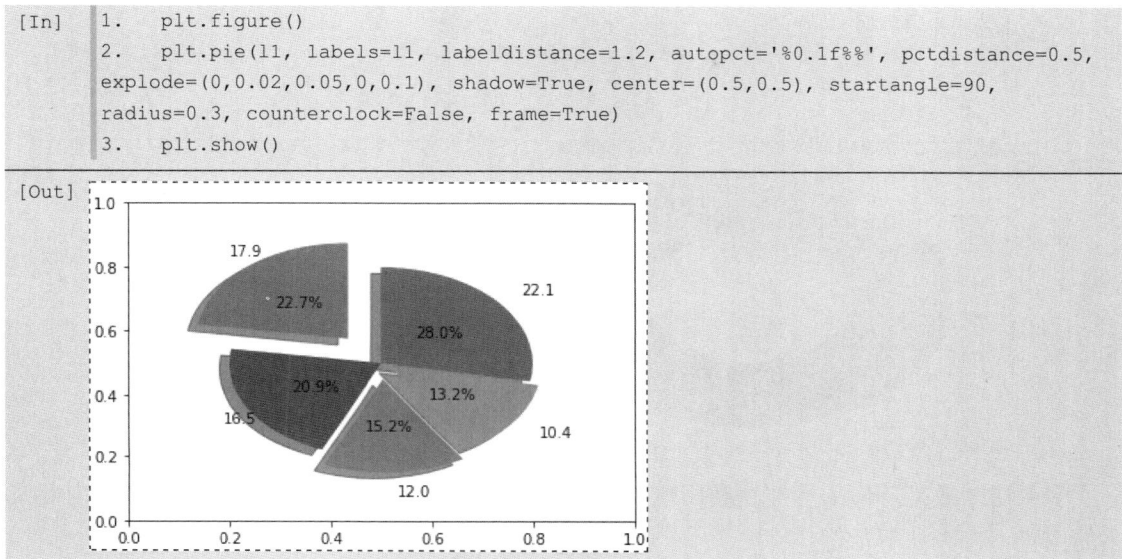

与之前的图形相同,同样可以直接使用 DataFrame 绘制饼图,需指定列名,具体示例如下。

```
[In]  data.plot.pie('Sales')
```

[Out]
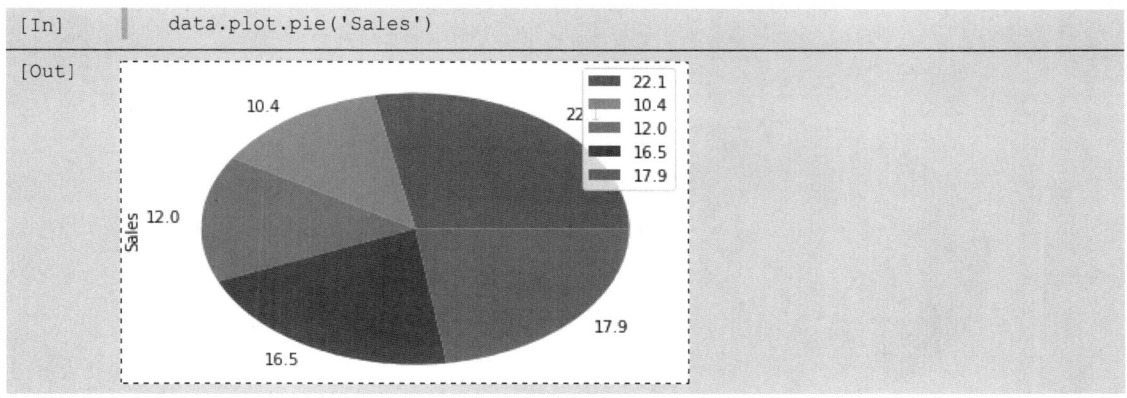

在饼图的基础上,利用覆盖的方式,在饼图上覆盖一个与背景色相同的圆就能实现环形图的视觉效果,但是需要注意的是,这个与背景色相同的圆形实际上也是通过 pie()函数绘制的饼图,它的参数也需要与外围对应,例如圆心的位置参数 center 若是需要设置则必须相同,还有半径参数 radius 必须有所差异(否则体现不出环形),内部文字的位置 pctdistance 参数需要大于内环半径(否则会被覆盖)。

内部空白的饼图只需传入一个只由一个元素组成的列表并设置颜色参数为白色,半径比外环小，即可实现，具体操作参考以下示例。

[In]
```
1. plt.figure()
2. plt.pie(l1, labels=l1,radius=1, autopct='%1.0f%%', pctdistance=0.7)
3. plt.pie([1],radius=0.5,colors='w')
4. plt.show()
```

[Out]
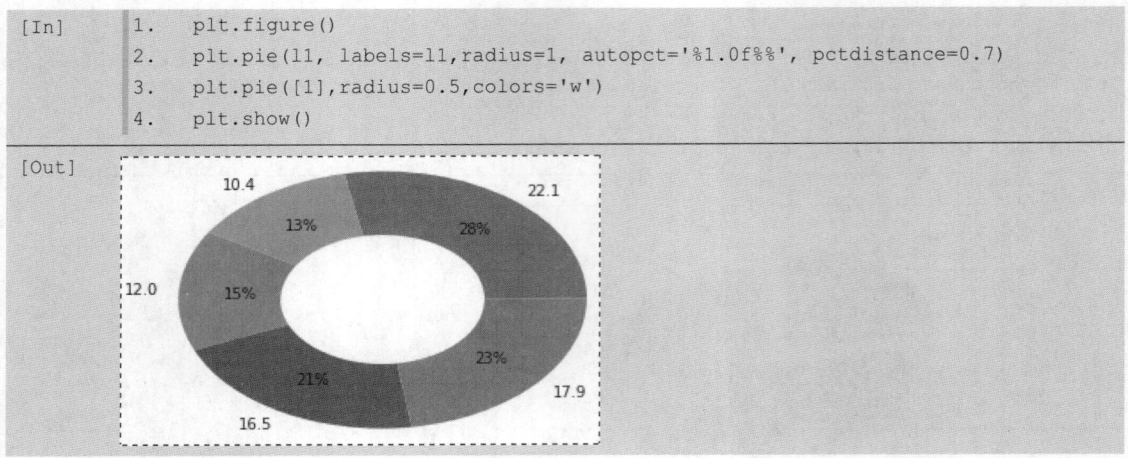

多层饼图或是环形图同样是利用覆盖的思路，同样需要注意半径、圆心、标签、内部文字的位置，参考如下示例。

[In]
```
1. l2 = list(data['TV'])
2. l3 = list(data['Radio'])
3. plt.figure()
4. plt.pie(l2, radius=1, autopct='%1.0f%%', pctdistance=0.7)
5. plt.pie(l3, radius=0.5, autopct='%1.0f%%', pctdistance=0.5)
6. plt.show()
```

[Out]
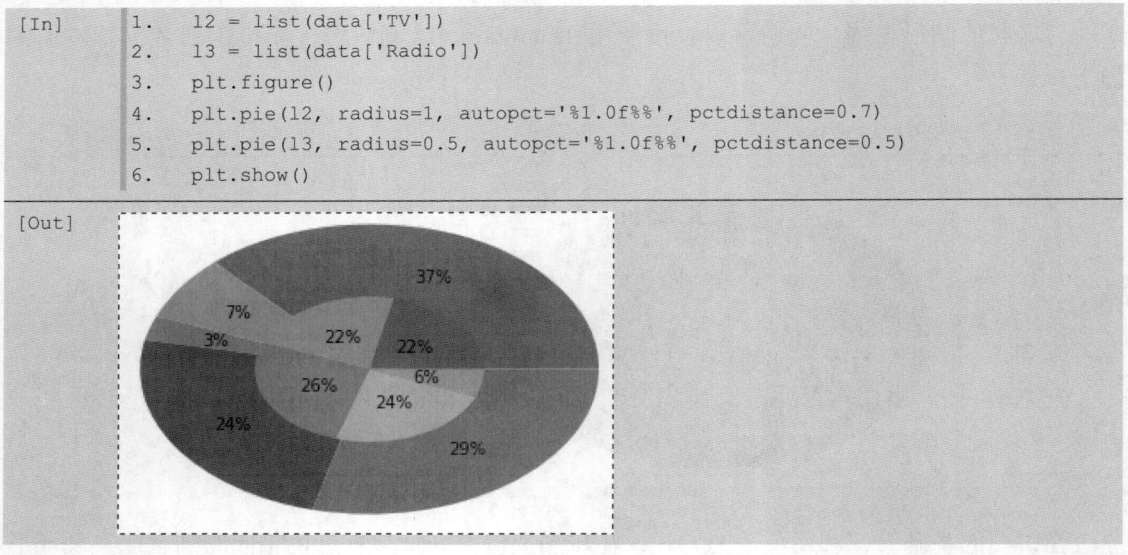

7.1.5 直方图

直方图用于展示数据分布的情况，横轴是该变量的取值范围分段，纵轴是范围内存在的变量数目（频率），在统计中有重要意义。Matplotlib 中通过 hist()函数来绘制直方图。

以广告数据集作为样例，绘制"Sales"一列的直方图，我们可以通过 rwidth 设置列宽，通过 bins 设置分段的个数。具体操作参考以下示例。

```
[In]  1.  import os
      2.  import pandas as pd
      3.  import matplotlib.pyplot as plt
      4.  path = "dataset/advertising.csv"
      5.  data = pd.read_csv(path, sep=',')
      6.  l1 = list(data['Sales'])
      7.  plt.figure()
      8.  plt.hist(l1, rwidth=0.8, bins=15)
      9.  plt.show()
```

[Out]

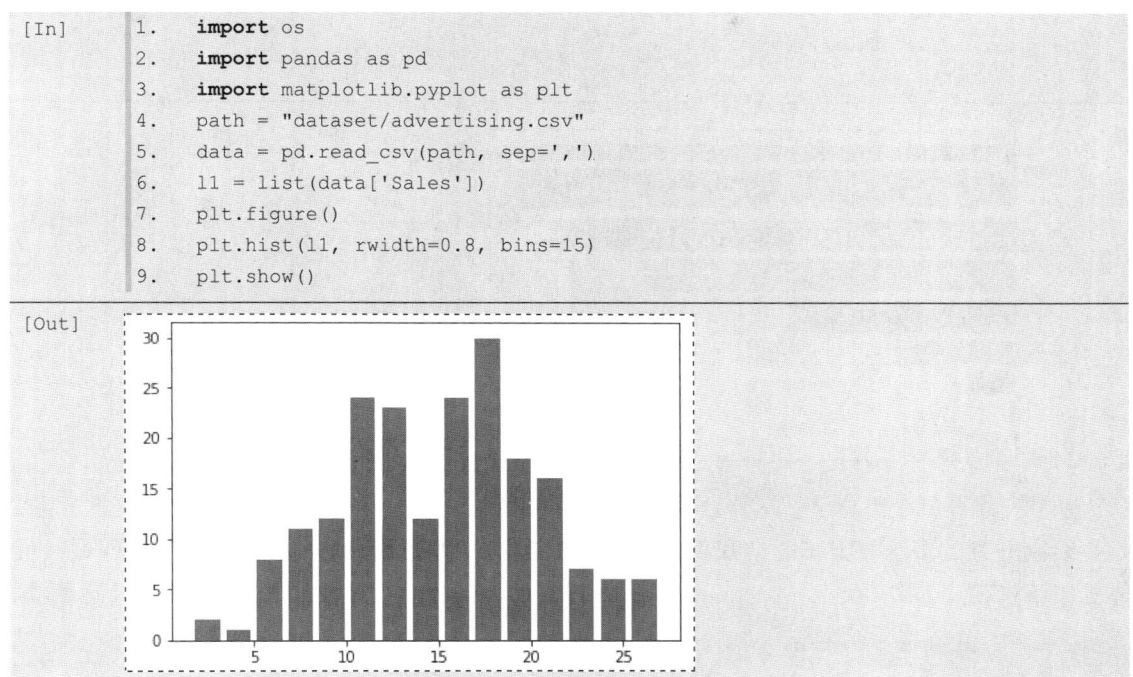

同样的，依然可以使用 DataFrame 直接绘制直方图，只需要限定绘图的列名即可得到一样的结果，参考以下示例。

```
[In]      data['Sales'].plot.hist(rwidth=0.8,bins=15)
```

[Out]

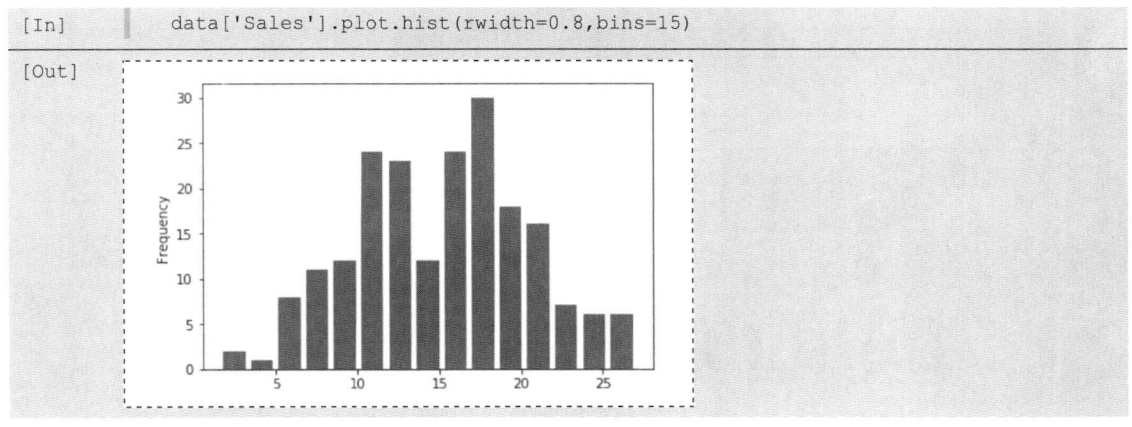

除了这些基本参数，还可以通过设置 orientation='horizontal'来实现横向的直方图；通过把 normed 参数设置为 True 使直方图显示相对频率化的数据；把 cumulative 参数设置为 True

可以制作累计频率直方图，把 bins 函数设置为一组数据可以实现自定义组距。

```
[In]    1.  plt.figure()
        2.  plt.hist(l1, rwidth=0.8, bins=[0,2,5,8,11,15,19,23,28,30], orientation='horizontal',
            normed=True,cumulative=True)
        3.  plt.show()
```

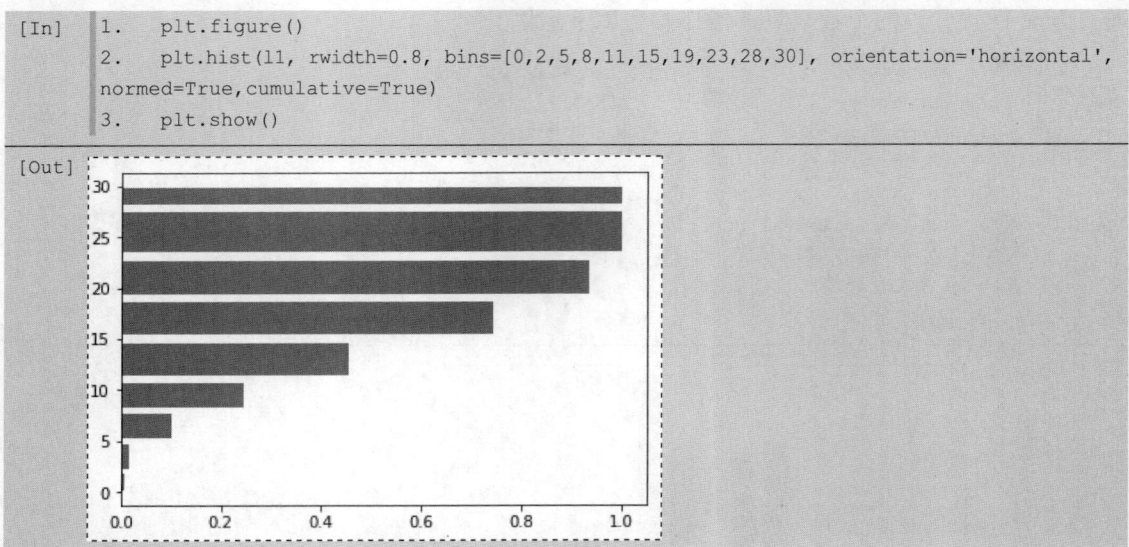

绘制并列的多组直方图时，我们只需将多个列表并列合为一个，填入参数当中即可，具体见以下示例。

```
[In]    1.  l2 = list(data['TV'])
        2.  l3 = list(data['Radio'])
        3.  l4 = list(data['Newspaper'])
        4.  plt.figure()
        5.  plt.hist([l2,l3,l4], rwidth=0.9)
        6.  plt.show()
```

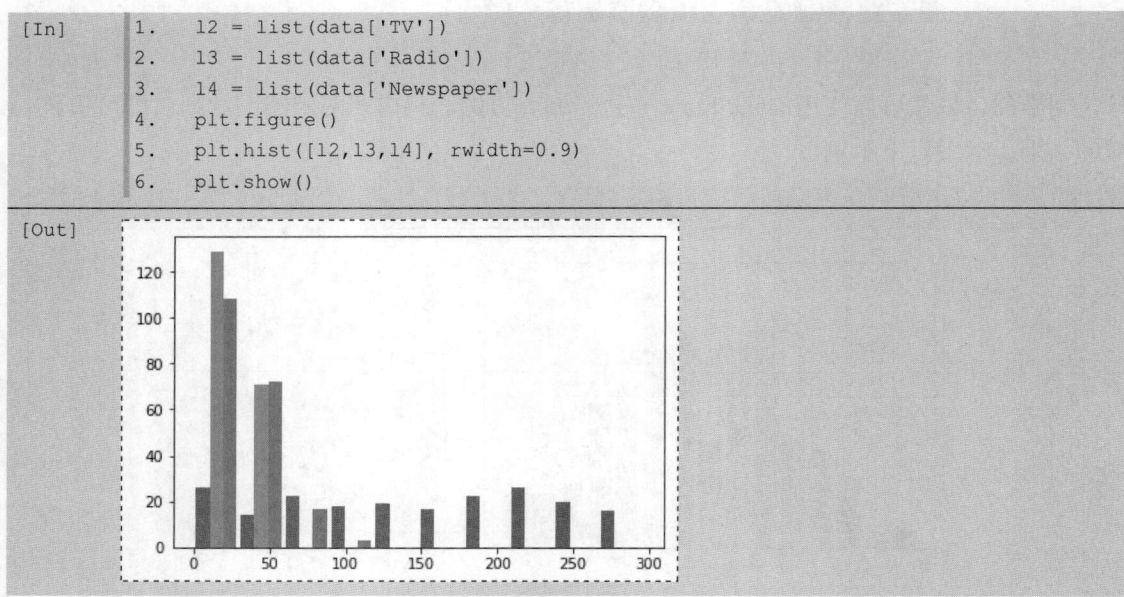

在绘制多组直方图时，我们还可以使用 stacked 参数，将其设置为 True 后就能实现叠加的直方图。

```
[In]    1.  plt.figure()
        2.  plt.hist([l2,l3,l4], rwidth=0.9, stacked=True)
        3.  plt.show()
```

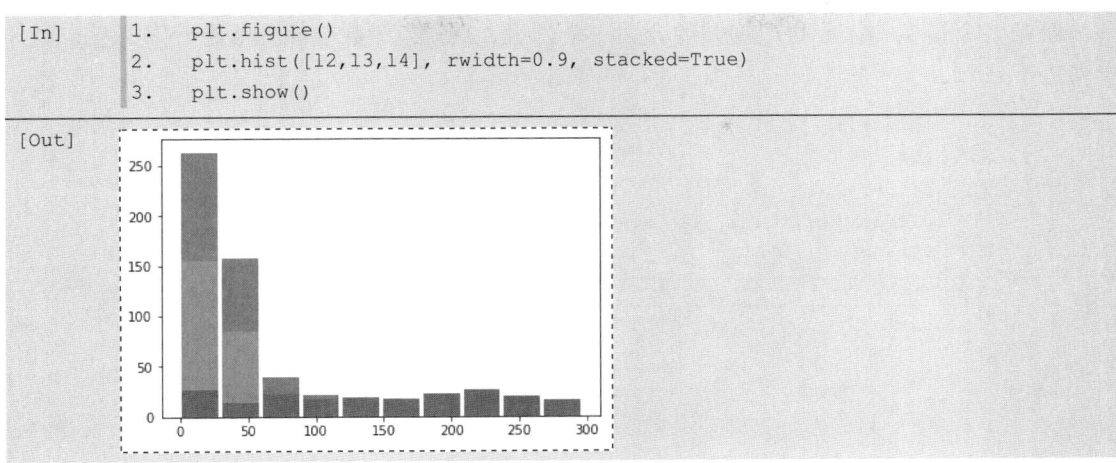

7.1.6 箱型图

箱型图用于观察数据的分散情况，可以很直观地观察异常值、分位数、中位数等，Matplotlib 中使用 boxplot()函数来绘制箱型图。

最简单的情况依然是只传入一个列表类型对象，就可以绘制一个箱型图了。具体操作参考以下示例。

```
[In]    1.  import os
        2.  import pandas as pd
        3.  import matplotlib.pyplot as plt
        4.  path = "dataset/advertising.csv"
        5.  data = pd.read_csv(path, sep=',')
        6.  l1 = list(data['TV'])
        7.  plt.figure()
        8.  plt.boxplot(l1)
        9.  plt.show()
```

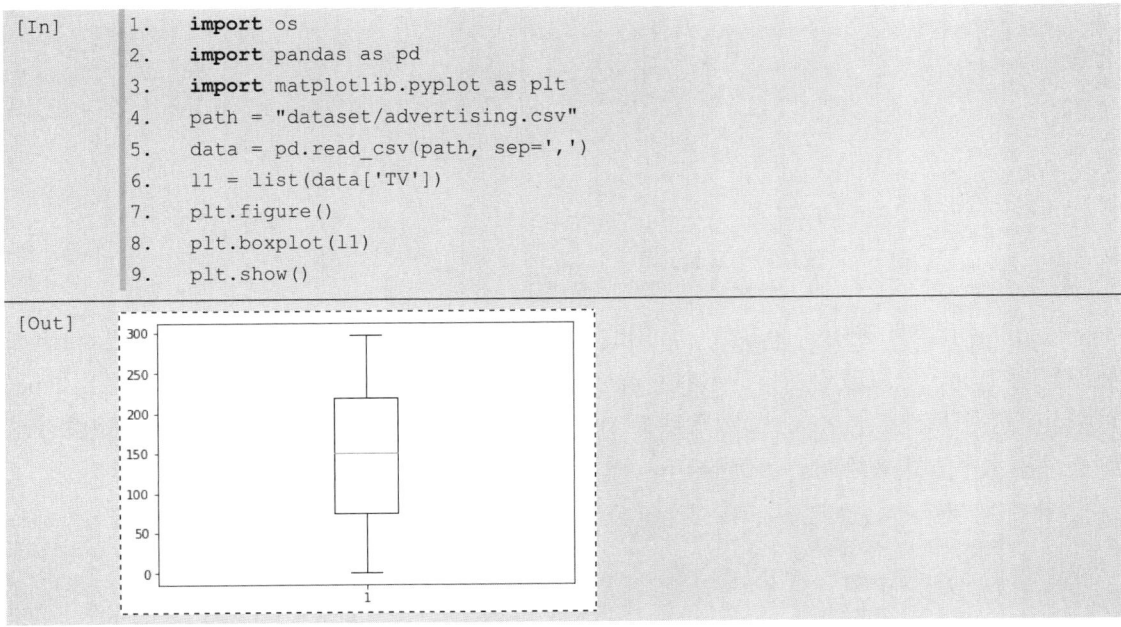

绘制多个箱型图需要将数据并列合为一个列表，labels 参数能够更清晰分辨标签，具体参考以下示例。

```
[In]  1. l2 = list(data['Radio'])
      2. label = ['TV','Radio']
      3. plt.figure()
      4. plt.boxplot([l1,l2],labels=label)
      5. plt.show()
```

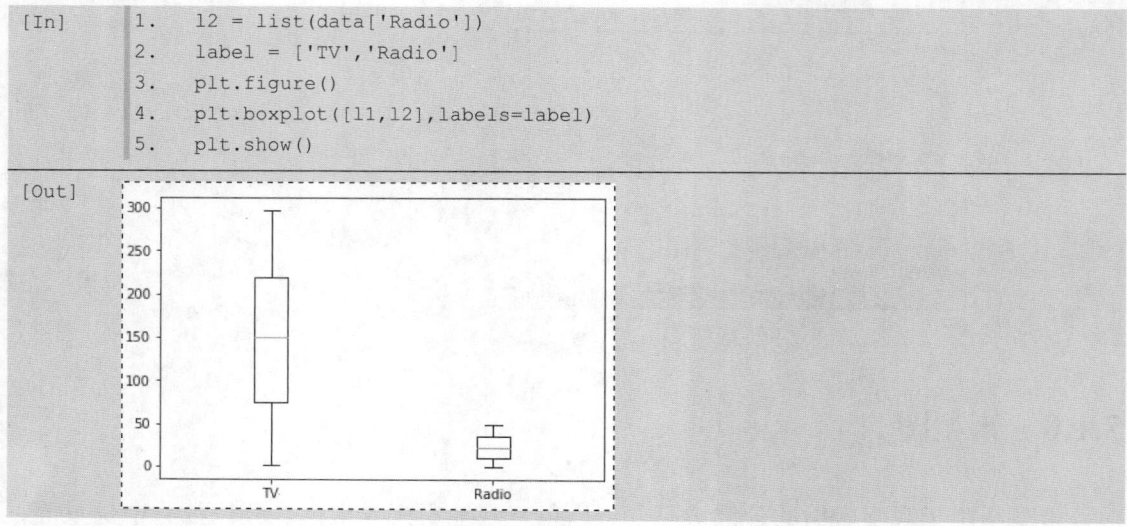

同样可以直接使用 DataFrame 进行绘制，示例如下。

```
[In]  data.plot.box()
```

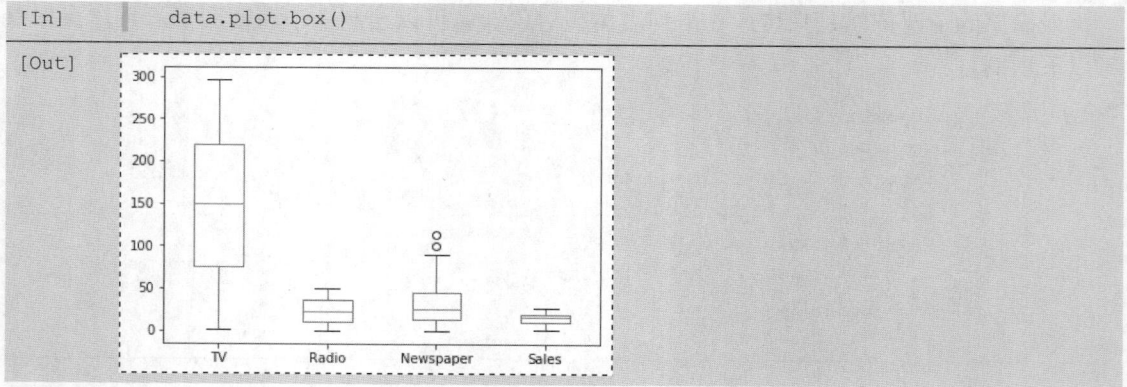

boxplot()函数中还有多个参数，常用的主要有：sym 参数定义异常点的形状；把 notch 参数设置为 True，可以改变切口的形状；patch_artist 参数默认为 False，如果将其设置为 True，可以使箱型图填充颜色；vert 参数默认为 True，代表垂直绘制箱型图，如果将其设置为 False，则会采用水平方式来绘制。示例如下。

```
[In]  1. l3 = list(data['Newspaper'])
      2. plt.figure()
      3. plt.boxplot(l3, sym='*', patch_artist=True, notch=True, vert=False)
      4. plt.show()
```

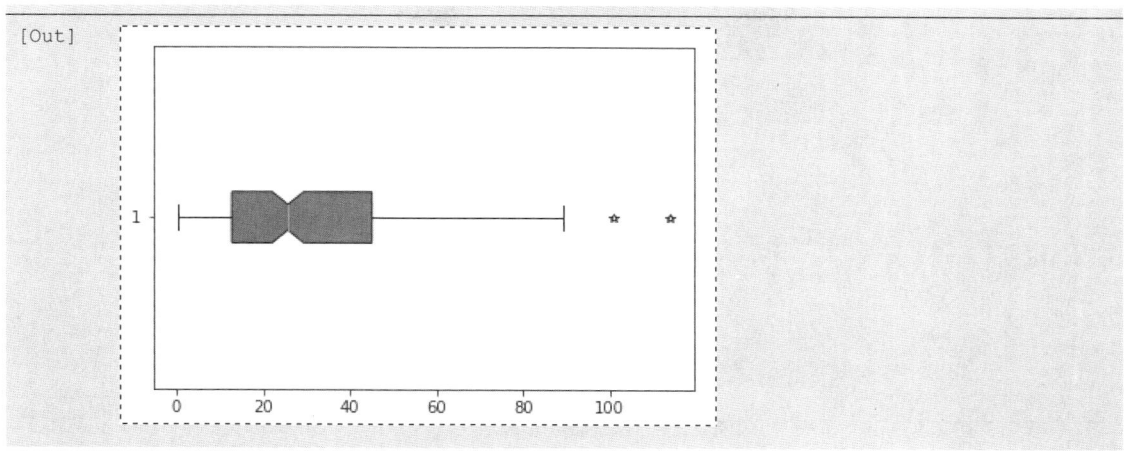

除了设置绘制方式,我们还可以自定义箱型图的各个部分:包括异常点、箱子、延长线、延长线端点线和中位数线,具体可以配置的参数详见表 7-2。

表 7-2 箱型图配置参数

类型	参数	用途
线段型	color	颜色
	linewidth	线段宽度
	linestyle	线段类型
图形型	facecolor	填充颜色(需要配合 patch_artist)
	marker	标记类型
	markerfacecolor	标记内部填充颜色
	markeredgecolor	标记边框颜色
	markersize	标记大小

具体操作参考以下示例。

```
[In]    1.    l3 = list(data['Newspaper'])
        2.    flier={'marker':'o',
        3.           'markerfacecolor':'white',
        4.           'markeredgecolor':'blue',
        5.           'markersize':6}
        6.    box={'color':'green',
        7.         'facecolor':'red',
        8.         'linewidth':0.8,
        9.         'linestyle':'--'}
```

```
10.    whisker={'color':'red',
11.             'linewidth':1,
12.             'linestyle':'-'}
13.    cap={'color':'pink',
14.         'linewidth':2,
15.         'linestyle':'-'}
16.    median={'color':'purple',
17.            'linewidth':1.5,
18.            'linestyle':':'}
19.    plt.figure()
20.    plt.boxplot(l3, patch_artist=True, flierprops=flier, boxprops=box, whiskerprops=whisker, capprops=cap, medianprops=median)
21.    plt.show()
```

[Out]

7.2 可视化进阶

本节介绍在单独绘图的基础上如何同时绘制组合子图、图上各个属性标签的设置，以及图中图形的设置。

7.2.1 组合子图

前面简单介绍了最基础的 figure()函数的使用，接下来我们将更详细地介绍 figure()函数的配置。在 figure()函数中有几个常用的配置参数，详见表 7-3。

7.2 可视化进阶

表 7-3 figure()函数配置参数

参数	用途	参数	用途
figsize	定义画布的大小	facecolor	代表填充的颜色
dpi	定义清晰度	edgecolor	代表边框的颜色
linewidth	定义边框的宽度		

具体操作参考以下示例。

```
[In]  1.  import os
      2.  import matplotlib.pyplot as plt
      3.  fig = plt.figure(figsize=(4,4),
      4.                   dpi=100,
      5.                   facecolor='blue',
      6.                   edgecolor='grey',
      7.                   linewidth=10)
      8.  sub1 = fig.add_subplot(1,1,1)
      9.  plt.show()
```

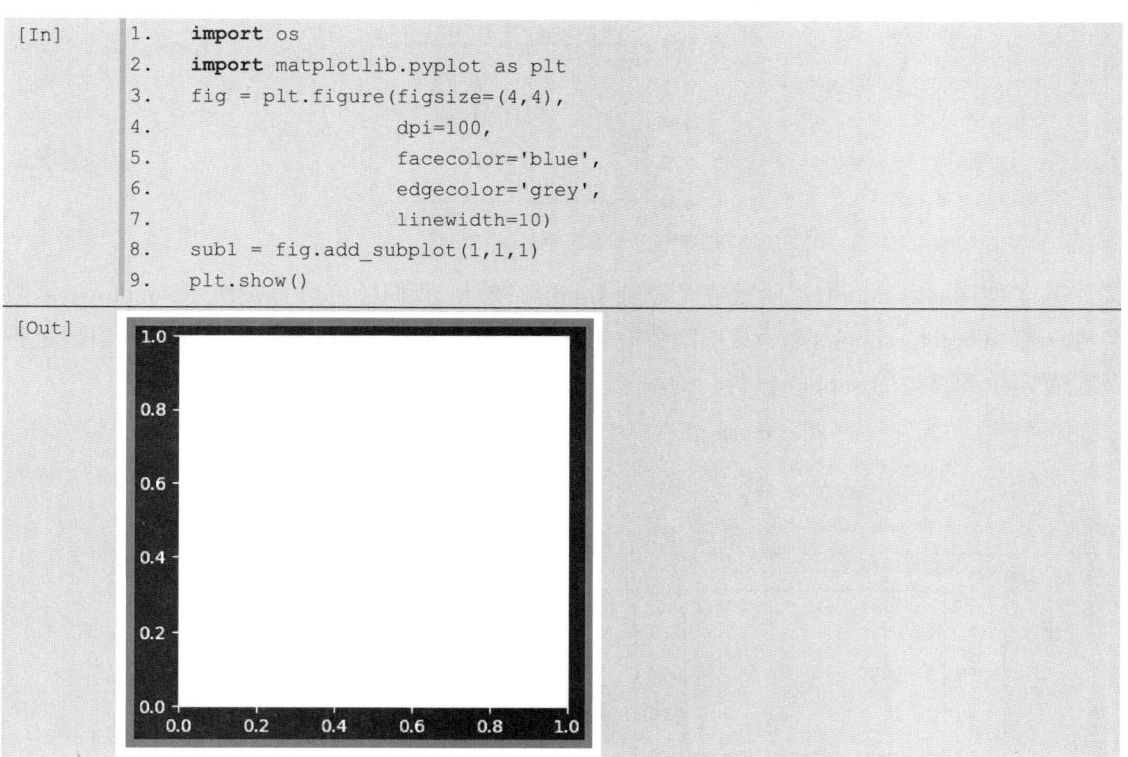

若想要同时在画布上并列绘制多个图形，则需要使用 subplot()函数。两者之间的关系是包含关系：figure 是绘制 subplot 的区域，subplot 是绘制图形的区域。

通过 add_subplot()函数可以在 figure 上添加 subplot。函数中的参数代表 subplot 的位置，由 3 个数组成，依次代表总行数、总列数和 subplot 的编号。具体操作参考以下示例。

```
[In]  1.  fig = plt.figure()
      2.  sub1 = fig.add_subplot(2,2,1)
      3.  sub1.text(0.4,0.5,'sub1',fontsize=20)
      4.  sub2 = fig.add_subplot(2,2,2)
      5.  sub2.text(0.4,0.5,'sub2',fontsize=20)
```

```
6.  sub3 = fig.add_subplot(2,2,4)
7.  sub3.text(0.4,0.5,'sub3',fontsize=20)
8.  plt.show()
```

[Out]

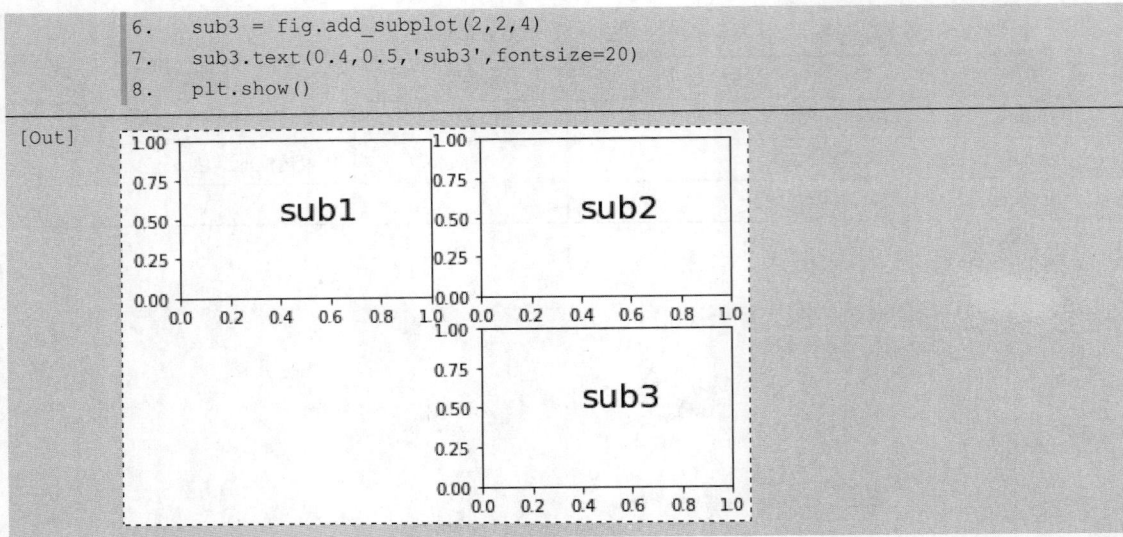

除了使用 add_subplot()函数逐个添加 subplot 以外,我们还可以直接使用 subplots()函数创建一组 subplot。subplots()函数中的参数是总行数和总列数,在创建完这一组后可以通过行列位置定位到具体的 subplot,行列的编号从 0 开始。具体操作参考以下示例。

[In]
```
1.  fig, sub = plt.subplots(2,2)
2.  sub[0,1].text(0.3,0.5,'sub[0,1]',fontsize=20)
3.  sub[1,0].text(0.3,0.5,'sub[1,0]',fontsize=20)
4.  plt.show()
```

[Out]

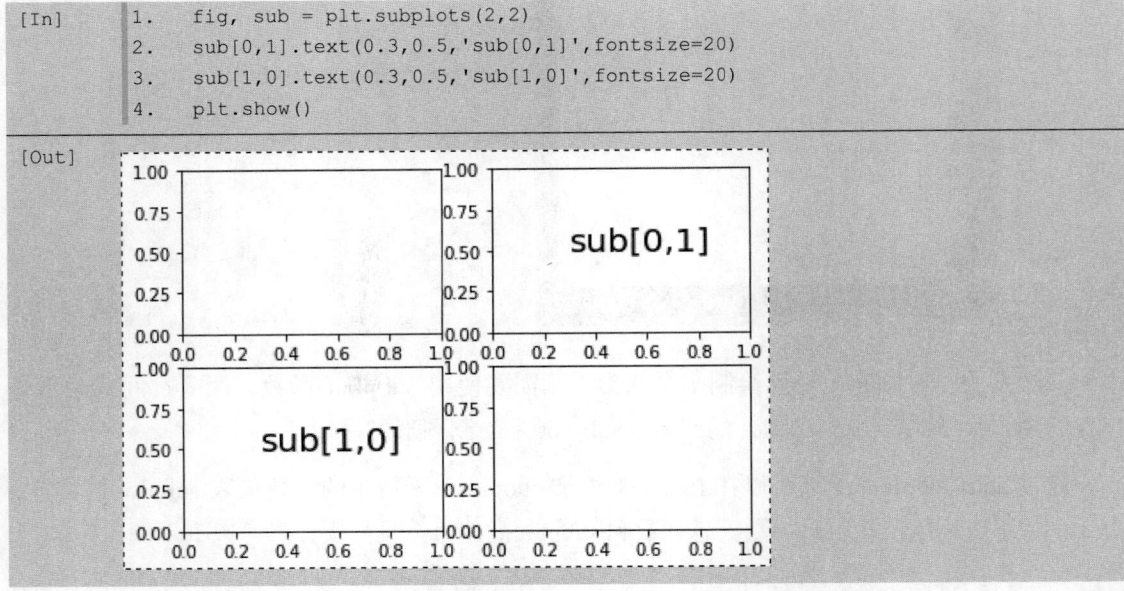

subplots()函数常用的参数除了行列位置外,还有内部填充颜色 facecolor;是否显示边框的 frameon;x 轴和 y 轴的坐标范围 xlim 和 ylim。具体操作参考以下示例。

```
[In]  1.  fig = plt.figure()
      2.  sub1 = fig.add_subplot(1,2,1,
      3.                facecolor='lightblue',
      4.                xlim=[1,10],
      5.                ylim=[0,100])
      6.  sub2 = fig.add_subplot(1,2,2,
      7.                         frameon=False)
      8.  plt.show()
```

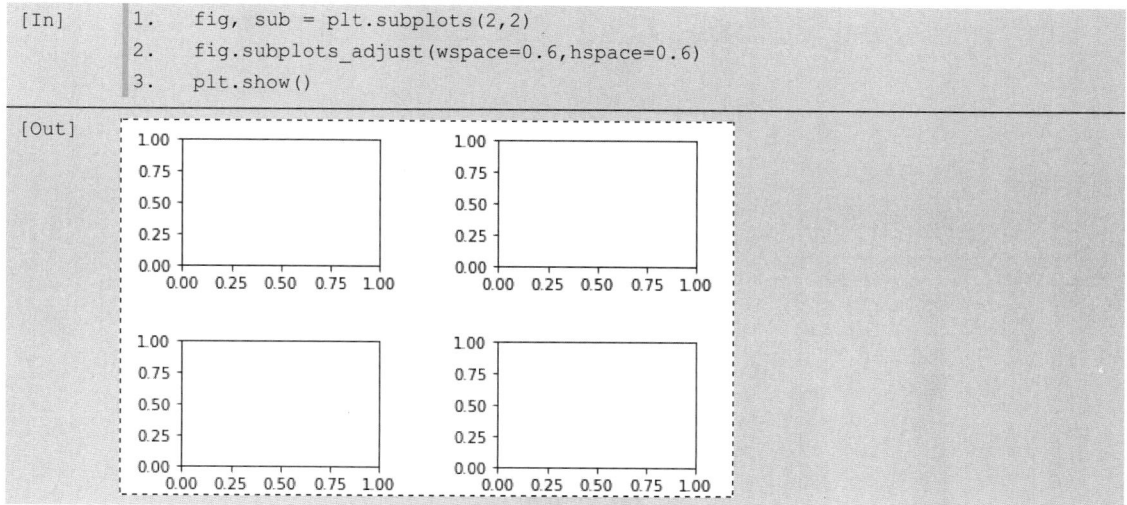

若想调整 subplot 之间的距离，则需要使用 subplots_adjust()函数。subplots_adjust()函数里面的参数填写方式有两种：一种是使用 wspace 和 hspace 定义相对于轴宽和轴高的比值。具体参考以下示例。

```
[In]  1.  fig, sub = plt.subplots(2,2)
      2.  fig.subplots_adjust(wspace=0.6,hspace=0.6)
      3.  plt.show()
```

另一种是使用 left、right、top、bottom 分别定义左右和上下的坐标点，因此这里的"左"必须比"右"小，"下"必须比"上"小。具体参考以下示例。

[In]
```
1.  fig, sub = plt.subplots(2,2)
2.  fig.subplots_adjust(left=0.2,right=1.5,top=1.5,bottom=0.2)
3.  plt.show()
```

[Out]
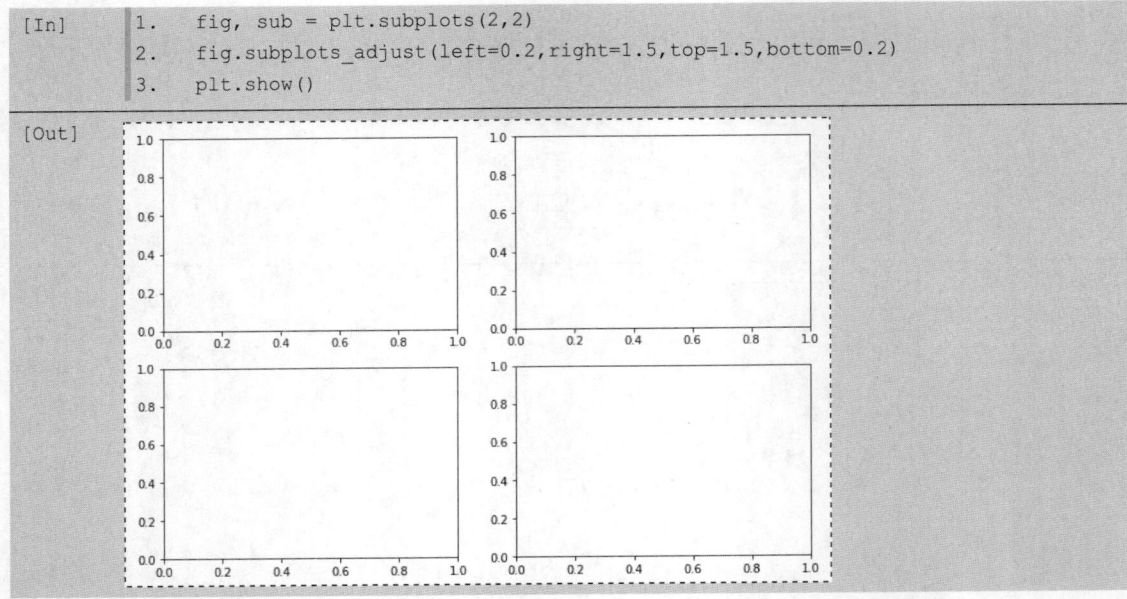

在创建完 subplot 后就可以按照前面介绍的绘图方式在 subplot 上绘制各种图形了。

除了使用 subplot 分开绘制的思路外，若想要在同一 figure 或 subplot 中同时绘制多个图形，则只需要进行叠加即可。具体示例如下。

[In]
```
1.  import pandas as pd
2.  path = "dataset/advertising.csv"
3.  data = pd.read_csv(path, sep=',').head(10)
4.  l1 = list(data['TV'])
5.  x = [1,2,3,4,5,6,7,8,9,10]
6.  plt.plot(x, l1, "r-", linewidth=2)
7.  plt.plot(x, l1, "ro", markersize=5)
8.  plt.bar(x, l1, tick_label=x)
9.  plt.show()
```

[Out]
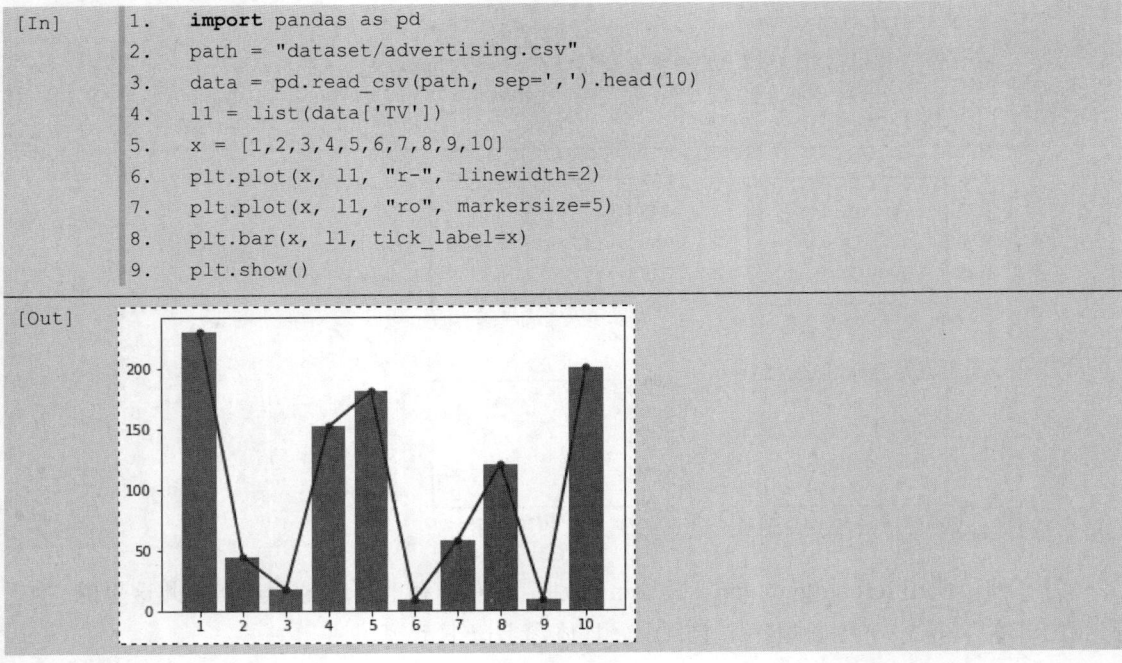

7.2.2 坐标轴的设置

当使用 subplots()函数时，考虑到各个图形对于坐标轴的需求不同，需要对坐标轴进行设置。

首先对于横纵坐标的刻度范围，如果使用 add_subplot()函数逐个建立子图，则可以使用 set_xlim()和 set_ylim()设置坐标范围，内部参数为下界和上界。具体操作参考以下示例。

```
import os
import matplotlib.pyplot as plt
fig = plt.figure()
sub1 = fig.add_subplot(2,1,1)
sub1.set_xlim(-1,1)
sub1.set_ylim(0,10)
sub2 = fig.add_subplot(2,1,2)
sub2.set_xlim(2,5)
sub2.set_ylim(10,20)
plt.show()
```

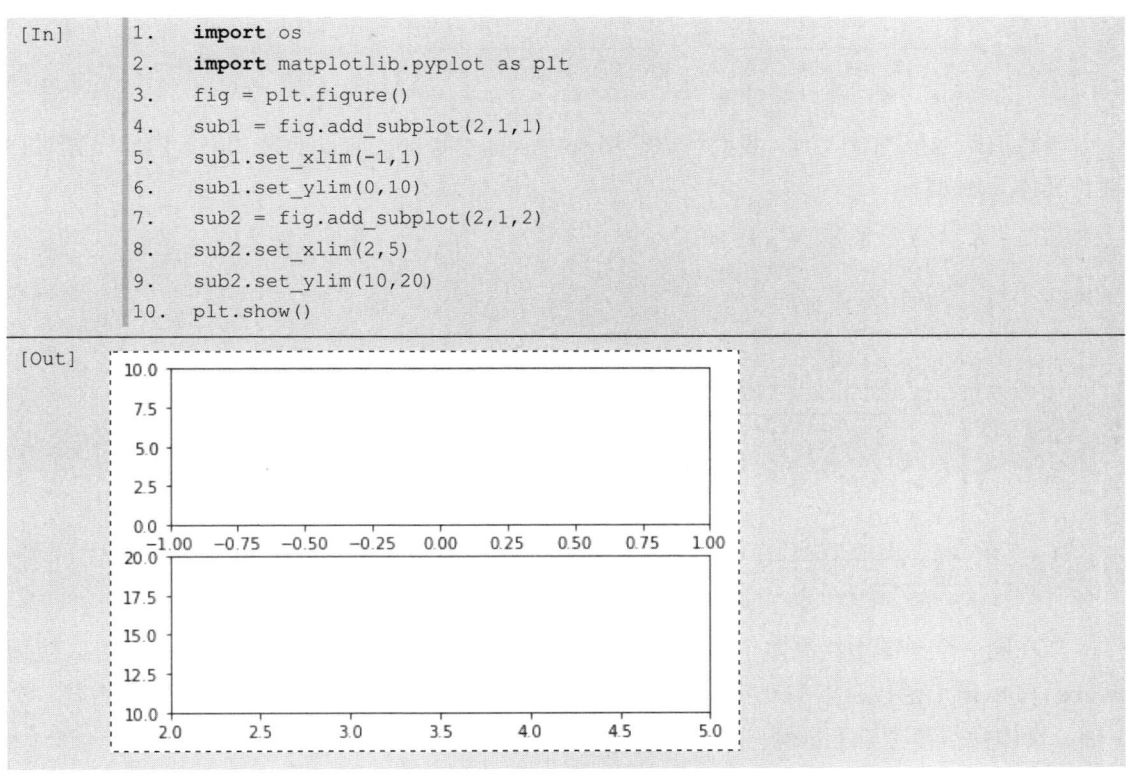

若使用 subplots()函数创建子图，如果此时各个子图的坐标轴范围相同，则可以通过把 sharex 和 sharey 参数设置为 True 来使各个子图坐标范围的刻度都相同，这样生成的图更简洁，每一行或一列之后出现一个坐标范围，可以对照上一节的样例。具体示例如下。

```
fig, sub = plt.subplots(2,2,sharex=True,sharey=True)
plt.show()
```

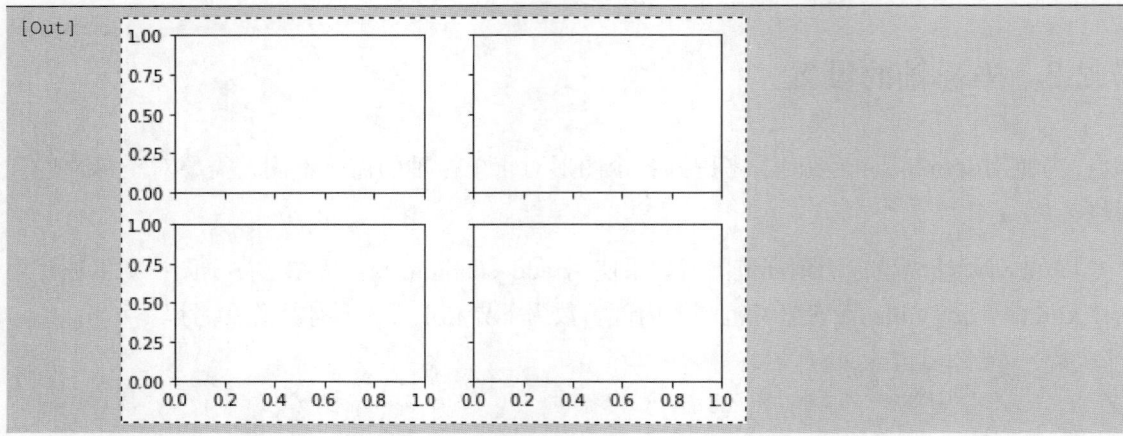

当数值跨越范围较大时,我们可以使用 set_xscale()和 set_yscale()为"log"以此设置对数轴。具体示例如下。

```
[In]  1.  fig = plt.figure()
      2.  sub1 = fig.add_subplot(2,1,1)
      3.  sub1.set_xscale('log')
      4.  sub1.set_yscale('log')
      5.  plt.show()
```

[Out]

当在同一个子图中绘制多个图形时,如果需要共用某个轴并显示多个其他轴,可以使用 twinx()和 twiny()函数,以实现共享 x 轴或 y 轴。此处使用广告数据集进行演示,共用同一个 x 轴。具体操作参考以下示例。

```
[In]  1.  import pandas as pd
      2.  path = "dataset/advertising.csv"
      3.  data = pd.read_csv(path, sep=',')
      4.  df = data.head(10)
      5.  l1 = list(df['TV'])
      6.  l2 = list(df['Radio'])
      7.  x = [1,2,3,4,5,6,7,8,9,10]
      8.  fig = plt.figure()
      9.  sub1_1 = fig.add_subplot(1,1,1)
      10. sub1_1.plot(x, l1, "r-", linewidth=2)
```

```
11.    sub1_2 = sub1_1.twinx()
12.    sub1_2.plot(x, l2, "b-", linewidth=2)
13.    plt.show()
```

[Out]

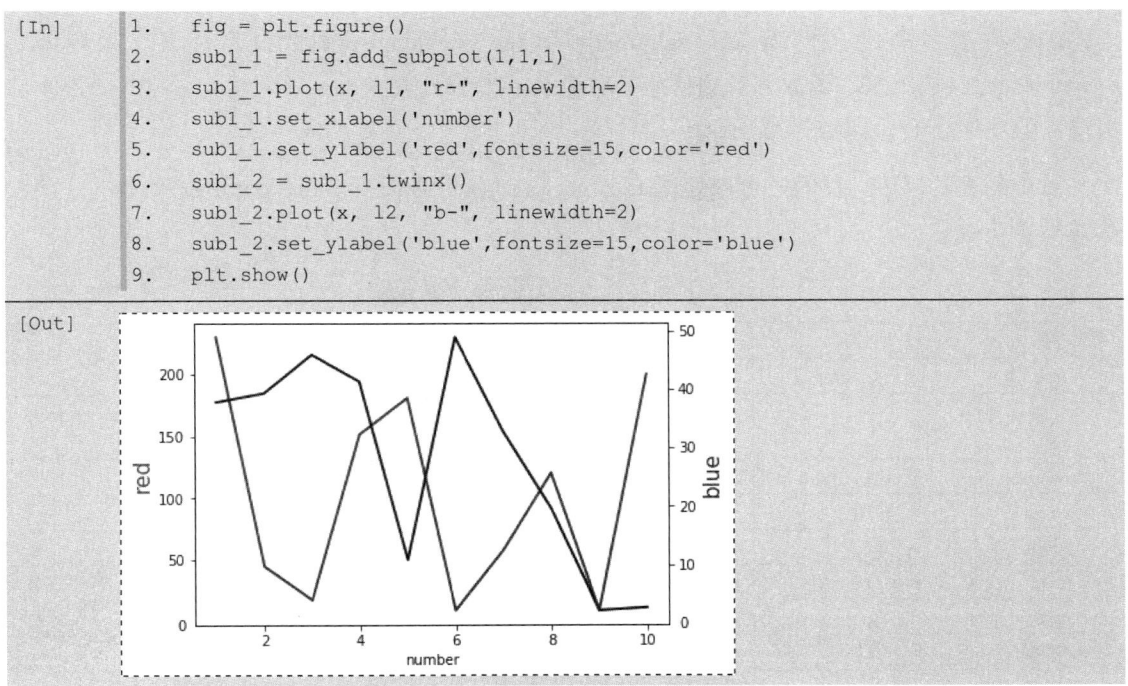

在此基础上，我们还可以为坐标轴添加标签，以更清晰地认知坐标轴的意义，可以使用 set_xlabel()和 set_ylabel()。具体示例如下。

[In]
```
1.    fig = plt.figure()
2.    sub1_1 = fig.add_subplot(1,1,1)
3.    sub1_1.plot(x, l1, "r-", linewidth=2)
4.    sub1_1.set_xlabel('number')
5.    sub1_1.set_ylabel('red',fontsize=15,color='red')
6.    sub1_2 = sub1_1.twinx()
7.    sub1_2.plot(x, l2, "b-", linewidth=2)
8.    sub1_2.set_ylabel('blue',fontsize=15,color='blue')
9.    plt.show()
```

[Out]

坐标轴的刻度也可以通过 set_xticks()和 set_yticks()函数进行自定义。如果还有更进一步的需求，可以使用 set_xticklabels()和 set_yticklabels()函数设定标签来代替刻度上显示的数字。具体操作参考以下示例。

```
[In]  1.  fig = plt.figure()
      2.  sub1 = fig.add_subplot(1,1,1)
      3.  sub1.plot(x, l1, "r-", linewidth=2)
      4.  sub1.set_xticks([0,2.5,5,7.5,10])
      5.  sub1.set_yticks([0,50,100,150,200])
      6.  sub1.set_yticklabels(['zero','fifty','hundred','hundred fifty','two hundred'])
      7.  plt.show()
```

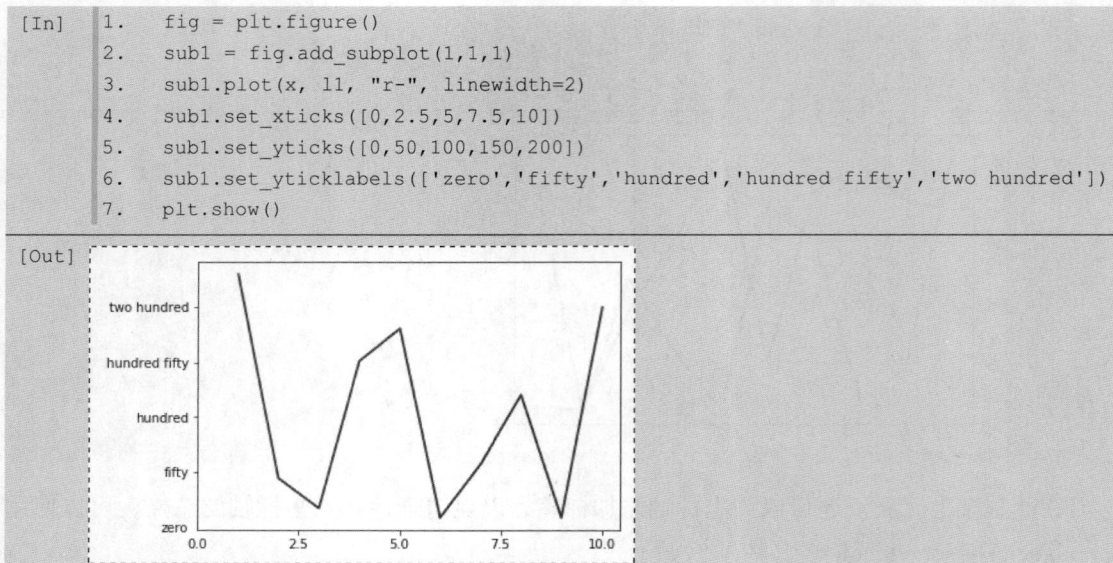

需要注意的是，若使用 set_xticklabels() 和 set_yticklabels() 函数设定标签，最好配合 set_xticks()、set_yticks() 函数来对应使用，对应组的参数列表中元素需对应；否则，虽然不会报错，但可能会产生错位等影响。

对于刻度的修改，我们还可以使用 tick_params() 函数来设置。tick_params() 函数的主要参数详见表 7-4。

表 7-4　tick_params() 函数配置参数

参数	取值	说明
axis	x、y、both	指定 x 轴、y 轴或两者一起
which	major、minor、both	指定主刻度、辅助刻度或两者一起，其中若是使用辅助刻度还需要配合 minorticks_on() 来显示
direction	in、out、inout	坐标轴的方向朝向是坐标轴围成的矩形内还是外，或是内外贯穿
length	数值	长度
width	数值	宽度
color	red、blue 等	颜色
pad	数值	标签和刻度的距离
labelsize	数值	标签大小
labelcolor	red、blue 等	标签颜色
top	on、off	是否绘制在矩形的上边，默认 off
bottom	on、off	是否绘制在矩形的下边，默认 on
left	on、off	是否绘制在矩形的左边，默认 on
right	on、off	是否绘制在矩形的右边，默认 off

具体操作参考以下示例。

```
[In]  1.  fig = plt.figure()
      2.  sub1 = fig.add_subplot(1,1,1)
      3.  sub1.plot(x, l1, "r-", linewidth=2)
      4.  sub1.minorticks_on()
      5.  sub1.tick_params(axis='x',
      6.          which='major',
      7.          direction='inout',
      8.          length=15,
      9.          width=5,
      10.         color='red',
      11.         pad=10,
      12.         labelsize=15,
      13.         labelcolor='green')
      14. sub1.tick_params(axis='x',
      15.         which='minor',
      16.         bottom='off')
      17. sub1.tick_params(axis='y',
      18.         which='major',
      19.         direction='inout',
      20.         length=15,
      21.         color='red',
      22.         labelcolor='blue')
      23. sub1.tick_params(axis='y',
      24.         which='minor',
      25.         direction='out',
      26.         length=10,
      27.         color='red')
      28. plt.show()
```

[Out]

使用 grid() 函数可以绘制表格线，同样有与刻度线类似的参数 which、axis、color，还有 linestyle 和 linewidth 用于定义线条类型和宽度。具体示例如下。

```
[In]  1.  fig = plt.figure()
      2.  sub1 = fig.add_subplot(1,1,1)
      3.  sub1.plot(x, l1, "r-", linewidth=2)
      4.  sub1.minorticks_on()
      5.  sub1.grid(axis='y',
      6.       which='both',
      7.       color='blue',
      8.       linestyle='--',
      9.       linewidth=1)
     10.  plt.show()
```

[Out]

图例也是图形中重要的提示，我们使用 legend()函数来添加图例，详见如下示例。

```
[In]  1.  fig = plt.figure()
      2.  sub1 = fig.add_subplot(1,1,1)
      3.  sub1.plot(x, l1, "r-", linewidth=2, label='TV')
      4.  sub1.plot(x, l2, "b-", linewidth=2, label='Radio')
      5.  sub1.legend()
      6.  plt.show()
```

[Out]

对于图例的位置，最简单的定位方式就是通过 loc 参数。在单独使用 loc 参数时，该参数将提供图例的 10 个位置选项，填写文字与对应数字均可，详见表 7-5。

表 7-5　loc 参数配置参数

取值	对应数字	说明
best	0	自动选择空白最多的最佳位置
upper right	1	右上角
upper left	2	左上角
lower left	3	左下角
lower right	4	右下角
right	5	右边中间
center left	6	左边中间
center right	7	右边中间（同 5）
lower center	8	下边中间
upper center	9	上边中间
center	10	中心

具体操作参考以下示例。

```
[In]  1.  fig = plt.figure()
      2.  sub1 = fig.add_subplot(1,1,1)
      3.  sub1.plot(x, l1, "r-", linewidth=2, label='TV')
      4.  sub1.plot(x, l2, "b-", linewidth=2, label='Radio')
      5.  sub1.legend(loc='center right')
      6.  plt.show()
```

[Out]

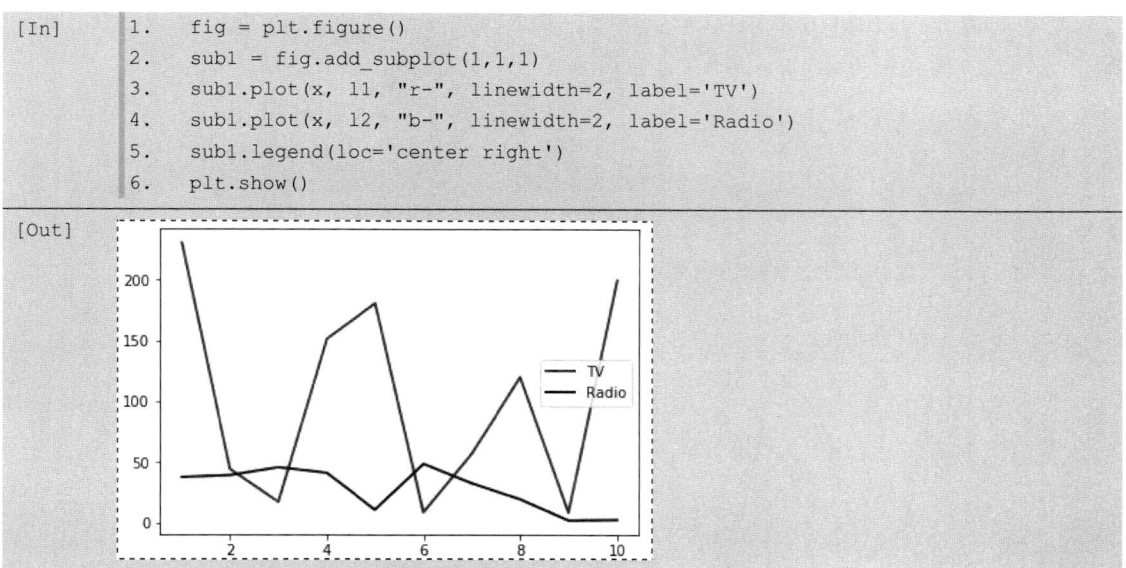

若想要将图例放到更具体的位置或者矩形的外侧，可以使用 bbox_to_anchor 参数来定义位置。这时 loc 代表图例的定位点，bbox_to_anchor 代表绘制点的坐标，比如 loc 为"upper left"，bbox_to_anchor=(1,1)代表在坐标(1,1)点定位图例的左上角并把图例放在该位置。此外还有一个 borderaxespad 参数，该参数默认为 0.5，代表图框边界和图例边界之间的距离。可以看到由于前面的示例中没有设置这个参数，因此图例与矩形边界有一点距离。

现在，我们将图例放在矩形的右上角外侧，参考以下示例。

[In]
```
1.  fig = plt.figure()
2.  sub1 = fig.add_subplot(1,1,1)
3.  sub1.plot(x, l1, "r-", linewidth=2, label='TV')
4.  sub1.plot(x, l2, "b-", linewidth=2, label='Radio')
5.  sub1.legend(loc='upper left',bbox_to_anchor=(1,1),borderaxespad=0)
6.  plt.show()
```

[Out]

图的标题是通过 set_title()函数来设置的，使用该参数来设置标题，会默认设置在图的中间上方外侧，参考以下示例。

[In]
```
1.  fig = plt.figure()
2.  sub1 = fig.add_subplot(1,1,1)
3.  sub1.plot(x, l1, "r-", linewidth=2, label='TV')
4.  sub1.set_title('TV')
5.  plt.show()
```

[Out]

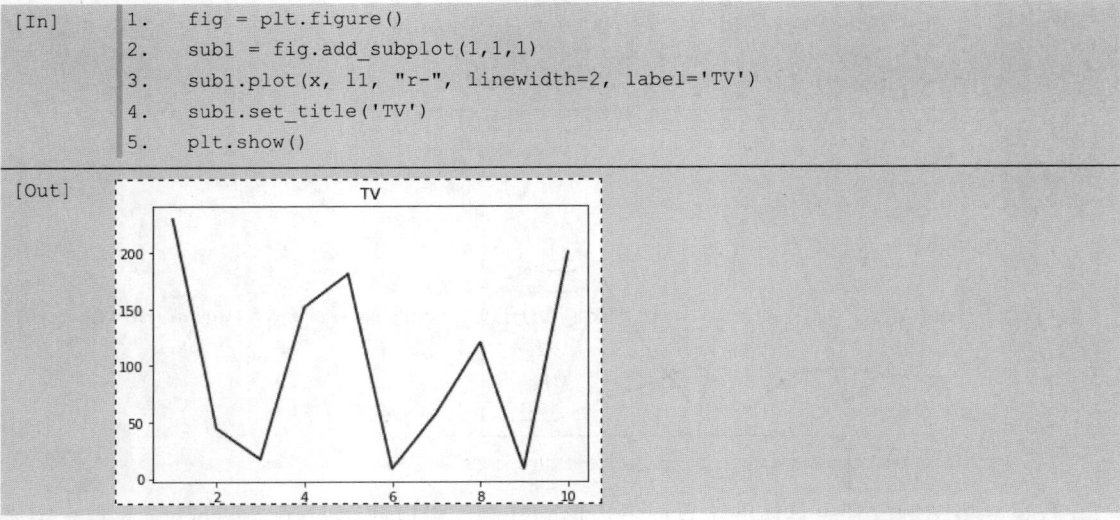

对于最外层的 figure，可以使用 suptitle()函数来设置标题，同样是位于居中位置。参考以下示例。

[In]
```
1.  fig = plt.figure()
2.  sub1 = fig.add_subplot(1,1,1)
```

```
3.    sub1.plot(x, l1, "r-", linewidth=2, label='TV')
4.    sub1.set_title('TV')
5. fig.suptitle('advertise')
6. plt.show()
```

[Out]

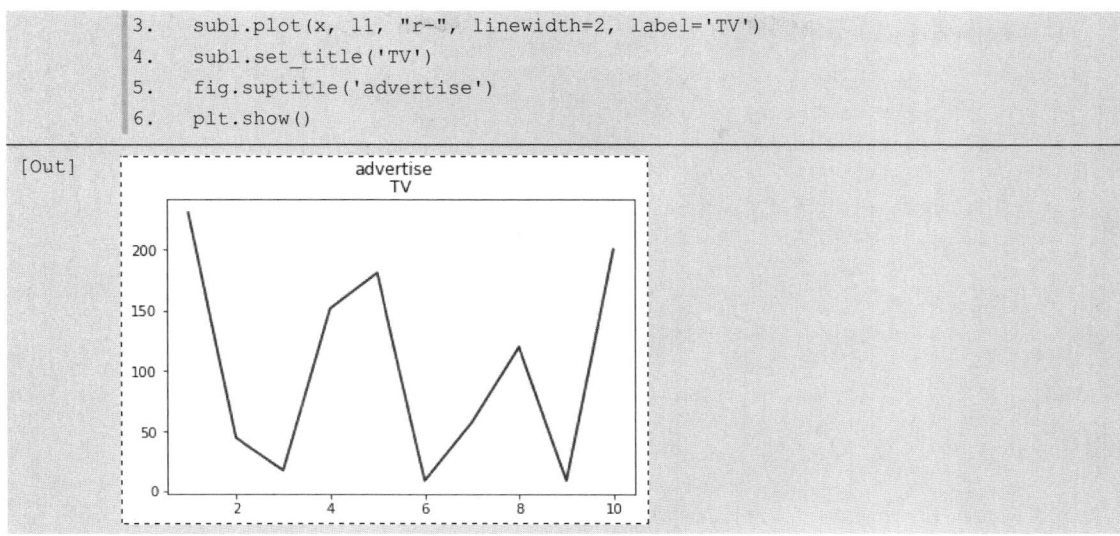

7.2.3 图形的设置

在之前的章节中,我们经常会进行颜色的调整和线条的设置,接下来本节会更详细地介绍颜色设置和线条设置。

首先,颜色设置在绘制图形中主要有 3 类:color、facecolor 和 edgecolor。其中,facecolor 代表背景填充颜色,edgecolor 是边框的颜色,这两者主要是针对线段围成的图形使用,而 color 代表包含前两者的全部,线段直接使用 color 较多,图形要分开使用,具体的使用示例可以参考 7.1.6 节。除了设置颜色的参数外,我们还可以通过 alpha 参数设置透明度,这一参数在 7.1.3 节的气泡图部分使用过。

对于颜色的设置,在之前的章节中,我们使用过"red"或者"r",其他常用颜色形式详见表 7-6。

表 7-6 颜色设置参数

名称	示例
Matplotlib 颜色简写	r、y、b、g
RGB 颜色码	(0.1,0,0.5) (全部为 0~1 的值)
十六进制颜色码	#ffd706、#3456b2
HTML 颜色名称	red、yellow、blue、green
CSS 颜色名称	Red、Yellow、Blue、Green

具体操作参考以下示例。

```
[In]  1.  import os
      2.  import pandas as pd
      3.  import matplotlib.pyplot as plt
      4.  path = "dataset/advertising.csv"
      5.  data = pd.read_csv(path, sep=',')
      6.  df = data.head(10)
      7.  l1 = list(df['TV'])
      8.  l2 = list(df['Radio'])
      9.  l3 = list(df['Newspaper'])
      10. l4 = list(df['Sales'])
      11. x = [1,2,3,4,5,6,7,8,9,10]
      12. plt.figure()
      13. plt.plot(x, l1, color='r', linewidth=2)
      14. plt.plot(x, l2, color=(0.1,0,0.5), linewidth=2)
      15. plt.plot(x, l3, color='#ffd700', linewidth=2)
      16. plt.plot(x, l4, color='Green', linewidth=2)
      17. plt.show()
```

[Out]

Matplotlib 还提供了内置的颜色映射模块 cm（colormap）。在调用之前，还需要先引入该模块，详见以下示例。

```
import matplotlib.cm as cm
```

cm 的具体使用方法见如下示例，其中 spring 和 winter 都是 cm 模块 160 个颜色映射中的一部分，每一部分是一个颜色渐变条，通过 0～1 的数值来定位颜色在该部分的位置。spring 和 winter 的颜色渐变条如图 7-2 所示。

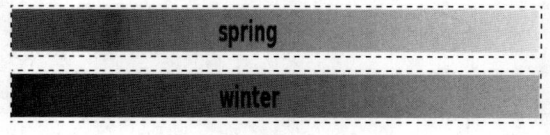

图 7-2　颜色渐变条

具体操作参考以下示例。

```
[In]  1.  plt.figure()
      2.  plt.plot(x, l1, color=cm.spring(0.5), linewidth=2)
      3.  plt.plot(x, l2, color=cm.winter(0.8), linewidth=2)
      4.  plt.show()
```

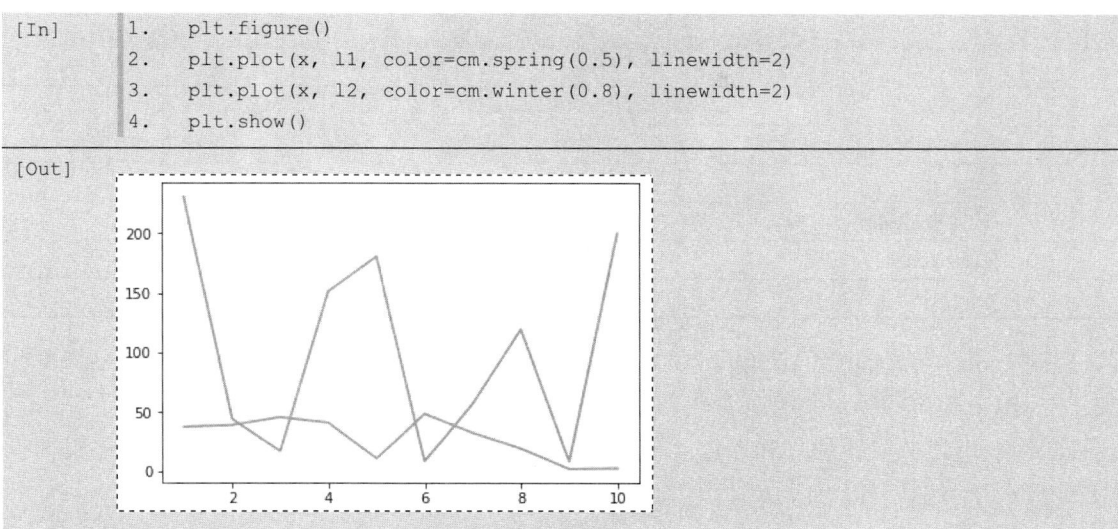

在绘制散点图时若想设置颜色渐变，我们可以使用 cmap 参数，通过将 x 或 y 赋值给颜色参数 c，结合 cmap 参数的颜色映射，能够将 x 或 y 的数值变化反映到颜色上。具体操作参考以下示例。

```
[In]  1.  plt.figure()
      2.  plt.scatter(x, l1, c=l1, cmap=cm.spring_r)
      3.  plt.show()
```

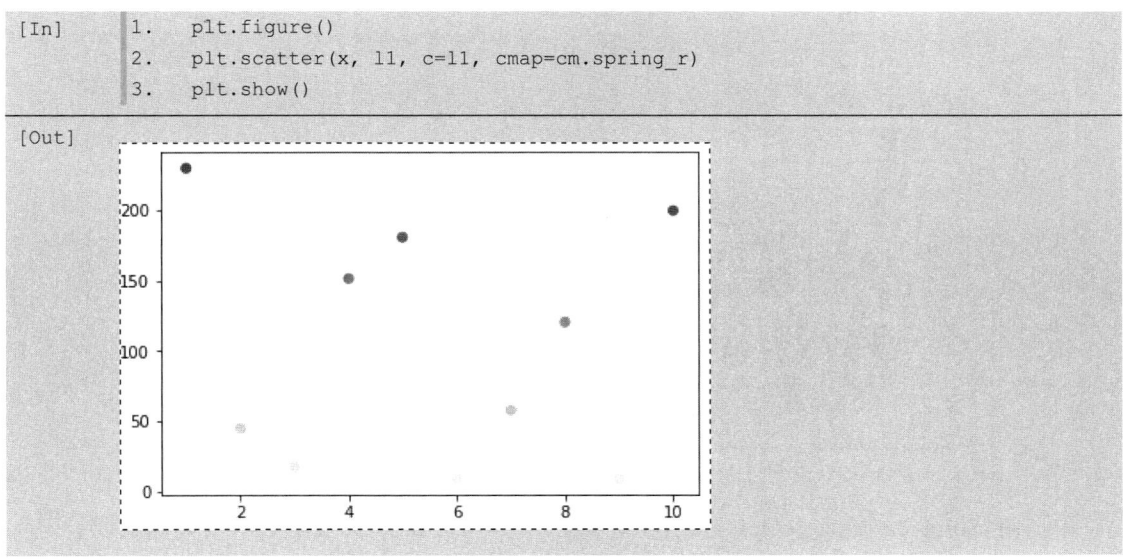

对于线段的设置，详见表 7-7。

表 7-7 线段设置参数

参数	说明
color	颜色
linewidth	宽度
linestyle	类型
solid_capstyle	线条端点处的形状
solid_joinstyle	线条连接处（拐点）的形状
dash_capstyle	虚线端点处的形状
dash_joinstyle	虚线连接处（拐点）的形状

其中 color 与之前的介绍相同，同样可以使用 alpha 设定透明度，linewidth 设定线条的粗细，linestyle 设定线条的类型，常用形式有"solid""dashed""dashdot""dotted"，它们分别代表实线、虚线、虚线加点和点这 4 种形式，也可以用"-""--""-.""."来设定。具体操作参考以下示例。

```
[In]  1.  import numpy as np
      2.  plt.figure()
      3.  x=np.array(x)
      4.  plt.plot(x, l1, color='b', linestyle='solid', linewidth=2)
      5.  plt.plot(x+0.5, l1, color='r', linestyle='--', linewidth=5)
      6.  plt.plot(x+1, l1, color='k', linestyle='-.', linewidth=10)
      7.  plt.plot(x+1.5, l1, color='g', linestyle='dotted', linewidth=6)
      8.  plt.show()
```

[Out]

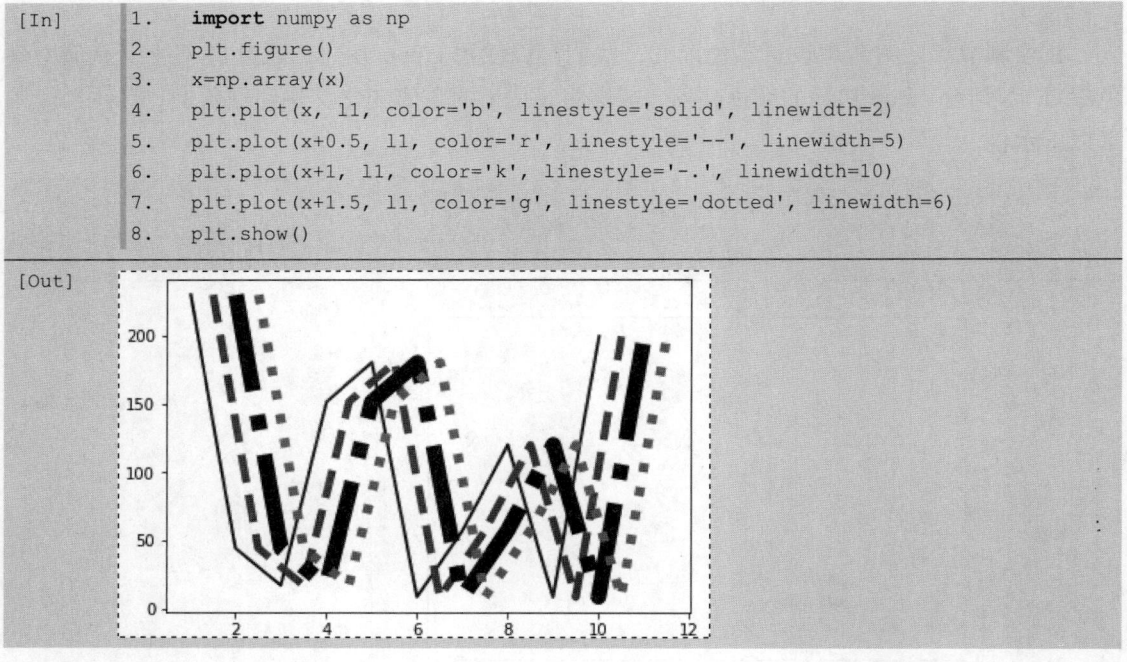

剩余的 solid_capstyle、solid_joinstyle、dash_capstyle、dash_joinstyle 参数分别用于设定实线和虚线的头部和连接处（拐点）格式。其中两个 capstyle 参数设定头部形式，参数可填写"butt"（默认）、"round""projecting" 3 种，分别代表垂直切面、半圆头部和添加长度为线宽一半的矩形作为头部。具体操作参考以下示例。

```
[In]   1.  x=[1,2,3,4,5]
       2.  y=[5,5,5,5,5]
       3.  y=np.array(y)
       4.  plt.plot(x, y, color='b',solid_capstyle='butt', linewidth=15)
       5.  plt.plot(x, y+0.2, color='r',solid_capstyle='round', linewidth=15)
       6.  plt.plot(x, y+0.4, color='k',solid_capstyle='projecting', linewidth=15)
       7.  plt.show()
```

[Out]

两个 joinstyle 定义连接处（拐点）的形状，可以设定为"miter"（默认）、"round""bevel"，分别代表斜角、圆角和切角。具体操作参考以下示例。

```
[In]   1.  df=data.head()
       2.  x=np.array([1,2,3,4,5])
       3.  l1 = list(df['TV'])
       4.  plt.figure()
       5.  plt.plot(x, l1, color='r', dash_joinstyle='miter', linestyle='--', linewidth=10)
       6.  plt.plot(x+1, l1, color='r', dash_joinstyle='round', linestyle='--', linewidth=10)
       7.  plt.plot(x+2, l1, color='r', dash_joinstyle='bevel', linestyle='--', linewidth=10)
       8.  plt.show()
```

[Out]

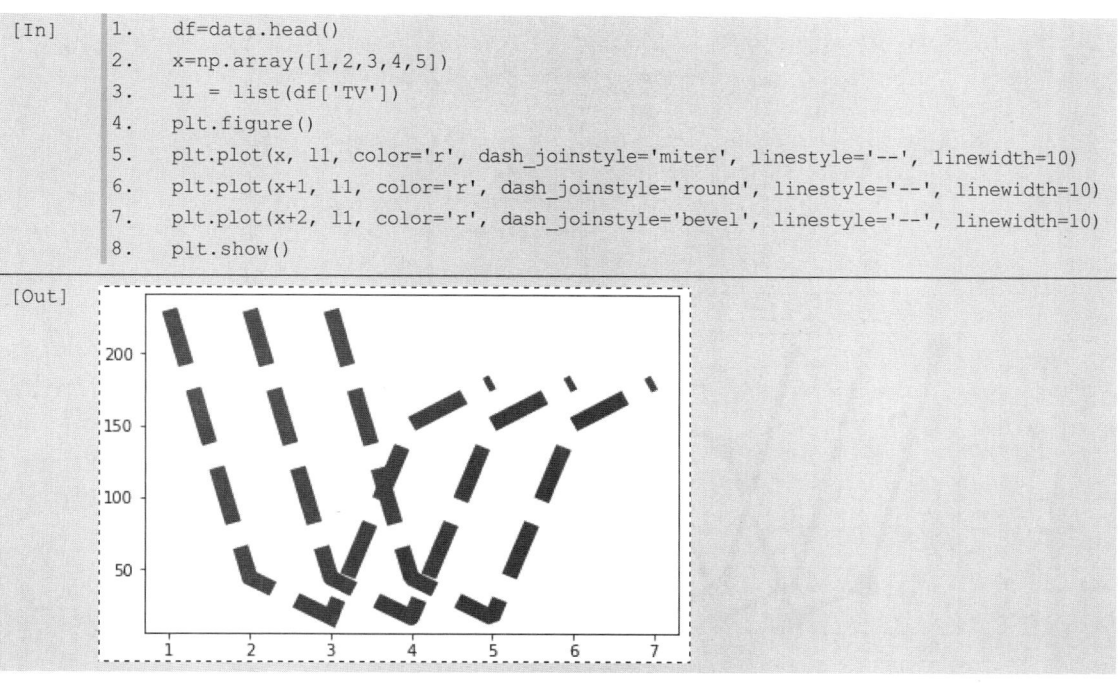

在 7.1.1 节，我们还使用"ro"绘制了点，在点的选择上，常用的 marker 可选参数详见表 7-8。

表 7-8　marker 可选参数

参数	说明
o	实心点
^	正立的三角形
+	加号
*	星号
×	叉号
s	矩形
d	菱形

具体操作参考以下示例。

```
[In]  1.  l1 = list(df['TV'])
      2.  l2 = list(df['Radio'])
      3.  l3 = list(df['Newspaper'])
      4.  l4 = list(df['Sales'])
      5.  x=np.array([1,2,3,4,5])
      6.  plt.figure()
      7.  plt.plot(x, l1, color='r', linestyle='-', linewidth=5)
      8.  plt.plot(x, l1, "ro", markersize=15)
      9.  plt.plot(x+1, l1, color='b', linestyle='-', linewidth=5)
      10. plt.plot(x+1, l1, "bx", markersize=15)
      11. plt.plot(x+2, l1, color='k', linestyle='-', linewidth=5)
      12. plt.plot(x+2, l1, "k^", markersize=15)
      13. plt.show()
```

[Out]

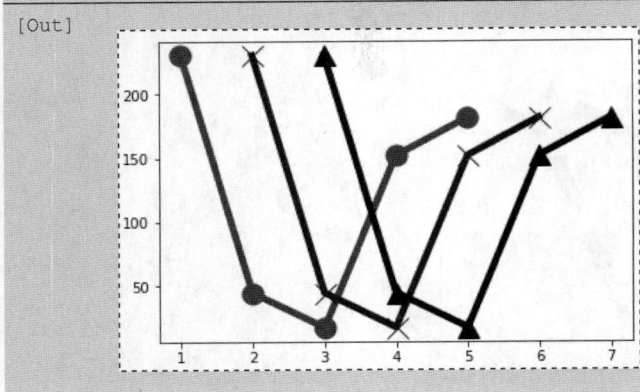

7.2.4 图表分享

在绘制完后，如果需要保存图形，可以使用 savefig() 函数，注意该函数是用于保存 figure，不是 subplot。

该函数有几个重要参数：首先是文件的路径和文件类型 format。而如果文件路径中带有文件的类型，如 save.jpg，那么函数会自动判断保存的文件类型，此时便不需要 format。之后是用 dpi 参数定义图片的分辨率。最后也是最重要的参数 bbox_inches 用于定义输出图形的大小。不过这个参数一般我们将其设定为 "tight"，这样函数会删除不必要的空白而保存最大的完整图形。具体操作参考以下示例。

[In]
```
1.  fig = plt.figure()
2.  sub1 = fig.add_subplot(1,1,1)
3.  sub1.plot(x, l1, "r-", linewidth=2, label='TV')
4.  plt.savefig('saveplt.jpg', dpi=200, bbox_inches = 'tight')
```

[Out]　　saveplt.jpg

savefig() 函数在保存时也会提供 show() 函数显示的功能，因此若需要大量保存文件，为了不让大量图形显示，在引入 Matplotlib 包时可以使用以下设置。

```
1.  import matplotlib
2.  matplotlib.use('Agg')
```

7.3　可视化拓展

除了基础的可视化方法设置，本节还将介绍更加复杂的 3 种可视化，进行可视化的拓展，以更清晰简便地观察数据。

7.3.1　3D 图

在基础的二维绘图基础上，如果需要绘制 3D 图形，不仅需要引入 Matplotlib 包还需要用到相应的库。

```
from mpl_toolkits.mplot3d.axes3d import axes3d
```

在绘制 3D 图形时，可以使用 Axes3D()函数来创建一个第三维的轴。示例如下。

```
1.  fig = plt.figure()
2.  ax = Axes3D(fig)
```

或者使用 projection='3d'参数设置来创建。区别在于前者多用于直接在 figure 上绘图，而后者一般配合着 add_subplot()函数来使用。示例如下。

```
1.  fig = plt.figure()
2.  ax = fig.add_subplot(111, projection='3d')
```

在进行完包的引入和 3D 画布的设置后，直接使用前文介绍过的绘图函数进行绘制即可。下面用广告数据集来绘制一个 3D 的散点图，以 "TV" "Radio" 和 "Newspaper" 作为 3 个坐标轴，以 "Sales" 来设置颜色，以颜色深浅来表示值的大小。具体操作参考以下示例。

[In]
```
1.  import pandas as pd
2.  import matplotlib.pyplot as plt
3.  from mpl_toolkits.mplot3d import axes3d
4.  path = "dataset/advertising.csv"
5.  df = pd.read_csv(path, sep=',')
6.  l1 = list(df['TV'])
7.  l2 = list(df['Radio'])
8.  l3 = list(df['Newspaper'])
9.  l4 = list(df['Sales'])
10. fig = plt.figure()
11. ax = Axes3D(fig)
12. ax.scatter(l1, l2, l3, c=l4, marker='.', s=50)
13. plt.show()
```

[Out]

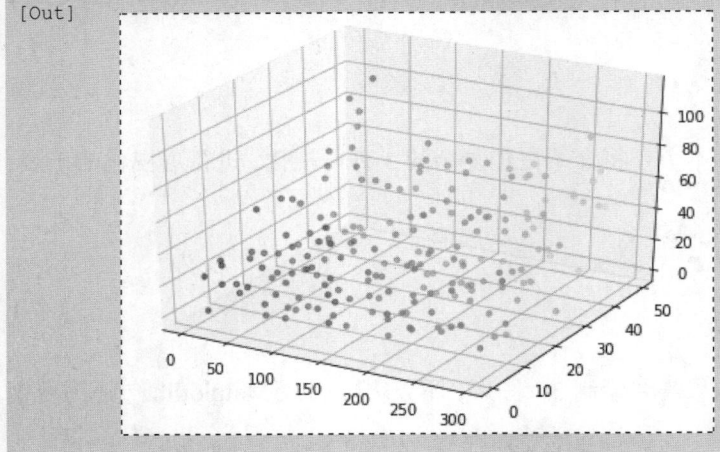

使用 subplot 进行设置的代码如下。

```
[In]    1.  fig = plt.figure()
        2.  ax = fig.add_subplot(111, projection='3d')
        3.  ax.scatter(l1, l2, l3, c=l4, marker='.', s=50)
        4.  plt.show()
```

[Out]

在设置 x、y、z 轴标签时，可以使用 set_xlabel()、set_ylabel()、set_zlabel()函数，具体参考以下示例。

```
[In]    1.  fig = plt.figure()
        2.  ax = fig.add_subplot(111, projection='3d')
        3.  ax.scatter(l1, l2, l3, c=l4, marker='.', s=50)
        4.  ax.set_xlabel('TV')
        5.  ax.set_ylabel('Radio')
        6.  ax.set_zlabel('Newspaper')
        7.  plt.show()
```

[Out]

对于其他类型的图，也是同样道理，接下来使用数据集前 10 条数据绘制 3D 折线图。具体参考以下示例。

```
[In]    1.  df = data.head(10)
        2.  l1 = list(df['TV'])
        3.  l2 = list(df['Radio'])
        4.  l3 = list(df['Newspaper'])
```

```
5.   l4 = list(df['Sales'])
6.   x = [1,2,3,4,5,6,7,8,9,10]
7.   fig = plt.figure()
8.   ax = Axes3D(fig)
9.   ax.plot(x, l1, l4, label='TV')
10.  ax.plot(x, l2, l4, label='Radio')
11.  ax.plot(x, l3, l4, label='Newspaper')
12.  plt.legend()
13.  plt.show()
```

[Out]

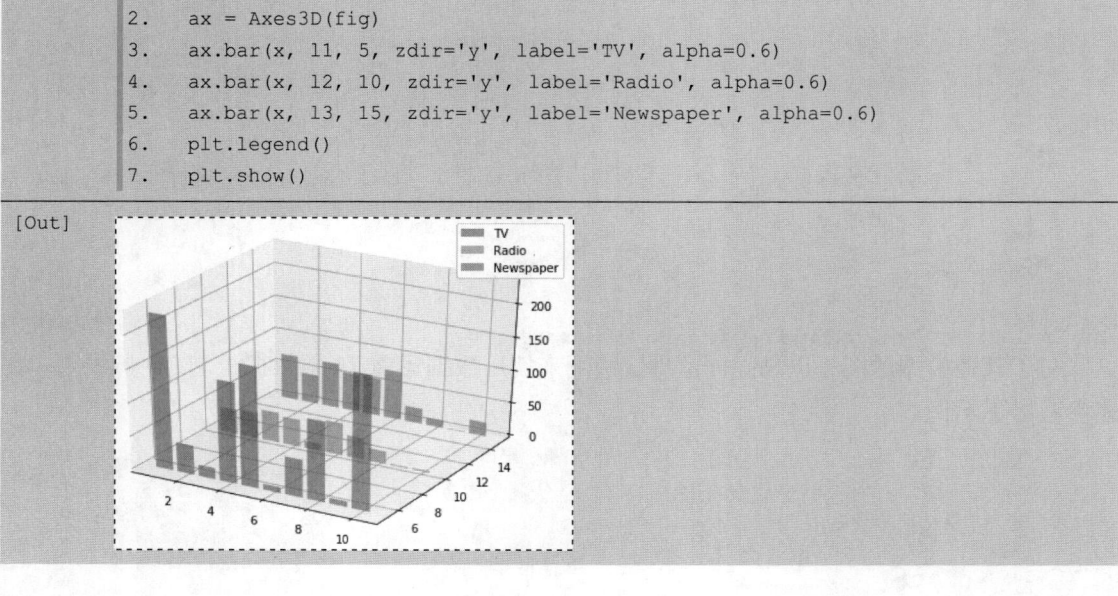

3D 的柱状图不常用，因为它其实最常用的就是通过 zdir 参数进行平面压缩，以 x 轴或 y 轴为标签，通过多层显示绘制柱状图。这其实与多个柱的柱状图功能相仿，同样的压缩方式在折线图中也可使用。

[In]
```
1.   fig = plt.figure()
2.   ax = Axes3D(fig)
3.   ax.bar(x, l1, 5, zdir='y', label='TV', alpha=0.6)
4.   ax.bar(x, l2, 10, zdir='y', label='Radio', alpha=0.6)
5.   ax.bar(x, l3, 15, zdir='y', label='Newspaper', alpha=0.6)
6.   plt.legend()
7.   plt.show()
```

[Out]

表面图是 3D 绘图独有的一种方式，x 轴和 y 轴的数据决定坐标点，z 轴数据决定坐标点对应的高度。使用 plot_surface() 函数进行绘制，该函数常用参数除了 x、y、z 之外，还有 rstride 和 cstride，分别代表行（row）的步长和列（column）的步长，体现在图中就是网格的大小，即图形的细致程度。如前文中讲到，cmap 运用了颜色映射，能够根据 z 轴高度体现颜色的变化，更明显地反映数据分布。下面使用库自带的 axes3d.get_test_data() 函数生成数据进行展示。具体操作参考以下示例。

```
1.    X, Y, Z = axes3d.get_test_data()
2.    fig = plt.figure()
3.    ax = Axes3D(fig)
4.    ax.plot_surface(X, Y, Z, rstride=1, cstride=1, cmap=plt.get_cmap('rainbow'))
5.    plt.show()
```

[Out]

还有一种与表面图相似的线框图，使用 plot_wireframe() 函数绘制。其参数与表面图相同，只是不需要设置颜色映射，绘制出的效果也与表面图非常相似。具体参考以下示例。

```
1.    fig = plt.figure()
2.    ax = Axes3D(fig)
3.    ax.plot_wireframe(X, Y, Z, rstride=5, cstride=5)
4.    plt.show()
```

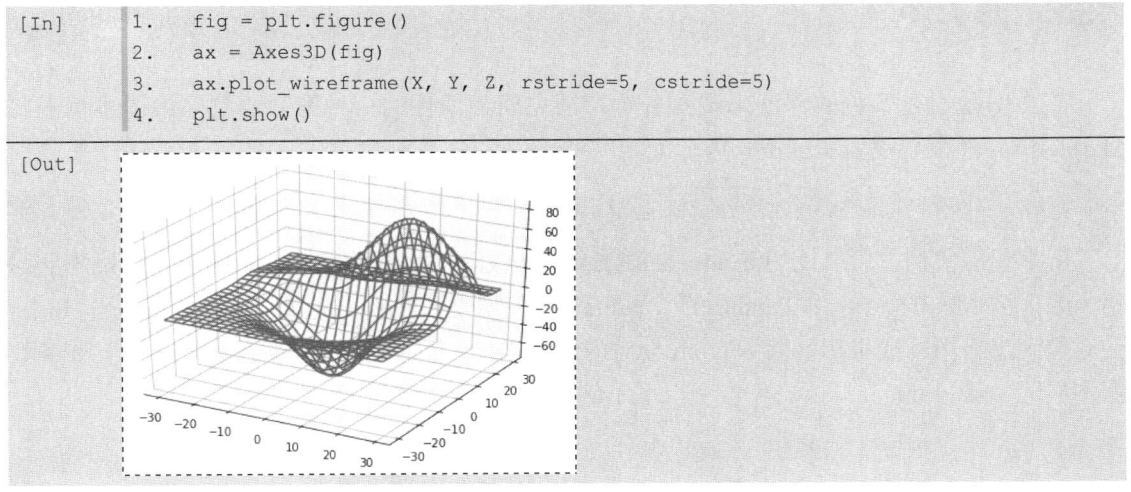

在绘制等高线的时候，我们可以使用 ax.contour()函数。此时需要定义两个重要参数：一个是 zdir，该参数用于投影压缩；另一个是 offset。如果不设置该参数，那么绘制的等高线效果不明显，因此要设置该参数以便让等高线偏移到坐标轴围成的平面上，具体的偏移量可以根据形成图形的坐标轴来调整。此外，我们使用颜色映射 cmap 能够更明显地反映变化。具体操作参考以下示例。

```
[In]  1.  fig = plt.figure()
      2.  ax = Axes3D(fig)
      3.  ax.plot_surface(X, Y, Z, rstride=1, cstride=1, cmap=plt.get_cmap('rainbow'))
      4.  cset = ax.contour(X, Y, Z, zdir='z', offset=-60, cmap=cm.coolwarm)
      5.  cset = ax.contour(X, Y, Z, zdir='x', offset=-30, cmap=cm.coolwarm)
      6.  cset = ax.contour(X, Y, Z, zdir='y', offset=30, cmap=cm.coolwarm)
      7.  plt.show()
```

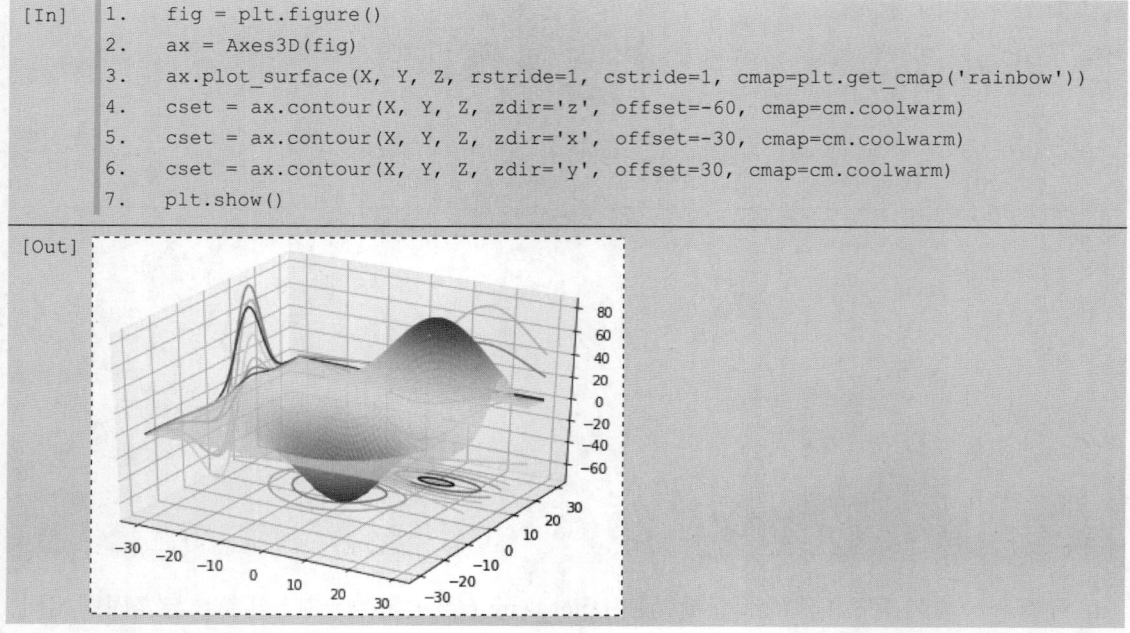

7.3.2 热力图

热力图是通过颜色的深浅来观察各个特征之间相似性的一种图。绘制热力图不仅需要 Matplotlib，还需要引入 seaborn 包。

```
import seaborn as sns
```

引入包后我们就可以使用 heatmap()函数绘制热力图了。函数使用的数据是一个矩阵数据集，包括 NumPy 的 array 和 Pandas 的 DataFrame。如果是 DataFrame，那么 DataFrame 的 index 会对应到热力图的横坐标，而 column 会对应到纵坐标。下面仍使用广告数据集的前 10 条数据构成的 DataFrame。具体操作参考以下示例。

```
[In]  1.  import matplotlib.pyplot as plt
      2.  import seaborn as sns
```

```
3.  import pandas as pd
4.  path = "dataset/advertising.csv"
5.  data = pd.read_csv(path, sep=',')
6.  df = data.head(10)
7.  sns.heatmap(df)
8.  plt.show()
```

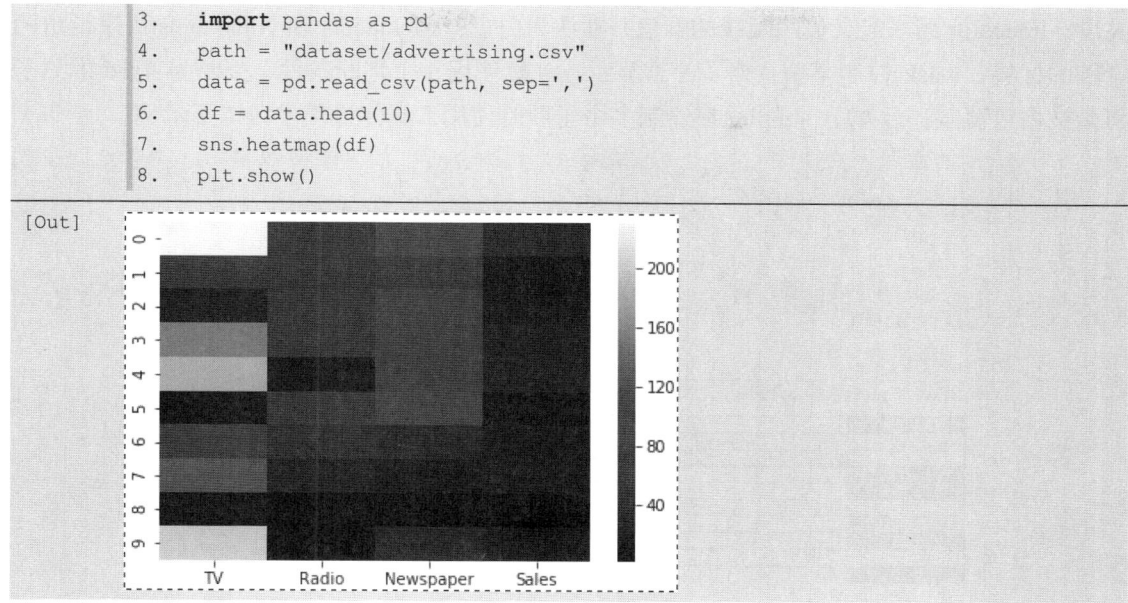

想要改变热力图的颜色和刻度，需要注意以下参数：vmax、vmin 定义刻度的最大值和最小值；如前文所述，cmap 用于颜色映射，center 用于定义热力图的色彩中心所对应的的值。调整这些值就相当于上下移动刻度轴上的颜色条，能够使热力图的颜色整体变化。具体操作如下所示。

```
1.  sns.heatmap(df, vmax=100, vmin=0, cmap='Reds', center=50)
2.  plt.show()
```

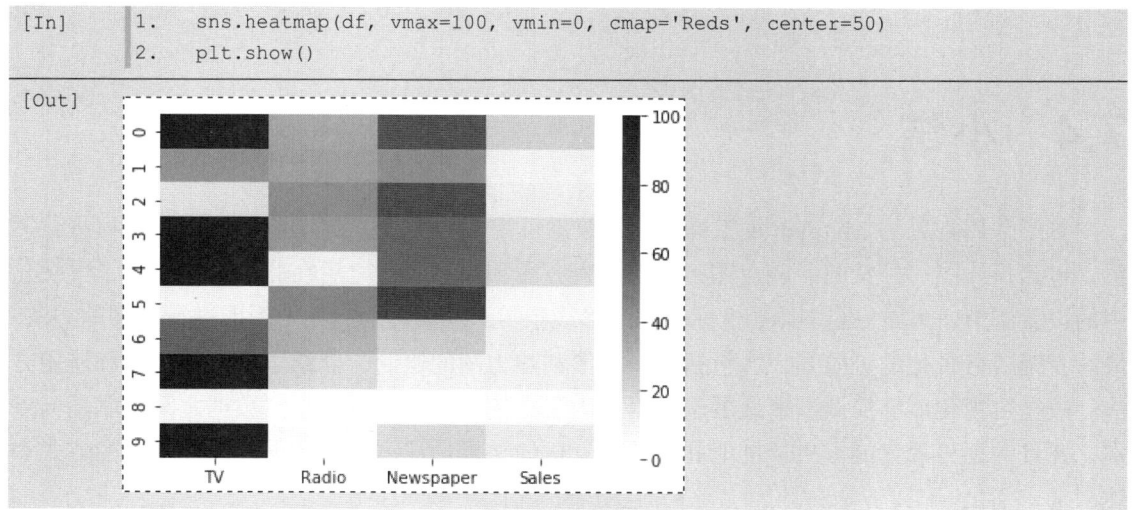

此外，还有一些常用的参数：其中 robust 默认取值 False，如果设置为 True，则会使用健壮性强的分位数来设定热力图的颜色映射范围；linewidths 用来定义格子与格子之间的间距线

宽度，linecolor 用来定义该间距线的颜色，默认为白色；xticklabels 和 yticklabels 用来设定两个轴的标签；mask 控制某一个格子是否显示，一般使用一个判断条件，判断为 True 的格子将会被白色覆盖；ax 配合 subplot 在绘制多个子图时使用。具体操作参考以下示例。

```
[In]
1. fig, sub = plt.subplots(2)
2. sns.heatmap(df, linewidths = 0.1, linecolor='b', ax = sub[0], robust=True, cmap='Reds', xticklabels=[])
3. y=[1,2,3,4,5,6,7,8,9,10]
4. sns.heatmap(df, ax = sub[1], vmax=100, vmin=0, cmap='rainbow', yticklabels=y, mask=(df>150))
5. plt.show()
```

[Out]

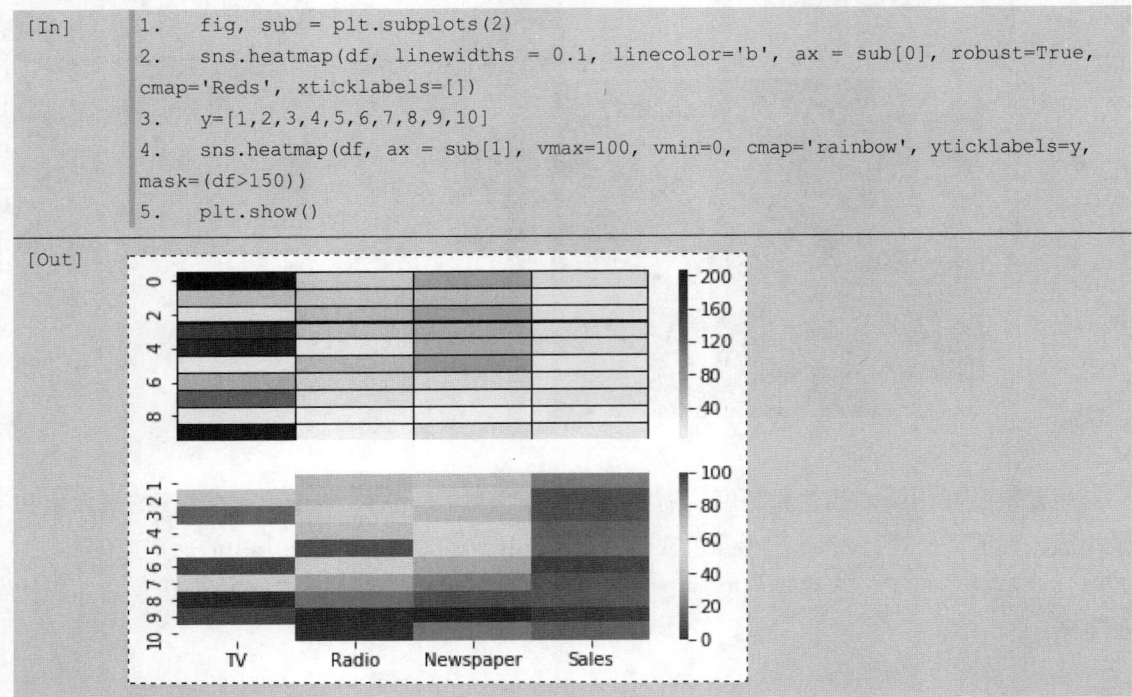

7.4 小结

本章采用常见的 Matplotlib 工具介绍了数据可视化的知识。首先是基础的 6 种可视化图形，包括折线图、柱状图、散点图、饼图、直方图和箱型图；之后在此基础上介绍了可视化中的设置细节，例如一图多画、坐标轴和图形线条等，以及对绘制完的图形进行保存的方法；最后介绍了可视化的进阶知识，包括 3D 图形和热力图的绘制，介绍了它们的作用和使用方法。数据可视化能够简洁清晰地展示数据的内涵，使我们更直观地观察数据之间的联系与差别，并且数据可视化能够更透彻地展现数据分析的结果，让冰冷的数据以更多样化的方式表达出来。

第三部分
机器学习与金融建模

- 第 8 章　机器学习
- 第 9 章　scikit-learn
- 第 10 章　产品销售预测模型实例
- 第 11 章　信用评分模型实例
- 第 12 章　反欺诈模型实例

第 8 章 机器学习

机器学习（Machine Learning）是金融科技领域最常使用的技术之一，旨在指导计算机从数据中自动学习某种知识，并应用到新的未知数据上。通过本书前面章节的学习，相信读者已经熟练掌握了 Jupyter Notebook 的使用和数据加工处理的基本技能。在本章中，我们将介绍机器学习基础概念和常用的机器学习模型，帮助读者对不同类型的机器学习模型建立起简单的认识，并了解它们的差异以及使用场景。

在这一章里，我们将探讨以下主题。

- 机器学习的基本概念
- 机器学习的算法分类
- 机器学习的常用模型

8.1 机器学习概述

在现实世界中，人们是根据庞杂的信息做出决策判断，判断之后得到结果的反馈，从而形成某种经验，再利用经验对新的问题做出预测。机器学习是让计算机进行类似"决策"的过程，它建立在严谨的数学理论基础上。目前机器学习中最主流的一类方法是将机器学习问题看作统计推断的问题，让模型"学习"已有的"经验"后，再进行判断。从某种程度上看，计算机就像人一样，学习到了一定的经验，并运用这些经验做出决策。

8.1.1 基本概念

1950年，阿兰·图灵（Alan Turing）发表了题名为《计算机与智能》的论文，讨论了创造一种智能机器的可能性，并提出著名的"图灵测试"。1956年的达特茅斯会议上"人工智能"被提出并作为本研究领域的名称，从此开启了人工智能跌宕起伏几十年的发展历程。1997年汤姆·米切尔（Tom Mitchell）在定义机器学习时提到"机器学习是对能通过经验自动改进的计算机算法的研究"。机器学习作为一种实现人工智能的重要方法，帮助科学家们在弱人工智能领域取得了巨大的突破。

为了帮助读者快速地了解机器学习，我们挑选了机器学习中的几个基本概念进行讲解。

1. 数据集

对于机器学习，无论是哪种模型，都需要数据。数据是计算机对现实世界多个维度的观测，每一次观测都形成一条记录，记录也被称为样本，样本的集合被称为"数据集"。根据不同的使用目的，数据集还可以进一步分为"训练集""验证集"和"测试集"。训练集用于不断迭代训练模型；验证集用于对模型的训练效果进行验证，并根据验证结果不断调整模型超参数，从而得到能够合理拟合数据集的模型；而测试集用于考核训练完成的模型在客观条件下的表现和对于新数据的泛化能力。

2. 特征与标签

每一条样本数据通常都由输入和对应的输出组成。输入变量X（X表示从x_1至x_n的n维列向量，下文同理），也被称为特征或解释变量；而输出变量Y，也可以视为标签或被解释变量。特征用来从多个维度描述一条样本，从而能够让模型很好地学习数据规律，例如针对贷款客户，我们可以用"年龄""性别""职业"等特征来描述。而标签即为需要模型去预测的结果，例如该客户是优质客户还是违约客户。输入变量X和输出变量Y数据类型不限定，可以是连续的，也可以是离散的。在一些特殊的机器学习类型（比如聚类）中，可以只有输入没有输出。

3. 模型训练

机器学习首先要考虑的就是学习什么样的模型。计算机利用给定的训练集修正模型参数的过程，叫作"训练"。模型是机器学习训练数据的表现形式，可以表示为条件概率分布$\hat{P}(y|X)$或者决策函数$y=\hat{f}(X)$。训练是为了让模型不断逼近数据内在的真实规律，这叫作"拟合"。当模型对于训练数据拟合过当时，也就是模型在训练集上的表现很好，但在测试集和新数据上的表现较差，就是发生了过拟合。与之相对的，欠拟合指的是模型在训练和预测

时表现都不好的情况。

4．超参数

模型本身有许多未知的变量：一种是通过训练可以求解的，被称为参数；另一种要在训练之前设置，被称为超参数。不同的超参数，带来不同的模型预测效果。此时可以利用验证集，不断调整超参数，通过多次训练验证集获得具有强预测能力的模型。

5．模型预测

获得模型后，我们使用模型对测试集进行预测的过程叫作"模型预测"。对具体的输入进行相应的输出预测时，写作 $\hat{P}(y|X)$ 或 $y=\hat{f}(X)$。对未知的测试集的预测，是模型在数据上的推广，这种推广能力也被称为"泛化"能力。具有强泛化能力的模型，从外在表现看，就是能将旧数据中的规律运用到新数据上，前后的决策具有高度一致性。

8.1.2　机器学习算法分类

机器学习致力于从庞杂的信息中快速做出决策，解决与现实相对应的问题。而信息决策变化多端，要想为每一个决策任务都找到对应的解决方案，就需要将任务归类，分而化之。Wolpert 和 Mac-erday 在最优化理论中提出"没有免费的午餐定理"（No Free Lunch Theorem，NFLT）。该定理认为，对于基于迭代的最优化算法，不存在某种算法对所有问题（有限的搜索空间内）都有效。机器学习的算法也是如此，任何算法都有局限性，应根据不同的任务，找出相应的算法做出规划，在特定的讨论范围内，有效地学习模型。

机器学习算法种类繁多，根据训练集是否有标签可大致分为两类，即监督学习和无监督学习。

1．监督学习

从有标签训练数据中学习建立模型，可对未知的数据进行预测。

2．无监督学习

通过对无标签训练样本的学习，发掘和揭示数据集本身潜在的结构与规律。

再结合标签的取值是否连续，可以将机器学习主要算法分类大致归纳为如表 8-1 所示的内容。另外，还有"半监督学习""弱监督学习"等描述，这些概念暂时与本书无关，在此不做赘述。

表 8-1 机器学习算法分类

标签类型	监督学习	无监督学习

标签为连续数据	• 回归
	  ▪ 线性回归（Linear Regression）
	  ▪ 非线性回归（Non-Linear Regression）
		• 聚类
		  ▪ 基于距离
		  ▪ 基于密度
		  ▪ 基于树形结构
		• 降维
		  ▪ 主成分分析（PCA）
		  ▪ 线性判别分析（LDA）
		  ▪ 最近邻

标签为离散数据	• 分类
	  ▪ 最近邻（KNN）
	  ▪ 支持向量机（SVM）
	  ▪ 逻辑回归（Logistic Regression）
	  ▪ 朴素贝叶斯（Naïve Bayes）
		• 关联分析
		  ▪ Apriori
		  ▪ FP-Growth

1. 回归

现实中经常会碰到标签为连续型变量的预测问题，例如收入预测、销量预测和商品库存预测，这种问题被称为回归问题。回归是监督学习算法，目的是拟合函数 f，建立 X 到 y 的映射关系 $y=f(X)$，从而理解自变量 X 如何影响因变量 y 的变化。常用的回归模型有线性回归和非线性回归，对于求解模型的最优参数，通常通过最小化每个样本的均方误差来得出。

2. 分类

分类问题是我们生活中很常见的任务类型，主要分为二分类和多分类。其中二分类是最基本的任务，利用二分类学习器也可以解决多分类问题。分类算法也是有监督的学习算法，依赖有标签的训练集来建立模型，寻找最优参数。训练后的模型可以应用于无标签数据，用来预测每个特征所对应的离散型标签。信用评分就是一种典型的二分类任务，它只有两种类别。分类算法包括最近邻、支持向量机、逻辑回归、朴素贝叶斯等。另外分类有时可以看作回归模型的标签取值 0-1 化（正样本为 1，负样本为 0），有些模型在分类和回归上是通用的，特别是树模型，例如决策树和随机森林。

3. 聚类

聚类通过对无标签训练集内样本的相似性进行度量，试图将数据集的样本划分为若干个互不相交的类簇，从而让每个簇对应一个潜在的类别。那首要的问题是如何来度量相似性呢？有基于距离的方法，例如 K 均值聚类；也有基于密度的方法，例如密度聚类；还有基于树形结构的方法，例如层次聚类。我们可以通过考察簇的分离情况和簇的紧凑情况来评估聚类的效果。

4．降维

日常生活中我们遇到的很多数据都是高维的，每个样本包括大量的特征，给内存分配和计算能力带来了挑战，甚至降低了学习模型的性能。这种情况被称为"维数灾难"，容易导致样本稀疏和距离难计算两大难题。降维可将数据的特征维度从高维转换到低维，使数据在低维下更容易处理、更容易使用，同时也去除了数据噪声，保留了数据的有用信息。降维常用于特征预处理，模型包括主成分分析、线性判别分析和最近邻等。

5．关联分析

关联和聚类有关，也是一种无监督任务，用以在数据中发现特定类型的模式。关联分析可通过显示挖掘，发现数据中特征之间的关联规则。很多商业的推荐系统都使用了这一算法。例如，通过购物车数据进行分析，可能会发现{女性，连衣裙}⇒{手提包}这样的规则。这意味着"如果顾客为女性且购买了连衣裙，那么她可能也需要手提包"。利用该规则商业平台可将手提包推荐至首页，引导客户购买。关联规则也被称为频繁项集，需要满足一定的支持度阈值。关联分析就是挖掘频繁项集，常见的挖掘方法包括利用频繁项集单调性的 Apriori 算法和建立频繁模式树的 FP-Tree 算法。

另外，除了树模型和最近邻等模型外，概率模型也是一种既可用于连续型数据亦可用于离散型数据的无监督学习方法。概率模型基于贝叶斯定理，将分析变量之间关系的任务化为如何对变量的概率分布进行建模的问题。概率模型包括贝叶斯网络、隐马尔可夫链（HMM）、条件随机场（CRF）等。可以看出，算法分类只是为了适应任务类型，并没有严格的界限，在选取模型时要因地制宜，不必过分拘束于假定条件，例如把常用于一种任务的模型迁移到另一个任务上，这样有的放矢地打破常规往往是学术创新的突破点。

8.2　机器学习的常用模型

本节介绍一些机器学习的常用模型，以了解模型如何从信息中学习。其中大多数内容是概述性的，并不涉及复杂的数学推导，只从逻辑上进行适当的阐述，以帮助读者尽快掌握这些模型的思想。

8.2.1 线性回归

线性回归（Linear Regression）是使用最广泛的模型之一，是许多非线性模型的基础，例如支持向量机。线性回归描述了输入变量和输出变量之间的一次函数关系，因为其函数图像是一条直线，所以称之为线性。通过对大量观测数据进行处理，从而得到比较符合事物内部规律的数学表达式，也就是让直线尽可能拟合所有数据，预测值回归到真实值上，这就是回归的由来。

线性回归的数学表达式一般如下。

$$y = W^T X + b$$

其中 X 为输入变量，也是自变量；y 是输出变量，也是因变量；W 叫作 X 的系数（W 表示从 w_1 至 w_n 的 n 维列向量），b 叫作偏置项，它们都是模型的参数。

如图 8-1 所示，散点代表样本数据的实际分布，直线代表线性回归对数据的拟合分布。我们可以将这张图赋予一个实际场景，如横坐标是房子的面积，纵坐标是房子的价格，这条直线即代表了根据房子的面积对房子价格的一种估算方式，我们的目标就是让房子估价尽可能准确。同样线性回归的目标就是求解模型参数的值，使函数的直线能接近尽可能多的样本数据点。也可以说，线性回归的最优化目标让所有样本数据点到回归直线的平均距离（均方误差）最小。在模型的表现上，线性回归可能会出现过拟合或欠拟合的问题，而这种问题可以通过加入正则项的方式来规避，随着之后学习的深入，我们再作进一步讲述。

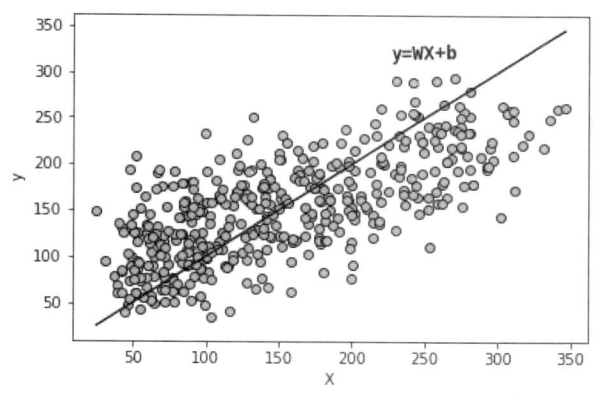

图 8-1 线性回归示意图

8.2.2 逻辑回归

线性回归适用于连续变量，而在分类问题上，以二分类为例（例如区分男、女，再如区分好、坏），标签通常用 0 表示负类，1 表示正类，但如果用线性回归，预测时标签 Y 基本都难以落在 0、1 上。在这里我们需要借助一下非线性作用函数，即 sigmoid 函数。sigmoid 函数是机器学习中的一个比较常用的函数，它的值域在 0 和 1 之间。

逻辑回归（Logistic Regression）通过 sigmoid 函数将一般线性回归的结果映射到 0 和 1 之间：

$$h_{w,b}(x) = sigmoid(w^T x + b)$$

如图 8-2 所示，在对取值为 0 和 1 的散点的拟合回归上，斜向的线性回归预测的 y 的取值远远超出了 0 到 1 的范围，而逻辑回归的值域则在 0 和 1 之间，且具有非常好的对称性。

不仅如此，$h(X)$ 可以看作一个概率值。假设概率阈值为 0.5，那么 $h(X)$ 大于 0.5 可以看成正样本，小于 0.5 可以看成负样本，由此就可以进行二分类。

逻辑回归又如何从二分类迁移到多分类呢？实际上对于所有分类模型，都可以采取以下策略将多分类问题化解为二分类。

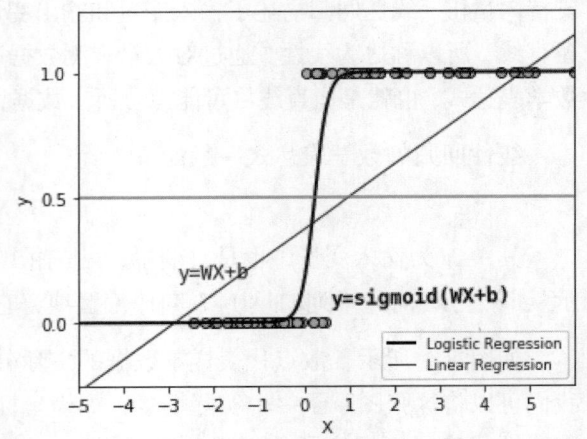

图 8-2 逻辑回归示意图

1. 一对一

对数据集的 N 个类别中的每一对类别训练一个分类器，该分类器将每对类别的其中一个作为正例，另一个作为反例。在预测时，将得到 $N(N-1)/2$ 个分类器的结果，最终结果可投票产生。

2. 一对其余

这种方法对每一个类型都会训练一个分类器，将该类型作为正例，其余所有类型作为负例。对于 N 个分类器，从中选取预测概率最高的结果。

3. 多对多

这种方法需要复杂的算法设计，将多个类别作为正例，其他多个类别作为负例。

8.2.3 支持向量机

支持向量机（SVM）也是一种经典的二分类模型，其函数表达也是建立在一般线性回归上。支持向量机的函数表达式如下：

$$f(X) = \text{sign}(W^T X + b)$$

其中 sign 函数的含义是，对于一般线性回归所形成的直线，点在直线右边为正例，点在直线左边为反例：

$$f(X) = \begin{cases} +1, & W^T X + b \geq 0 \\ -1, & W^T X + b < 0 \end{cases}$$

在极为简单的情况下，二分类数据分布在图像上，能够找到一条直线将正例与负例分开。但大多数时候，在低维空间内，数据是线性不可分的。支持向量机可将低维数据映射到高维空间，使高维空间的数据是线性可分的，从而解决低维空间中线性不可分的问题，实现超平面划分。

图 8-3 将样本数据点投射到新的维度空间（而非原本 x-y 坐标空间），在该空间内，支持向量机通过二分类数据的最大间隔来确定最优的划分超平面的线性分类器，尽可能使正类在直线之上，负类在直线之下，从而将两类数据样本分离开来。

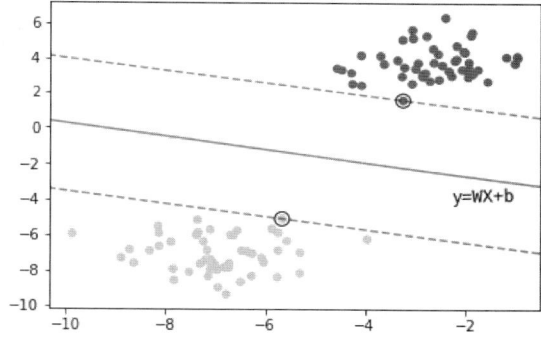

图 8-3　支持向量机示意图

8.2.4　决策树

决策树（Decision Tree）是一种基本的分类和回归模型。决策树由节点和有向边组成，内部节点表示一个特征，叶结点表示类别标签。从根结点开始，对样本的每个特征进行分配计算，一步一步分配到子节点，直至到达叶节点，得到分类结果。分配计算的准则通常是信息增益或者信息增益比，符合一定条件则分配到左子节点，不符合则分配到右子节点。

以分类决策树为例，决策树的训练过程就像在每个特征上进行 if-then 的规则判断。假设客户的特征有年龄（Age）、信用状况（Credit）、资产规模（Assets），当标签 y 取 0 时，代表是好客户；当标签 y 取 1 时，代表是坏客户。决策树会先判断客户是不是年龄大于 30 岁、信用记录是否良好、是不是资产规模大于 100 万元，如果答案都是 Yes，这个客户就会有较大的概率被判定为好客户。这样的决策过程就形成了一个类似于树的结构。图 8-4 展示了对一个简化的信用评分任务使用决策树二分类的过程。

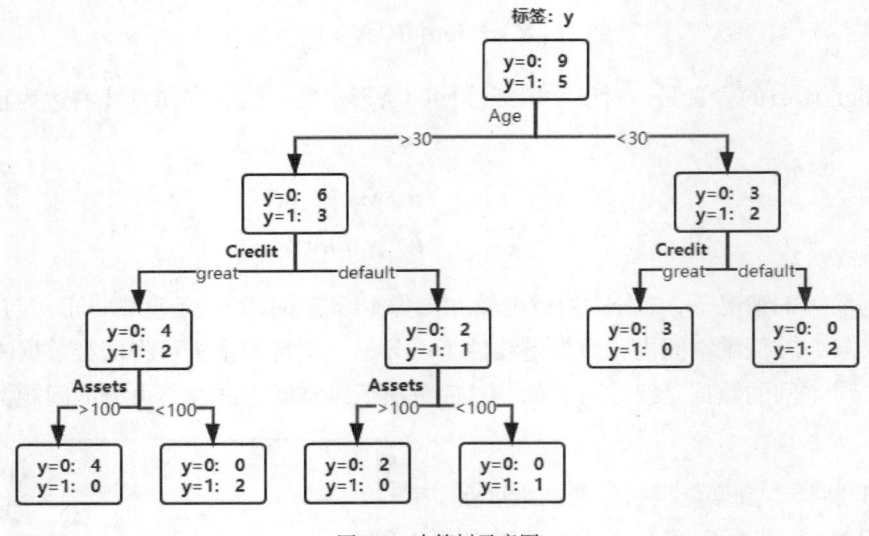

图 8-4　决策树示意图

8.2.5　随机森林

随机森林（Random Forest）建立在决策树的基础上，以决策树为基学习器，将多个决策树集成起来，进而从"树"变成了"森林"。所谓的"随机"在于其在训练过程中随机划分特征，从候选特征中随机生成包含部分特征的子集；同时在训练机器学习时，采用有放回随机采样的方式训练，减少训练噪声。

如图 8-5 所示，随机森林由多个决策树组成，每个决策树相当于每次从总体样本当中随机取一部分样本的一部分特征进行训练，通过多个决策树的训练，对结果进行投票获取平均值或多数类别作为最终输出。这样一方面尽量避免了个别极端样本带来的结果扰动，另一方面还可以从多个特征中选取较优的特征集，既提高了模型的泛化能力，又可以实现特征降维。

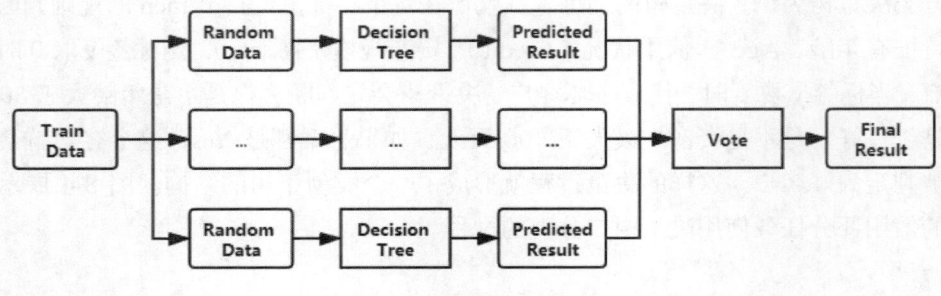

图 8-5　随机森林示意图

在训练时，决策树之间是相互独立的，训练速度快。同样的，随机森林可用于回归也可用于分类。

8.2.6　K 均值聚类

K 均值聚类（K-means）是一种应用较广泛的聚类模型，属于无监督学习。K 是人为设定的簇的数量，假设数据集合可以分为 K 类，那么其模型目标就是将样本划分到 K 个簇中，其中每个样本归属于距离最近的簇，利用训练数据来训练出这 K 个分类来。

训练的过程非常简单，首先随机指定 K 个簇中心，根据样本与簇中心的距离远近将样本归属到最近的簇。接着分别计算每个簇中的样本平均值作为簇的中心，如此迭代直至收敛。这一思想与线性回归最小化均方误差一致。

图 8-6 展示了 K 均值聚类（$K=3$）的聚类结果。可以看出，模型很好地区分出了 3 类样本并形成了 3 个簇。K 均值聚类的实现简单、直观，需要事先指定 K 值，一般采用欧氏距离作为距离计算公式，也可以使用其他计算方式。K 均值聚类的结果依赖于初始 K 个簇中心的选择，泛化能力可能较弱，同时它难以处理非簇状的数据。

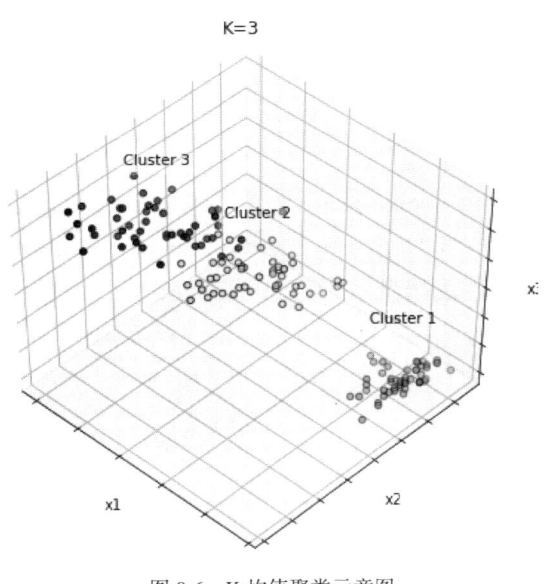

图 8-6　K 均值聚类示意图

8.3　小结

本章已经简单介绍了机器学习的基础知识和一些常用模型。但要将这些模型应用到现实的任务上，我们还需要更深入的学习。本书的第 9 章将介绍 scikit-learn 这一工具，以支撑进一步的算法实践。

第 9 章 scikit-learn

scikit-learn 是基于 Python 语言的简单高效的数据分析开源工具和机器学习库。它同时还与 Python 包（NumPy、SciPy、Matplotlib）很好地集成在一起。在实际的使用场景中，我们可以直接使用 scikit-learn 工具提供的方法来完成数据预处理、分类、回归、降维、模型选择等常用操作。同时 scikit-learn 已经被广泛用于机器学习的教学和实践中。

在这一章里，我们将探讨以下主题。

- 安装
- 常用函数

9.1 安装

在安装 scikit-learn 之前，需要先检查计算机中 scikit-learn 所依赖的软件包是否满足以下条件：Python 版本不低于 3.5、NumPy 版本不低于 1.11.0、SciPy 版本不低于 0.17.0、joblib 版本不低于 0.11、Matplotlib 版本不低于 1.5.1。

查看 Python 版本信息，命令如下。

```
$ python -V
```

查看 Numpy 版本信息，只需运行以下代码。若要查看 SciPy、joblib 的版本信息，只需要将包名替换即可。

```
$ python -c "import numpy; print(numpy.version.version)"
```

查看 Matplotlib 版本信息，命令如下。

```
$ python -c "import matplotlib; print(matplotlib._version.get_versions()['version'])"
```

或者，可以通过“conda list”命令，查看所有安装包的版本信息，结果如图 9-1 所示。

```
(base) jupyter@ubuntu:~$ conda list
# packages in environment at /home/jupyter/anaconda3:
#
# Name                    Version                   Build  Channel
_anaconda_depends         2020.07                  py38_0
_ipyw_jlab_nb_ext_conf    0.1.0                    py38_0
_libgcc_mutex             0.1                        main
_r-mutex                  1.0.0               anacondar_1
alabaster                 0.7.12                     py_0
alembic                   1.4.3                      py_0
anaconda                  custom                   py38_1
anaconda-client           1.7.2                    py38_0
anaconda-navigator        1.10.0                   py38_0
anaconda-project          0.8.4                      py_0
argh                      0.26.2                   py38_0
argon2-cffi               20.1.0           py38h7b6447c_1
asn1crypto                1.4.0                      py_0
astroid                   2.4.2                    py38_0
astropy                   4.0.2            py38h7b6447c_0
async_generator           1.10                       py_0
atomicwrites              1.4.0                      py_0
attrs                     20.3.0             pyhd3eb1b0_0
autopep8                  1.5.4                      py_0
babel                     2.8.1              pyhd3eb1b0_0
backcall                  0.2.0                      py_0
backports                 1.0                pyhd3eb1b0_2
backports.functools_lru_cache 1.6.1              pyhd3eb1b0_0
backports.shutil_get_terminal_size 1.0.0                 py38_2
backports.tempfile        1.0                        py_1
backports.weakref         1.0.post1                  py_1
beautifulsoup4            4.9.3              pyhb0f4dca_0
binutils_impl_linux-64    2.33.1               he6710b0_7
```

图 9-1　查看所有安装包的版本信息

当发现未安装软件包时，可以通过“conda install”命令来完成安装；当发现软件包版本太低时，可通过“conda update”命令来完成更新；当上述条件已满足时，可通过“conda install scikit-learn”命令安装 scikit-learn，运行结果如图 9-2 所示。

```
(base) jupyter@ubuntu:~$ conda install scikit-learn
Collecting package metadata (current_repodata.json): done
Solving environment: done

# All requested packages already installed.
```

图 9-2　安装 scikit-learn

9.2 常用函数

前面已经介绍过机器学习常用算法的基本概念，而 scikit-learn 已将这些算法做了良好的封装，我们只需要调用对应函数。如果大家对机器学习算法的数学原理感兴趣，鼓励大家再多阅读相关的优秀读本。由于篇幅有限，在这里就不做过多讲解。

9.2.1 线性回归

在 scikit-learn 中，线性回归的算法模块是最基础的模块，其函数初始化方法如下所示。

```
1.  # 引入线性回归
2.  from sklearn.linear_model import LinearRegression
3.  clf = LinearRegression()
4.  # init 方法
5.  def __init__(self, fit_intercept=True, normalize=False, copy_X=True, n_jobs=1)
```

在初始化函数中有几个参数可以自行设置，详细内容见表 9-1。

表 9-1　线性回归模型的具体参数

参数	取值	说明
copy_X	bool 类型	是否对 X 复制，如果选择 False，则直接对原数据进行覆盖
fit_intercept	bool 类型	是否存在截距，默认为 True
n_jobs	'None'、数值类型	计算时使用的核数，默认为 1
normalize	bool 类型	是否将数据归一化，默认为 True

LinearRegression 类里提供了模型训练、模型预测、模型验证等常用方法，方法的详细介绍见表 9-2。

表 9-2　LinearRegression 提供的方法

方法名	说明
decision_function(X)	预测样本置信度分数，样本的置信度得分是该样本与超平面的有符号距离
fit(X, y[, n_jobs])	对训练集 X, y 进行训练
get_params([deep])	得到该估计器（estimator）的参数
predict(X)	使用训练得到的估计器对 X 进行预测
score(X, y[,sample_weight])	返回给定测试数据和标签的平均准确度
set_params(**params)	设置估计器的参数

LinearRegression 提供的属性值介绍见表 9-3。

表 9-3　LinearRegression 提供的属性值

属性名	说明
coef_	对于线性回归问题计算得到的 feature 的系数，如果输入的是多目标问题，则返回一个二维数组 (n_targets, n_features)； 如果是单目标问题，返回一个一维数组 (n_features)
intercept_	线性模型中的独立项，如果 fit_intercept = False，则设置为 0.0

如下面的例子所示，该例子首先生成了四组样本数据，数据格式为{x0,x1,y}。在例子中尝试用 fit()方法，拟合出原函数。从 score()得出的结果为 1，说明已经拟合出原函数。

```
import numpy as np
from sklearn.linear_model import LinearRegression
#生成样本数据，令 y = 1 * x_0 + 2 * x_1 + 3
X = np.array([[1, 1], [1, 2], [2, 2], [2, 3]])
y = np.dot(X, np.array([1, 2])) + 3
#用样本数据，拟合出原线性函数
clf = LinearRegression().fit(X, y)
clf.score(X, y)
```

[Out] 1.0

查看各特征项的系数值，各特征项的系数值确实与原系数相同。

```
clf.coef_
```

[Out] array([1., 2.])

对测试集进行预测，可以算出新的样本数据所对应的 y 值。

```
clf.predict(np.array([[3, 5]]))
```

[Out] array([16.])

9.2.2　逻辑回归

在 scikit-learn 中，逻辑回归函数的初始化方法如下所示。

```
# 引入逻辑回归模型
from sklearn.linear_model import LogisticRegression
clf = LogisticRegression()
## init 函数
def __init__(self,penalty='l2',dual=False,tol=1e-4,C=1.0,fit_intercept=True,
             intercept_scaling=1,class_weight=None,random_state=None,
             solver='liblinear',max_iter=100,multi_class='ovr',
             verbose=0,warm_start=False,n_jobs=1):
```

其中 LogisticRegression 的初始化参数比 LinearRegression 要复杂得多，表 9-4 列举了其中几个重要的参数进行说明。

表 9-4　LogisticRegression 模型初始化参数

参数	取值	说明
penalty	'l1' 'l2'	惩罚项。调参时如果主要是为了解决过拟合，选择'l2'正则化就够了。若选择'l2'正则化还是过拟合，可考虑选择'l1'正则化
tol	float 类型	优化算法停止的条件。默认为 0.0001，当迭代前后的函数差值小于等于 tol 时就停止
C	float 类型	正则化系数。正 float 类型，是正则化强度的逆。该值越小，正则化越强
solver	'liblinear' 'lbfgs' 'newton-cg' 'sag' 'saga'	逻辑回归损失函数的优化方法，用于优化问题的算法。 • liblinear：使用坐标轴下降法来迭代优化损失函数。 • lbfgs：拟牛顿法的一种，利用损失函数二阶导数矩阵即海森矩阵来迭代优化损失函数。 • newton-cg：牛顿法的一种。 • sag：随机平均梯度下降。 • saga：sag 的一类变体
max_iter	int 类型	优化算法的迭代次数。默认为 100
n_jobs	int 类型、None	计算时使用的核数，默认为 None，即 1

下面的示例选择 sklearn 自带的鸢尾花数据集来演示，首先是加载训练集，然后是训练模型，最后预测新的样本数据。

```
[In]  1.  from sklearn.datasets import load_iris
      2.  from sklearn.linear_model import LogisticRegression
      3.  #加载数据
      4.  X, y = load_iris(return_X_y=True)
      5.  #训练模型
      6.  clf = LogisticRegression(random_state=0).fit(X, y)
      7.  #预测
      8.  clf.predict(X[:2, :])
[Out] array([0, 0])
```

X[:2, :]表示取数据集 X 的前两条样本，且保留所有特征项。predict_proba()返回预测属于某标签的概率，例如下面例子中[8.78030305e-01, 1.21958900e-01, 1.07949250e-05]的 3 个值分别表示样本 1 属于类别 1、类别 2、类别 3 的概率。

```
[In]  clf.predict_proba(X[:2, :])
[Out] array([[8.78030305e-01, 1.21958900e-01, 1.07949250e-05],
             [7.97058292e-01, 2.02911413e-01, 3.02949242e-05]])
```

通过 score() 函数计算模型的平均准确性。

[In]	clf.score(X, 'y')
[Out]	0.96

9.2.3 支持向量机

与前面例子类似，支持向量机的初始化函数如下所示。

```
1.  # 引入模型
2.  from sklearn.svm import SVC
3.  svc = SVC()
4.  # init 函数
5.  def __init__(self, C=1.0, kernel='rbf', degree=3, gamma='auto', coef0=0.0,shrinking=True,
6.              probability=False, tol=1e-3, cache_size=200, class_weight=None,verbose=False,
7.              max_iter=-1, decision_function_shape='ovr', random_state=None):
```

其中重要参数的解释见表 9-5。

表 9-5　支持向量机模型的具体参数

参数	取值	说明
kernel	'rbf'、'linear'、'poly'、'sigmoid'、'precomputed'	核函数，默认是 rbf
gamma	'scale'、'auto'、float 类型	'rbf'、'poly' 和 'sigmoid' 的核函数参数。默认是 'auto'，则会选择 1/n_features
coef0	float 类型	核函数的常数项。对于 'poly' 和 'sigmoid' 有用
degree	int 类型	多项式 poly 函数的维度，默认是 3，选择其他核函数时会被忽略
probability	bool 类型	是否采用概率估计。默认为 False
verbose	bool 类型	是否允许冗余输出。默认为 False
decision_function_shape	'ovr'、'ovo'	是返回 ovr 决策函数作为所有其他分类器，还是返回 ovo 决策函数。默认情况下为 ovr，在二值分类时忽略该参数

通过以下例子进行简单演示支持向量机的调用方法，首先准备 4 组样本数据，然后通过 fit() 方法进行训练。

[In]	1. `import numpy as np` 2. `from sklearn.pipeline import make_pipeline` 3. `from sklearn.preprocessing import StandardScaler` 4. `X = np.array([[-1, -1], [-2, -1], [1, 1], [2, 1]])`

```
5.    y = np.array([1, 1, 2, 2])
6.    from sklearn.svm import SVC
7.    clf = make_pipeline(StandardScaler(), SVC(gamma='auto'))
8.    clf.fit(X, y)
```

[Out]
```
Pipeline(memory=None, steps=[('standardscaler',
            StandardScaler(copy=True, with_mean=True, with_std=True)),
        ('svc',SVC(C=1.0, cache_size=200, class_weight=None, coef0=0.0,
            decision_function_shape='ovr', degree=3, gamma='auto',
            kernel='rbf', max_iter=-1probability=False,random_state=None,
            shrinking=True, tol=0.001, verbose=False))],verbose=False)
```

通过训练完成相应模型之后,就可以对新的样本值进行预测,如下面的例子所示,最终新样本的预测值为1。

[In]
```
clf.predict([[-0.8, -1]])
```

[Out]
```
array([1])
```

9.2.4 决策树

决策树模型初始化方式详见以下示例。

```
1.  import json   # 引入决策树模型
2.  from sklearn.tree import DecisionTreeClassifier
3.  dtc = DecisionTreeClassifier()
4.  # init 函数
5.  def __init__(self, criterion="gini",splitter="best",max_depth=None,min_samples_split=2,
6.               min_samples_leaf=1, min_weight_fraction_leaf=0., max_features=None,
7.               random_state=None, max_leaf_nodes=None, min_impurity_decrease=0.,
8.               min_impurity_split=None, class_weight=None, presort=False):
```

决策树模型初始化的具体参数见表9-6。

表9-6 决策树模型初始化的具体参数

参数	取值	说明
criterion	'gini' 'entropy'	特征选择的标准,有信息增益和基尼系数两种,gini 表示基尼系数,主要用于 CART 算法;entropy 表示信息增益,主要用于 ID3 和 C4.5 算法,一般默认选用 gini 系数
splitter	'best' 'random'	特征切分点选择标准,决策树是递归地选择最优切分点,splitter 是用来指明在哪个集合上来递归:best 表示在所有特征上递归,适用于数据集较小的时候;random 表示随机选择一部分特征进行递归,适用于数据集较大的时候。默认为 best

续表

参数	取值	说明
max_depth	int 类型	决策树最大深度。决策树模型先对所有数据集进行切分，再在子数据集上继续循环这个切分过程，max_depth 可以理解成用来限制这个循环次数。默认为 None
min_samples_split	int 类型、float 类型	子数据集再切分需要的最小样本量，默认是 2。如果子数据集样本量小于 2，则不再进行下一步切分
min_samples_leaf	int 类型、float 类型	叶节点（子数据集）最小样本数。如果子数据集中的样本数小于这个值，那么该叶节点和其兄弟节点都会被剪枝（去掉），该值默认为 1
min_weight_fraction_leaf	int 类型、float 类型	在叶节点处的所有输入样本权重总和的最小加权分数，如果不输入则表示所有的叶节点的权重是一致的
max_features	int 类型、float 类型、'auto'、'sqrt'、'log2'	特征切分时考虑的最大特征数量，默认是对所有特征进行切分。可以传入 int 类型的值，表示具体的特征个数；可以是浮点数，表示特征个数的百分比；可以是 sqrt 表示总特征数的平方根；可以是 log2，表示总特征数的 log 个特征
random_state	int 类型、RandomState 实例	随机种子的设置，与 LR 中参数一致
max_leaf_nodes	int 类型	最大叶节点个数，即数据集切分成子数据集的最大个数。默认为 None
min_impurity_decrease	float 类型	切分点不纯度最小减少程度。如果某个节点的不纯度减少小于这个值，那么该切分点就会被移除。默认为 0.0
min_impurity_split	float 类型	切分点最小不纯度，用来限制数据集的继续切分（决策树的生成）。如果某个节点的不纯度小于这个阈值，那么该点的数据将不再进行切分。默认为 0.0
class_weight	dict 类型、'balanced'	类别的权重，以字典形式传递
presort	bool 类型	是否进行预排序，默认是 False

cross_val_score()函数表示对数据集进行指定次数的交叉验证并为每次验证效果评测。

```
[In]  1.  from sklearn.datasets import load_iris
      2.  from sklearn.model_selection import cross_val_score
      3.  from sklearn.tree import DecisionTreeClassifier
      4.  clf = DecisionTreeClassifier(random_state=0)
      5.  iris = load_iris()
      6.  cross_val_score(clf, iris.data, iris.target, cv=10)
[Out] array([1. , 0.93333333, 1. , 0.93333333, 0.93333333, 0.86666667, 0.93333333, 1. , 1. , 1. ])
```

9.2.5 随机森林

随机森林模型初始化方式详见以下示例。

```python
# 引入随机森林
from sklearn.ensemble import RandomForestClassifier
rfc = RandomForestClassifier()
# init 函数
def __init__(self,n_estimators=10,criterion="gini",max_depth=None,
             min_samples_split=2,min_samples_leaf=1,
             min_weight_fraction_leaf=0.,max_features="auto",
             max_leaf_nodes=None,min_impurity_decrease=0.,
             min_impurity_split=None,bootstrap=True,oob_score=False,
             n_jobs=1,random_state=None,verbose=0,
             warm_start=False,class_weight=None):
```

随机森林的初始化参数绝大部分与决策树类似，具体见表 9-7。

表 9-7 随机森林模型的具体参数

参数	取值	说明
n_estimators	int 类型	随机森林中树的数量，默认是 10 棵
bootstrap	bool 类型	是统计学中的一种重采样技术，可以简单理解成是有放回地抽样，默认为 True
oob_score	bool 类型	袋外估计（out-of-bag），这个外是针对 bagging 这个袋子而言的。我们知道，bagging 采取随机抽样的方式去建立树模型，那么那些未被抽取到的样本集，也就是未参与建立树模型的数据集就是袋外数据集，我们就可以用这部分数据集去验证模型效果，默认值为 False
warm_start	bool 类型	是否重用前面调用的解决方案来训练，并向集成添加更多估计器，默认为 False，即训练一个全新的森林
n_jobs	int	并行运行的作业数量。默认为 None

随机森林模型的训练方式与前面的模型类似，详见以下示例。

```
[In]  1.  from sklearn.ensemble import RandomForestClassifier
      2.  from sklearn.datasets import make_classification
      3.  X, y = make_classification(n_samples=1000, n_features=4,n_informative=2,
      4.                             n_redundant=0, random_state=0, shuffle=False)
      5.  clf = RandomForestClassifier(max_depth=2, random_state=0)
      6.  clf.fit(X, y)
```

```
[Out]    RandomForestClassifier(bootstrap=True, class_weight=None, criterion='gini',
                   max_depth=2, max_features='auto', max_leaf_nodes=None,
                   min_impurity_decrease=0.0, min_impurity_split=None,
                   min_samples_leaf=1, min_samples_split=2,
                   min_weight_fraction_leaf=0.0, n_estimators=10,
                   n_jobs=None, oob_score=False, random_state=0, verbose=0,
                   warm_start=False)
```

使用训练好的模型进行预测,代码如下所示。

[In]	`clf.predict([[0, 0, 0, 0]])`
[Out]	`array([1])`

9.2.6 K 均值聚类

把 K 均值聚类(K-means)作为聚类算法,在初始化的方式上与前面的例子类似。

```
1.   # 引入K-means
2.   from sklearn.cluster import KMeans
3.   k = KMeans()
4.   # init 函数
5.   def __init__(self, n_clusters=8, init='k-means++', n_init=10,max_iter=300,
6.           tol=1e-4,precompute_distances='auto',verbose=0, random_state=None,
7.           copy_x=True,n_jobs=1, algorithm='auto'):
```

K 均值聚类作为无监督学习模型,初始化参数与前面分类或者回归模型的参数差异较大,详见表 9-8。

表 9-8 K-means 模型的具体参数

参数	取值	说明
n_clusters	int 类型	质心数量,也就是分类数,默认是 8 个
init	'random'、'k-means++'、ndarray 类型	初始化质心的选取方式,默认是'k-means++'
n_init	int 类型	随机初始化的次数,kmeans 质心迭代的次数。默认为 10
max_iter	int 类型	最大迭代次数,默认是 300
tol	float 类型	误差容忍度最小值,默认为 1e-4
precompute_distances	'auto'、bool 类型	是否需要提前计算距离,默认值是 auto。如果选择 auto:当样本数×质心数>12million 时,不会提前进行计算;如果样本数×质心数<12million 时,则会提前计算。提前计算距离会让聚类速度很快,但是也会消耗很多内存

续表

参数	取值	说明
copy_x	bool 类型	主要用于提前计算距离的情况，表示在源数据的副本上提前计算距离时，是否修改源数据，默认值是 True
algorithm	'auto' 'full' 'elkan'	优化算法的选择，full 就是一般意义上的 K-Means 算法，elkan 是使用的 elkan K-Means 算法。默认为 auto 即根据数据值是否稀疏决定使用 full 或者 elkan 算法

下面的例子列举了 6 个样本，将其聚合成两种类型。从最终结果可以看出，前 3 个样本被聚成一类，后 3 个样本被聚成另外一类。

```
[In]
1.  from sklearn.cluster import KMeans
2.  import numpy as np
3.  X = np.array([[1, 2], [1, 4], [1, 0],[10, 2], [10, 4], [10, 0]])
4.  kmeans = KMeans(n_clusters=2, random_state=0).fit(X)
5.  kmeans.labels_
```

```
[Out]
array([1, 1, 1, 0, 0, 0])
```

使用训练好的聚类模型进行预测，可以发现样本 1 被归为类型 1，样本 2 被归为类型 0。

```
[In]
kmeans.predict([[0, 0], [12, 3]])
```

```
[Out]
array([1, 0])
```

通过 "cluster_centers_" 属性值输出聚类质心。

```
[In]
kmeans.cluster_centers_
```

```
[Out]
array([[10., 2.], [ 1., 2.]])
```

9.3 小结

在本章中，我们为大家介绍了 scikit-learn 中常用的几种算法，并且通过简单的例子为大家直观地展示了几个算法的编写及运行情况。其中包括监督学习中的线性回归算法、逻辑回归算法、支持向量机算法，以及无监督学习中的决策树算法、随机森林算法，及 K 均值聚类算法的参数含义、常用函数、属性以及使用方法。在实际使用时，需要根据具体问题设置不同的参数值以更好地解决问题。

从第 10 章开始，我们会通过几个具体案例来给大家介绍机器学习在解决实际问题中的应用。

第 10 章
产品销售预测模型实例

销售预测是根据市场供需变化或者企业的销售状况或生产能力等实际情况，对产品在特定时期内的销售量或销售额所做的预计和推测。销售作为企业经营财务状况的重要组成部分，与企业的盈利和企业的发展息息相关。也正是因此，销售一直是企业经营管理的核心组成部分。销售预测充分考虑各种影响因素，通过一定的分析方法可以进一步提出切实有效的销售策略和销售目标。本章以产品销售额的预测为例，使用线性回归拟合数据，分析产品销售额的广告渠道影响因素，预测销售额变化趋势。

在这一章中，我们将探讨以下主题。

- 数据探索
- 拟合线性模型
- 影响因素回归分析

10.1 场景介绍

在金融领域，经常需要对某一指标进行预测，例如对房价的预测、贷款额度的预测。预测的指标可以被称为被解释变量，影响预测指标的变量被称为解释变量。对未来的把握，可以帮助从业者提前预警甚至规避风险，也可以通过掌握事物发展的内在逻辑，有条件地控制强化或减弱解释变量推动被解释变量的发展。

在本章中,我们将以产品销售额度的预测为案例来进行说明,使用 Kaggle 上的广告数据集(advertising-dataset)给出在电视(TV)、广播(Radio)、报纸(Newspaper)投放不等的广告带来的销售额 Sales 的变化。在 Kaggle 官网上单击下载后,即可获取存放所有数据的 advertising.csv 文件。

在预测时,决策人员不仅关心产品的销售额是否偏离了预期,关心未来业务数据的估值对现阶段业务状况是否是一个危险的信号,而且关心导致销售额的数值发生变化的内在原因,找到这些原因也就是找到了提升销售额的方法。通过该产品销售额度预测案例,找出较强影响销售额的广告渠道,这样可以让商业广告投放更为精准有效,并转换成可观的商业价值,进而带来销售额的增长。

10.2 数据准备

本次预测的目的是利用历史销售数据来分析销售渠道影响因素并做出预测。在建模之前,我们需要充分地探索并了解数据集。

10.2.1 数据探索

数据的探索性分析是一个开放式的过程,可以通过发散的思维统计或制作图表,充分发现数据中的趋势、异常、模式或关系。

1. 加载数据

导入必需的库并加载数据集,代码如下所示。

```
[In]    1.  # 导入库
        2.  import pandas as pd
        3.  import numpy as np
        4.
        5.  # 读取数据
        6.  df = pd.read_csv("./dataset/advertising.csv")
        7.  df.head(3)      # 展示前三行
```

	TV	Radio	Newspaper	Sales
0	230.1	37.8	69.2	22.1
1	44.5	39.3	45.1	10.4
2	17.2	45.9	69.3	12.0

查看数据维度,代码如下所示。

[In]	1. # 查看数据维度 2. df.shape
[Out]	(200, 4)

该数据集有 200 条数据和 4 个特征,其中 TV、Radio、Newspaper 为解释变量,Sales 为被解释变量。每条销售额及其各个渠道广告投放成本以行的形式展示。所有变量的数据类型均为连续型,这也可以通过查看数据类型来判断。其中 float 为浮点小数,属于连续型取值。另外,一般还有整型(int),此类数据一般视为离散型,但当 int 取值较多时也可以视为连续型。在这里也可以看出,每个变量都有 200 条,与数据集数目相同,说明没有缺失值。缺失值的直接统计方法会在后面章节给出。

[In]	1. # 查看数据类型 2. df.info()
[Out]	``` <class 'pandas.core.frame.DataFrame'> Int64Index: 200 entries, 130 to 101 Data columns (total 4 columns): TV 200 non-null float64 Radio 200 non-null float64 Newspaper 200 non-null float64 Sales 200 non-null float64 dtypes: float64(4) memory usage: 7.8 KB ```

2. 描述统计

观察数据各个变量的范围、大小、波动趋势等,有利于判断后续对数据采用哪类模型更合适。

dataframe.describe()会按列的方向自动计算所有变量的统计信息,变量的解释如下。

- count:该列非空值的个数。
- mean:该列的均值。
- std:该列的方差。
- min:最小值。
- 25%:上四分位数。
- 50%:中位数。
- 75%:下四分位数。

- max：最大值。

代码如下所示。

```
[In]  1.  # 统计数据
      2.  df.describe()
```

	TV	Radio	Newspaper	Sales
count	200.000000	200.000000	200.000000	200.000000
mean	147.042500	23.264000	30.554000	15.130500
std	85.854236	14.846809	21.778621	5.283892
min	0.700000	0.000000	0.300000	1.600000
25%	74.375000	9.975000	12.750000	11.000000
50%	149.750000	22.900000	25.750000	16.000000
75%	218.825000	36.525000	45.100000	19.050000
max	296.400000	49.600000	114.000000	27.000000

统计变量（列）缺失值，可以看出该数据不存在缺失值，代码如下所示。

```
[In]  1.  # 统计列缺失值
      2.  df.isnull().sum(axis=0)
```

```
[Out] TV         0
      Radio      0
      Newspaper  0
      Sales      0
      dtype: int64
```

也可以横向统计数据框每一行的缺失值数，每行数据都无缺失值，代码如下所示。

```
[In]  1.  # 统计行缺失值
      2.  df[df.isnull().sum(axis=1)>0].isnull().sum(axis=1)  # 只看有缺失值的行
```

```
[Out] Series([], dtype: int64)
```

3. 特征相关性

相关性是指解释变量和被解释变量之间存在某种相关关系。相关系数是用以反映变量之间关系密切程度的统计指标，刻画了变量之间的线性相关程度。

$$r(x_1, x_2) = \frac{\mathrm{Cov}(x_1, x_2)}{\sqrt{\mathrm{Var}(x_1)\mathrm{Var}(x_2)}}$$

其中，$\mathrm{Cov}(x_1, x_2)$ 为 x_1 和 x_2 的协方差，$\mathrm{Var}(x_1)$ 和 $\mathrm{Var}(x_2)$ 分别为 x_1 和 x_2 的方差。

相关系数 r 的取值范围在[-1,1]之间，r 越接近 0 对应两个变量之间相关程度越低，反之则相关程度越高。r 的正负号代表的相关方向，为正表示正相关，为负表示负相关。

当 $r=1$，意味着存在常数 a 和 b，且 b>0，使得 $P(x_2 = a + bx_1) = 1$。

相关性可以通过查看相关矩阵观察，代码如下所示。

[In]
```
1.  # 线性相关性
2.  df.corr()  # 只看解释变量
```

[Out]

	TV	Radio	Newspaper	Sales
TV	1.000000	0.054809	0.056648	0.901208
Radio	0.054809	1.000000	0.354104	0.349631
Newspaper	0.056648	0.354104	1.000000	0.157960
Sales	0.901208	0.349631	0.157960	1.000000

解释变量 TV、Radio、Newspaper 之间不存在明显的线性相关关系，但被解释变量和 3 个解释变量之间都存在明显的线性相关关系，特别是 Sales 和 TV 的相关性高达 0.90。代码和可视化结果如下所示。

[In]
```
1.  # 导入画图包
2.  import matplotlib.pyplot as plt
3.  %matplotlib inline
4.  # 在 notebook 中展示图
5.  import seaborn as sns
6.  # 画热力图
7.  sns.heatmap(df.corr(),vmin=0,vmax=1,annot = True)
```

[Out]
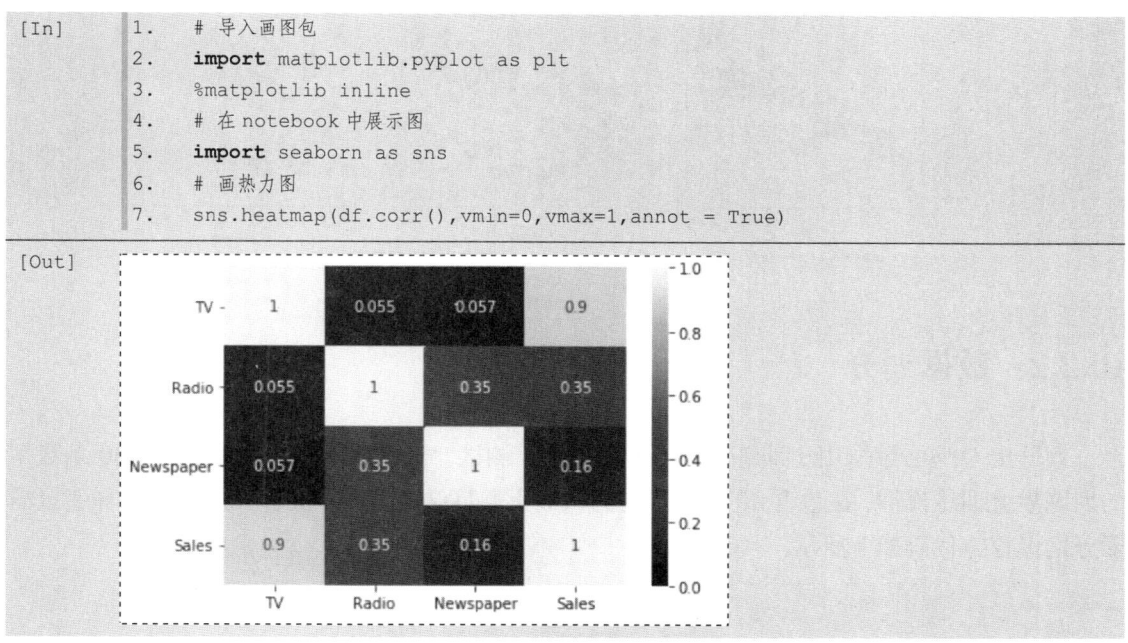

解释变量和被解释变量之间的相关性还可通过绘制散点图来验证。从下面代码输出结果的左一图可以看出，Sales 和 TV 确实存在最明显的线性关系，且为正相关，即随着电视（TV）广告投放的增加，销售额也会增加；而广播（Radio）、报纸（Newspaper）与销售额（Sales）之间的线性关系难以被观察到，但这并不意味着它们对销售额没有影响，可以通过构建模型

来进一步探索。

[In]
```
1.  # 绘制特征变量和
2.  import matplotlib.pyplot as plt
3.  fig=plt.figure(figsize=(12,3))
4.  ax1=fig.add_subplot(131)
5.  ax1.set_xlabel('TV')
6.  ax1.set_ylabel('Sales')
7.  ax1.scatter(df['TV'].values,df['Sales'].values)
8.  ax2=fig.add_subplot(132)
9.  ax2.set_xlabel('Radio')
10. ax2.set_ylabel('Sales')
11. ax2.scatter(df['Radio'].values,df['Sales'].values)
12. ax3=fig.add_subplot(133)
13. ax3.set_xlabel('Newspaper')
14. ax3.set_ylabel('Sales')
15. ax3.scatter(df['Newspaper'].values,df['Sales'].values)
```

[Out]
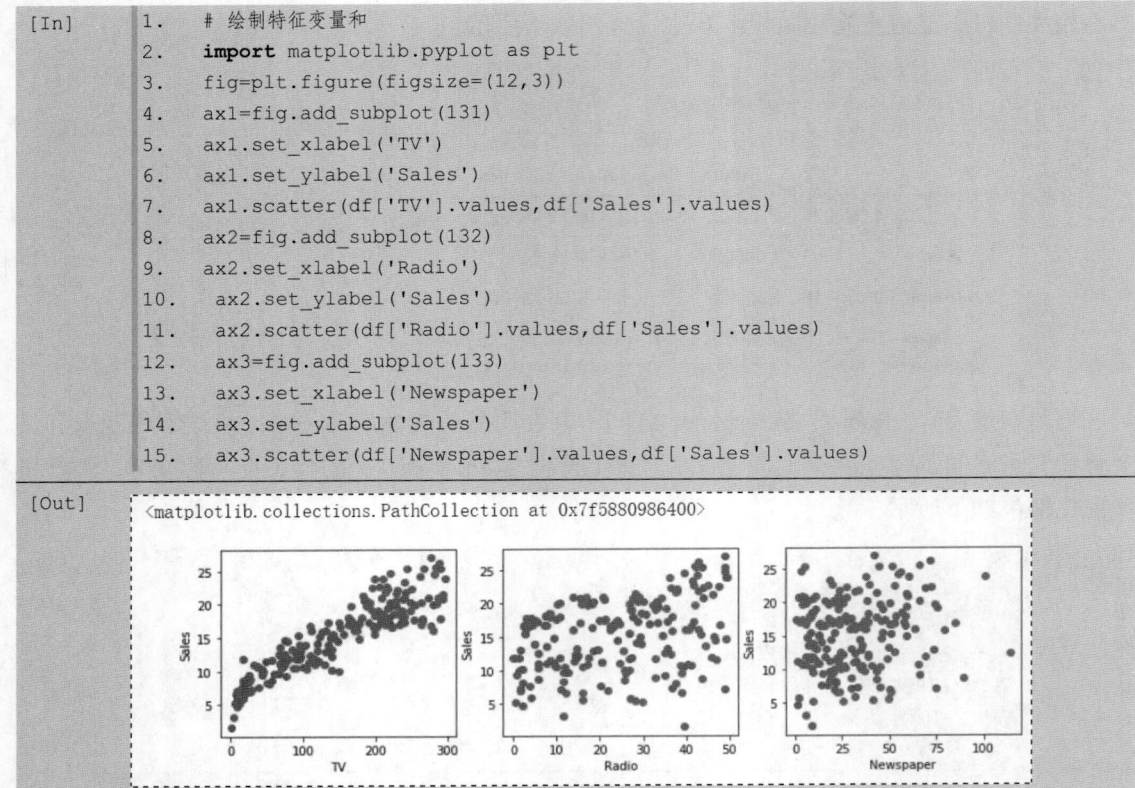
`<matplotlib.collections.PathCollection at 0x7f5880986400>`

10.2.2 数据划分

划分出 80%的数据用于训练，20%的数据用于测试，这样我们就可以在包含 160 条数据的训练集上训练模型，在包含 40 条数据的测试集上验证结果。另外被解释变量和解释变量需要分别保存，代码如下所示。

[In]
```
1.  # 划分数据集
2.  from sklearn.model_selection import train_test_split
3.  X=df[['TV','Radio','Newspaper']].values
4.  y=df['Sales'].values
5.  X_train, X_test, y_train, y_test = train_test_split(X, y, test_size=0.2, random_state=2020)#数据按80%, 20%划分
```

[Out]

10.3 建立模型

通常回归模型中会含有多个解释变量，选取不同的解释变量建立模型，模型的拟合效果也不尽相同。在选择方法上，通常采用逐步回归法，将变量逐个引入模型，再进行检验对比，结果显著时则保留变量，否则将其删除。参考这一思路，这里我们仅简单对比一元回归模型和多元回归模型，展示模型是如何通过增加解释变量提升拟合能力的。

10.3.1 拟合优度

回归方程的拟合优度使用可决系数度量，所谓可决系数（R^2）也被称作判定系数或决定系数，是指被解释变量的变异性中能被估计的回归方程解释比例，表示为由解释变量引起的被解释变量的变化占被解释变量总体变化的比重。

$$R^2 = \frac{\text{RSS}}{\text{TSS}} = 1 - \frac{\text{ESS}}{\text{TSS}}$$

此处利用了线性回归模型的总离差平方和的分解公式。

$$\text{TSS} = \text{RSS} + \text{ESS}$$

其中：

- 离差平方和 $\text{TSS} = \Sigma(Y_i - \overline{Y})^2 = \Sigma y_i^2$；

- 回归平方和 $\text{RSS} = \Sigma(\hat{Y}_i - \overline{Y})^2 = \Sigma \hat{y}_i^2$；

- 残差平方和 $\text{ESS} = \Sigma(Y_i - \hat{Y}_i)^2 = \Sigma e_i^2$。

这里的 $\hat{Y}_i$ 是 Y_i 的拟合值，$\overline{Y}$ 是 Y 的均值。

线性回归通过最小化残差平方和实现最佳拟合，也就是说当模型预测的值与训练集的数据最接近时就是最佳拟合。因此残差平方和可以作为模型拟合度的成本函数。ESS 越接近于 0，说明模型选择和拟合更好，数据预测也越成功。为消除数据集规模的影响，一般使用均方误差 MSE 代替 ESS。

$$\text{MSE} = \frac{\text{ESS}}{n} = \frac{\Sigma(Y_i - \hat{Y}_i)^2}{n}$$

尽管如此，由于变量的取值范围千差万别，导致在不同数据上的残差平方和不具有可比性，无法分辨出哪个模型更好。而 R^2 计算了回归平方和在总离差平方和的比率，统一了量纲。R^2 的取值范围为[0,1]，R^2 的值越接近 1，说明回归直线对观测值的拟合程度越好；反之，R^2 的值越小，说明回归直线对观测值的拟合程度越差。

10.3.2 模型对比

1．一元线性回归模型

根据相关矩阵，我们选取与 Sales 相关程度最高的解释变量 TV 来训练一元线性回归模型，代码如下所示。

```
[In]  1.  # 训练一元线性回归模型
      2.  # 提取第一列 TV 作为解释变量
      3.  X_train_one, X_test_one=X_train[:,0].reshape(-1,1), X_test[:,0].reshape(-1,1)
      4.  from sklearn.linear_model import LinearRegression
      5.  # 创建模型
      6.  model_one = LinearRegression()
      7.  # 拟合
      8.  model_one.fit(X_train_one,y_train)
      9.  # 预测
      10. y_train_hat_one=model_one.predict(X_train_one)
```

一元线性回归比较简单，数据只有两个维度，回归结果的拟合图绘制如下，回归线代表了拟合值，围绕回归线的点代表真实值，代码如下所示。

```
[In]  1.  # 一元线性回归图
      2.  plt.plot(df[['TV']].values,df['Sales'].values, 'k.')
      3.  plt.title('Linear Regression')
      4.  plt.xlabel('TV')
      5.  plt.ylabel('Sales')
      6.  plt.plot(X_train_one,y_train_hat_one, 'g-')
      7.  plt.show()
```

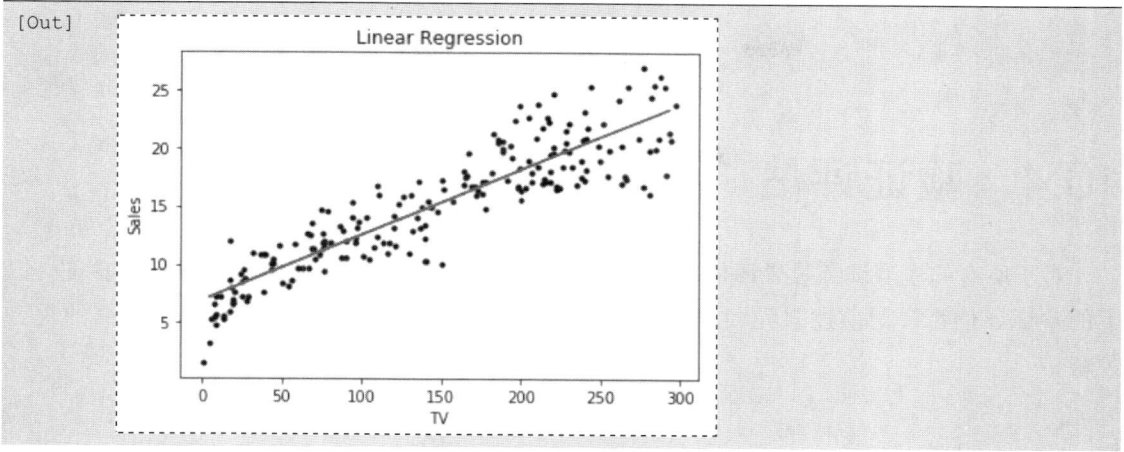

图形看起来不完美,真实值围绕着回归线上下波动,但这普遍存在于所有的模型拟合中,所不同的是波动的大小以及拟合程度。通过下面的代码可以计算出,该一元线性回归训练的 ESS 和 R^2 分别为 5.07 和 0.82,模型达到了一定的拟合效果。

```
# 计算残差平方和
print('均方误差:{:.2f}'.format(np.mean((y_train_hat_one - y_train) ** 2)))
# 计算可决系数
print('可决系数:{:.2f}'.format(model_one.score(X_train_one, y_train)))
```

```
均方误差:5.07
可决系数:0.82
```

2. 多元线性回归模型

当线性回归中有多个解释变量时,被定义为多元回归。虽然更多的特征不一定能更优,但在该数据上,使用 3 个解释变量建立的多元回归模型,相对于一元回归,MSE 降低到了 2.40,R^2 也提升至 0.91,更接近于 1,表现出极强的拟合效果。

```
# 建模
model=LinearRegression()
# 拟合
model.fit(X_train, y_train)
# 预测
y_train_hat=model.predict(X_train)

# 计算残差平方和
print('均方误差:{:.2f}'.format(np.mean((y_train_hat - y_train) ** 2)))
# 计算R的平方
print('可决系数:{:.2f}'.format(model.score(X_train, y_train)))
```

```
[Out]    均方误差:2.40
         可决系数:0.91
```

10.4 验证评估

对于所有的模型训练效果评估,都可以通过对比训练集和测试集的评估指标来验证。以下的验证评估都针对前述多元回归模型,可以根据模型的回归结果,制定销售数据的提升策略。

10.4.1 模型表现

虽然添加更多的特征可以改进模型,但是也应当小心这样会带来过拟合的问题,可以通过训练和测试数据的评估指标之间的差异来判定。在测试集上计算 MSE 和 R^2 分别为 3.98 和 0.85。

```
[In]  1.  # 计算残差平方和
      2.  print('均方误差:{:.2f}'.format(np.mean((y_test_hat -y_test) ** 2)))
      3.  # 计算R方
      4.  print('可决系数:{:.2f}'.format(model.score(X_test, y_test)))
```

```
[Out]    均方误差:3.98
         可决系数:0.85
```

均方误差仍维持在较低水平,而可决系数虽然有所降低,但相差不大,因此不存在过拟合的问题。通过图形可以将模型的预测能力展现出来,代码如下所示。

```
[In]  1.  # 模型对测试集的预测能力的可视化展示
      2.  plt.figure()
      3.  t = np.arange(len(X_test[:,0]))
      4.  plt.plot(t, y_test, 'k.', linewidth=2, label=u'Test Data')
      5.  plt.plot(t, y_test_hat, 'g-', linewidth=2, label=u'Prediction for Test Data')
      6.  plt.legend(loc='upper right')
      7.  plt.title(u'Linear Regression Predict', fontsize=18)
      8.  plt.grid()
      9.  plt.show()
```

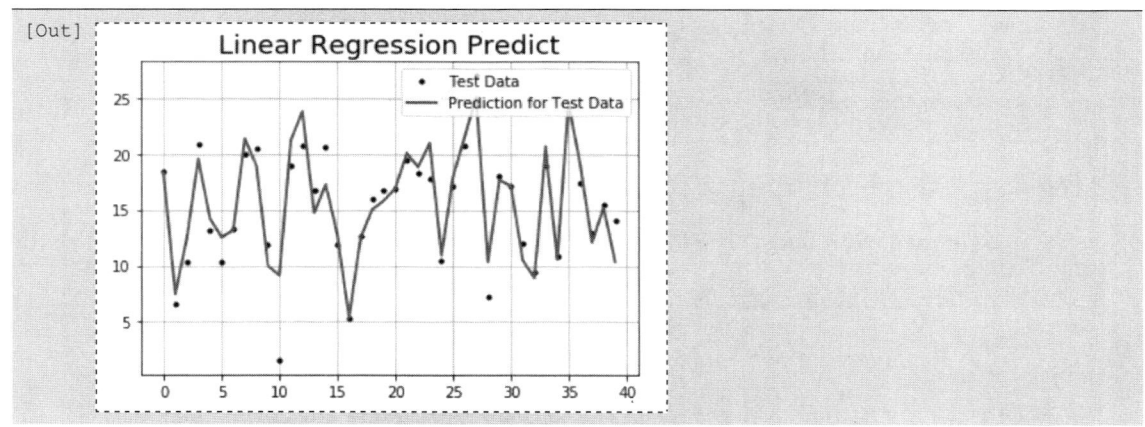

如何知道未被解释的残差当中是否还隐藏着未被挖掘的解释变量呢?可以通过绘制残差平方和被解释变量的散点图来观察。在运行结果中,e_i^2 并不随 y_i 的变化而变化,说明误差项已经独立于被解释变量,被解释变量能够被已有的解释变量很好地解释。

```
[In]    1.  # 线性回归残差图
        2.  plt.plot(y_train,(y_train_hat - y_train) ** 2, 'k.')
        3.  plt.title('Linear Regression Error')
        4.  plt.xlabel('y')
        5.  plt.ylabel('error square')
        6.  plt.show()
```

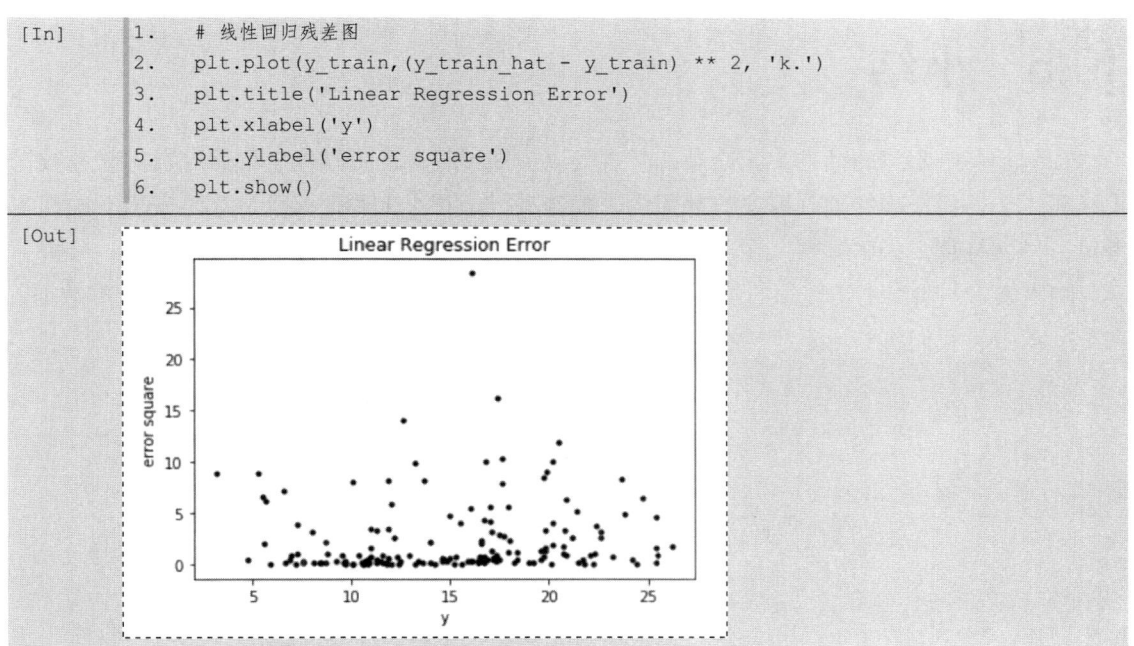

10.4.2 模型解释

回归模型的各项参数如下所示。

```
[In]    1.  print(model.intercept_)    # 打印截距
        2.  print(model.coef_)         # 打印模型系数
[Out]   4.6956704711911605
        [ 0.0545854   0.11158486  -0.00390938]
```

根据以上参数，多元回归模型方程式表达如下所示。

$$Sales_i = 4.695 + 0.054TV_i + 0.111Radio_i - 0.003Newpaper_i + e_i, \ i = 1, 2, 3 \cdots$$

预测时，可以忽略残差 e_i 带来的波动。

$$\widehat{Sales}_i = 4.695 + 0.054TV_i + 0.111Radio_i - 0.003Newpaper_i$$

在模型中，TV、Radio、Newspaper 的回归系数分别为 0.054、0.111、0.003，说明广播（Radio）渠道的广告支出对销售额的影响最大，电视（TV）广告次之。这意味着每增加一单位的 Radio 广告支出，可带来大约 10%的销售额提升。显然，在广告投放上，应该大力增加 Radio 渠道的支出，削减甚至放弃在 Newspaper 渠道的投放，以获得更高的销售额。

10.5　小结

预测是一个永恒的话题。无论是古时观云以预知天气，还是现代金融研究员用财务数据去推测一个公司未来的盈利情况，都围绕着预测进行。对未来的把握，是立足于当下的现实考量，早做打算，未雨绸缪。在这一章中，使用线性回归拟合了产品销售额的数据，分析了其影响因素，并给出了销售额的预测方式，但这个案例仅仅适用于销售额这种连续型的数据。在下一章中，我们将给出对于二分类的数据如何进行分类，或者对分类的预测。

第 11 章 信用评分模型实例

信用风险计量贯穿金融融资的每个阶段，无论是申请贷款时，还是审批通过之后，每个融资主体都在不同阶段有不同的潜在风险，一旦风险被忽视就会造成难以弥补的损失。关于贷款客户风险的预测，目前使用最普遍的工具是信用评分，包括贷前审批、贷后管理及催收等。信用评分不仅可以筛选高风险客户，减少违约损失，也可以找出相对优质的客户，发放贷款。本章通过建立信用评分模型，对客户的信用风险进行识别。

在这一章中，我们将探讨以下主题。

- 变量分析与特征选择
- 分类模型横向选择
- 分类评价指标

11.1 场景介绍

信用评分是指信用评估机构利用信用评分模型对贷款客户的信用信息进行量化分析，以分值形式表述的信用评分来给客户授信或发放贷款可以达到风险分类、简化审批流程、降低贷款周期和加快放款速度等效果。信用评分主要是根据客户过去一段时间的交易信息、还款状况，以及一些身份属性而产生的信用评分模型，以作为之后是否批准贷款的参考，也可以用来预测客户发生还款逾期的风险程度。信用评分可以看作一个客户的二分类问题，也可以看作对客户信用程度或风险程度的预测，前者的取值为 0 和 1，后者则是 0 到 1 之间的连续取值。在本章中，我们将基于 Kaggle 的贷款数据集（GiveMeSomeCredit）来进行案例讲解。该数据集含有 11 个变量、15 万条数据，存放在 cs-training.csv 中。

在该案例中，信用评分的需求方是银行。银行在金融融资中占据至关重要的地位，他们决定谁可以获得融资，获得融资必须具备什么样的条件。而获取信贷是个人消费和企业生产的重要支撑。信用评分是银行用于确定违约概率，决定是否向个人或企业发放贷款的方法。该案例可以通过建立模型预测某人在未来两年内经历财务困境的可能性。对于借款人来说，利用可解释的模型可以相应地调整自己的财务收支，改善信用状况。

11.2 数据准备

本章的数据准备过程可以参考第 10 章进行，一些重复或无关紧要的过程已被略去。由于该数据集含有更多的变量和更多的样本，数据准备过程大多针对训练集进行特征转换和选择。

11.2.1 数据概况

在读取数据时，对于一些无效的索引列，可以使用 dataframe 的 drop() 函数去除，代码如下所示。

```
[In]   1.  # 加载数据集
       2.  data = pd.read_csv("./dataset/GiveMeSomeCredit/cs-training.csv")
       3.  data.drop("Unnamed: 0", axis=1, inplace=True)
       4.  y_col='SeriousDlqin2yrs'
       5.  data.shape
[Out]  (150000, 11)
```

表 11-1 给出了贷款数据集中 11 个变量的具体含义，其中 SeriousDlqin2yrs 为被解释变量，取值为 0 和 1，其他为解释变量。

表 11-1　贷款数据集变量含义

序号	变量名	描述	类型
1	SeriousDlqin2yrs	逾期 90 天或更久	1/0
2	RevolvingUtilizationOfUnsecuredLines	信用卡和个人信用额度（不包括房地产和汽车贷款等分期债务）的总余额除以信用额度之和	百分数

续表

序号	变量名	描述	类型
3	age	借款人年龄（年）	整数
4	NumberOfTime30-59DaysPastDueNotWorse	借款人逾期 30～59 天的次数，但在过去两年内没有恶化	整数
5	DebtRatio	每月债务支付、赡养费、生活费，除以每月总收入	百分数
6	MonthlyIncome	月收入	连续
7	NumberOfOpenCreditLinesAndLoans	未结贷款（分期付款，如汽车贷款或抵押贷款）和信用额度（如信用卡）的数量	整数
8	NumberOfTimes90DaysLate	借款人逾期 90 天或以上的次数	整数
9	NumberRealEstateLoansOrLines	抵押贷款和房地产贷款数量（包括房屋净值信贷额度）	整数
10	NumberOfTime60-89DaysPastDueNotWorse	借款人逾期 60～89 天的次数，但在过去两年内没有恶化	整数
11	NumberOfDependents	家庭中不包括自己的受抚养人数量（配偶、子女等）	整数

11.2.2 数据探索

探索性数据分析可以针对解释变量也可以针对被解释变量，但这里仅分析解释变量，被解释变量的分析在后面单独展开。

1. 缺失值

通过以下示例，你可以看到变量 MonthlyIncome 和 NumberOfDependents 都有数据缺失。

```
[In]    1.  # 统计缺失值
        2.  data.isnull().sum(axis=0)

[Out]   SeriousDlqin2yrs                        0
        RevolvingUtilizationOfUnsecuredLines    0
        age                                     0
        NumberOfTime30-59DaysPastDueNotWorse    0
        DebtRatio                               0
        MonthlyIncome                           29731
        NumberOfOpenCreditLinesAndLoans         0
        NumberOfTimes90DaysLate                 0
        NumberRealEstateLoansOrLines            0
        NumberOfTime60-89DaysPastDueNotWorse    0
        NumberOfDependents                      3924
        dtype: int64
```

其中，MonthlyIncome 数据缺失比较严重，缺失了 29731 条，逾 20%的数据；而 NumberOfDependents 数据缺失数量占比不到 3%。经过可视化之后，这一结果更为直观。

```
[In]   1.  # 可视化缺失值
       2.  cols = data.columns
       3.  nullcounts = []
       4.  value_counts = []
       5.  for col in cols:
       6.      nullcounts.append(data[col].isnull().sum())
       7.      value_counts.append(data[col].shape[0] - data[col].isnull().sum())
       8.  
       9.  fig, ax = plt.subplots()
      10.  ax.barh(cols, value_counts, label='not missing')
      11.  ax.barh(cols, nullcounts, label='missing', left=value_counts)
      12.  ax.set_xlabel('Count')
      13.  ax.set_ylabel('variable')
      14.  plt.show()
```

[Out] *(条形图:各变量的缺失值与非缺失值计数)*

2. 异常值

异常值通常是极端值,指偏离大多数抽样数据的数值。对于极端值,有些是合理的,例如步行距离 0 代表还未出发;但对于某些特征,取零是不合理的,例如在该数据集中,贷款人的年龄出现了 0 岁。

我们可以通过箱线图观察所有变量的取值分布发现异常值。在这里,变量 age 出现了值为 0 的情况。NumberOfDependents 高位有异常值,而 NumberOfTime30-59DaysPastDueNotWorse、NumberOfTimes90DaysLate、NumberOfTime60-89DaysPastDueNotWorse 这 3 个变量箱线图最右的两个离散点,都是异常值。而且这 3 个变量的分布本身就非常离散,取值有限。NumberRealEstateLoansOrLines 也有同样的问题,有高位异常值,且变量取到的值的数量较少。另外,MonthlyIncome 的高位也存在异常值,高值和低值的差距太大。

```
[In]   1.  # 批量画箱线图
       2.  x_cols =data.columns.tolist().copy()
       3.  x_cols.remove('SeriousDlqin2yrs')
       4.  fig, axes = plt.subplots(len(x_cols),1, figsize=(11,11))
```

```
5.      i = 0
6.      for c in x_cols:
7.          #ax=plt.boxplot(train_data[c], vert=False,ax = axes[i])
8.
9.          ax = axes[i]
10.         ax.boxplot(data[c],vert=False)
11.         ax.set_ylabel(c, rotation=0,labelpad=150)
12.         ax.set_xlabel("Number of Times")
13.         i +=1
14. plt.show()
```

[Out]

要想更清楚地确定异常值的大小,可以通过对取值进行无重复序列排序之后查看。NumberOfDependents 应从 10 处截断,而 NumberOfTime30-59DaysPastDueNotWorse、NumberOf-Times90DaysLate、NumberOfTime60-89DaysPastDueNotWorse 高于 90 的可去除,NumberReal- EstateLoansOrLines 高于 50 可去除。

```
[In]  1.  for col in ['NumberOfDependents', 'NumberOfTime30-59DaysPastDueNotWorse',
          'NumberOfTimes90DaysLate','NumberOfTime60-89DaysPastDueNotWorse',
          'NumberRealEstateLoansOrLines']:
      2.      print(col,np.sort(train_data[col].unique(), axis=-1)[-5:])
```

```
[Out]  NumberOfDependents [ 9. 10. 12. 20. nan]
       NumberOfTime30-59DaysPastDueNotWorse [11 12 13 96 98]
       NumberOfTimes90DaysLate [14 15 17 96 98]
       NumberOfTime60-89DaysPastDueNotWorse [ 8  9 11 96 98]
       NumberRealEstateLoansOrLines [25 26 29 32 54]
```

3. 数据预处理

缺失值和异常值可以按行处理或按列删除、填充（插值）和进行特征转换。其中，删除操作会损失数据信息，需谨慎操作，大多数时候针对较少的数据执行删除操作。

本例采用以下方式处理缺失值和异常值。

- NumberOfDependents：删除缺失值，超过 10 以上都取为 10。
- age：用各类别中的均值填充缺失值和零值异常值。
- NumberOfTime30-59DaysPastDueNotWorse、NumberOfTimes90DaysLate、NumberOfTime60-89DaysPastDueNotWorse 等：删除异常值，并通过求和转换为新的变量 defaut times，代表跨不同期限的违约次数。
- MonthlyIncome：用均值填充缺失值后取对数，压缩取值范围。
- NumberRealEstateLoansOrLines：删除异常值后与 NumberOfOpenCreditLinesAndLoans 合并成新的变量 loan times，代表不同类型贷款总的贷款次数。

```python
# 数据预处理
import math
# 处理 NumberOfDependents
data.dropna(subset=['NumberOfDependents'],inplace=True)
data['NumberOfDependents']=data['NumberOfDependents'].apply(
    lambda x:10 if x>10 else x)
# 处理 age
data['age']=data.apply(lambda x: data[data[y_col]==1]['age'].mean()
        if x['age']!=x['age'] and x[y_col]==1 else x['age'],axis=1)
data['age']=data.apply(lambda x: data[data[y_col]==0]['age'].mean()
        if x['age']!=x['age'] and x[y_col]==1 else x['age'],axis=1)
# 处理 NumberOfTime30-59DaysPastDueNotWorse 等
data.drop(data[(data['NumberOfTime30-59DaysPastDueNotWorse']>90)
    |(data['NumberOfTimes90DaysLate']>90)
    |(data['NumberOfTime60-89DaysPastDueNotWorse']>90)].index,inplace=True)
data['defaut times']=data['NumberOfTime30-59DaysPastDueNotWorse']
+data['NumberOfTimes90DaysLate']+data['NumberOfTime60-89DaysPastDueNotWorse']
del data['NumberOfTime30-59DaysPastDueNotWorse']
del data['NumberOfTimes90DaysLate']
del data['NumberOfTime60-89DaysPastDueNotWorse']
# 处理 MonthlyIncome
data['MonthlyIncome'].fillna(data['MonthlyIncome'].mean(), inplace=True)
data['MonthlyIncome']= data['MonthlyIncome'].map(lambda x: math.log(x+1))
# 处理 NumberRealEstateLoansOrLines，与 NumberOfOpenCreditLinesAndLoans
data.drop(data[data['NumberRealEstateLoansOrLines']>50].index,inplace=True)
```

```
26.  data['loan times']=data['NumberRealEstateLoansOrLines']
27.  +data['NumberOfOpenCreditLinesAndLoans']
28.  del data['NumberRealEstateLoansOrLines'],data['NumberOfOpenCreditLinesAndLoans']
```

11.2.3 特征选择

我们需要一些具体的量化指标来衡量每个自变量的预测能力，并根据这些量化指标的大小来确定哪些变量进入模型。除了相关系数，在信用评分中还可以利用信息值（IV）来衡量自变量的预测能力。类似的指标还有信息增益、基尼系数等。

1. 相关性

在图 11-1 中，各解释变量之间不存在高度相关。值得注意的是，在被解释变量 SeriousDlqin2yrs 与各解释变量之间的相关性中，RevolvingUtilizationOfUnsecuredLines 几乎与解释变量不相关。

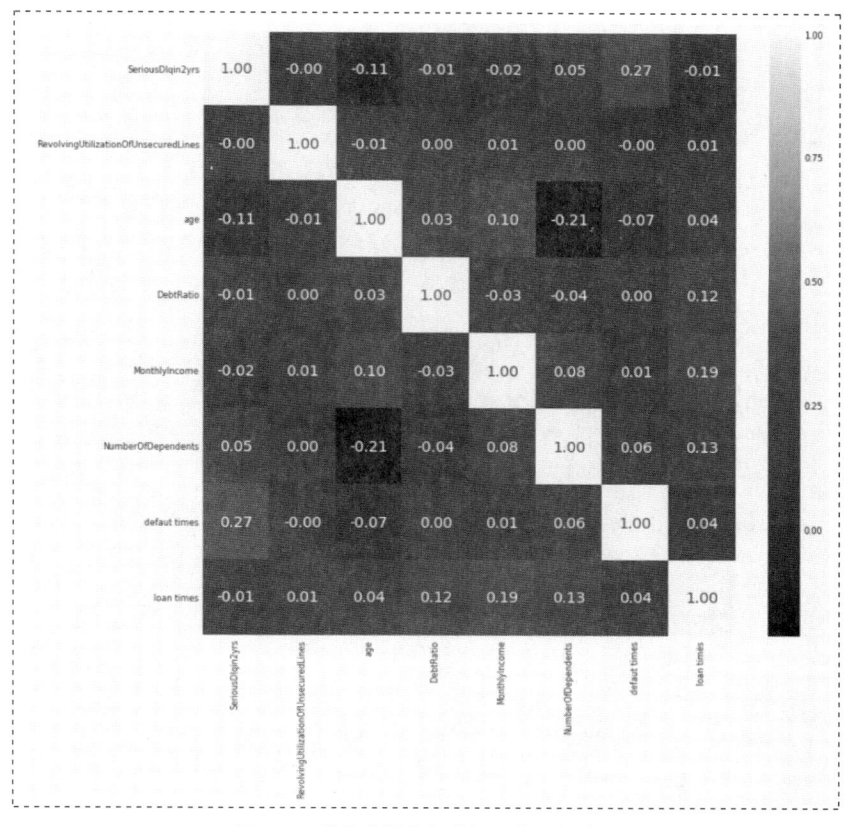

图 11-1 贷款数据集部分解释变量相关图

2. 信息值

信息值用于检查各变量的预测强度。在计算信息值（IV）之前，我们先来了解变量分箱和证据权重（WOE）。

变量分箱（binning）就是将连续数据分组，使连续变量离散化。这是由于在信用评分中大多数解释变量都是具有多个取值的整型数据或者本身就是连续类型，要对一个变量进行 WOE 和 IV 计算，需要首先把这个变量进行分组处理。常用的分箱方式包括等距分段、等深分段或最优分箱。在这里使用决策树获得最优分箱的边界值列表。

```python
# 最优分箱
from sklearn.tree import DecisionTreeClassifier
def optimal_binning_boundary(x: pd.Series, y: pd.Series, nan: float = -999.):
    # 利用决策树获得最优分箱的边界值列表
    boundary = []  # 待 return 的分箱边界值列表
    x = x.replace('-',np.nan)
    x = x.replace('–',np.nan)
    x = x.replace('未公开',np.nan)
    x = x.replace('未知',np.nan)
    x = x.values
    y = y.values

    clf = DecisionTreeClassifier(criterion='entropy',    #"信息熵"最小化准则划分
                                 max_leaf_nodes=6,       # 最大叶子节点数
                                 min_samples_leaf=0.05)  # 叶子节点样本数量最小占比

    clf.fit(x.reshape(-1, 1), y)  # 训练决策树

    n_nodes = clf.tree_.node_count
    children_left = clf.tree_.children_left
    children_right = clf.tree_.children_right
    threshold = clf.tree_.threshold

    for i in range(n_nodes):
        if children_left[i] != children_right[i]:  # 获得决策树节点上的划分边界值
            boundary.append(threshold[i])

    boundary.sort()

    min_x = x.min()
    max_x = x.max() + 1e-7  # 保证后续 groupby 操作时，能包含特征最大值的样本
    boundary = [min_x] + boundary + [max_x]

    return boundary
```

证据权重（Weight Of Evidence，WOE）代表该组别客户的区别程度，在分箱的基础上就可以计算 WOE。

$$WOE = \ln\left(\frac{\text{正样本比例}}{\text{负样本比例}}\right)$$

WOE 的绝对值越高，正负样本的区分度也就越高。IV 具有同样的效果。

$$IV = \Sigma(\text{正样本比例} - \text{负样本比例})WOE$$

即

$$IV = \Sigma(\text{正样本比例} - \text{负样本比例})\ln\left(\frac{\text{正样本比例}}{\text{负样本比例}}\right)$$

信息值大小与变量预测能力的强弱关系如表 11-2 所示。

表 11-2 信息值（IV）取值含义

信息值（IV）	解释能力
[0, 0.03)	无预测能力
[0.03, 0.10)	低
[0.10, 0.30)	中
[0.30, 0.50)	高
[0.50, +∞)	极高

WOE 和 IV 的计算函数如下。

```
# 计算变量各个分箱的 WOE、IV 值
def feature_continuous_woe_iv(df,column,label, nan: float = -999.):
    # 计算变量各个分箱的 WOE、IV 值，返回一个 DataFrame
    x=df[column]
    y=df[label]
    boundary = optimal_binning_boundary(x, y, nan)
    # 获得最优分箱边界值列表
    df = df[[column,label]]
    df.columns = ['x', 'y']                    # 特征变量、输出变量字段的重命名
    df[column] = pd.cut(x=x, bins=boundary, right=False)   # 获得每个 x 值所在的分箱区间
    grouped = df.groupby(column)['y']          # 统计各分箱区间的好客户和坏客户数量以及客户总数
    result_df = grouped.agg([('good', lambda y: (y == 0).sum()),
                             ('bad', lambda y: (y == 1).sum()),
                             ('total', 'count')])
```

```
16.        result_df['good_pct'] = result_df['good'] / result_df['good'].sum() # 好客户占比
17.        result_df['bad_pct'] = result_df['bad'] / result_df['bad'].sum() # 坏客户占比
18.        result_df['total_pct'] = result_df['total'] / result_df['total'].sum() # 总客户占比
19.
20.        result_df['bad_rate'] = result_df['bad'] / result_df['total']    # 坏比率
21.        result_df['woe'] = np.log(result_df['good_pct'] / (result_df['bad_pct']+
           0.0001))            # WOE     +0.001 防止分母为 0
22.        result_df['iv'] = (result_df['good_pct'] - result_df['bad_pct']) *
           result_df['woe']    # IV
23.
24.        print(column+f" 信息量 IV = {result_df['iv'].sum()}")
25.
26.        return result_df
```

调用该函数即可计算连续变量各分组的 WOE 和 IV 值，该变量总的 IV 值等于各组的求和。

```
[In]    1.  # 计算 age 的 WOE 和 IV 值
        2.  feature_continuous_woe_iv(data,'RevolvingUtilizationOfUnsecuredLines',y_col)

[Out]   age 信息量 IV = 0.24216316542967298
```

age	good	bad	total	good_pct	bad_pct	total_pct	bad_rate	woe	iv
[0.0, 35.5)	18518	2259	20777	0.136037	0.232599	0.142467	0.108726	-0.536820	0.051836
[35.5, 42.5)	17789	1796	19585	0.130681	0.184926	0.134294	0.091703	-0.347734	0.018863
[42.5, 53.5)	36054	3060	39114	0.264860	0.315074	0.268204	0.078233	-0.173926	0.008734
[53.5, 56.5)	9660	655	10315	0.070964	0.067442	0.070730	0.063500	0.049421	0.000174
[56.5, 63.5)	22473	1098	23571	0.165091	0.113056	0.161626	0.046583	0.377729	0.019655
[63.5, 107.0)	31631	844	32475	0.232367	0.086903	0.222680	0.025989	0.982379	0.142901

各变量信息值（IV）及预测能力如表 11-3 所示，其中信息值（IV）最低的是 NumberOfDependents，最高的是 RevolvingUtilizationOfUnsecuredLines，尽管该变量的线性相关性偏低。

表 11-3 各变量信息值（IV）及预测能力对照表

序号	变量名	信息值（IV）	预测能力
1	RevolvingUtilizationOfUnsecuredLines	1.06	极高
2	age	0.24	中
3	DebtRatio	0.08	低

续表

序号	变量名	信息值（IV）	预测能力
4	MonthlyIncome	0.07	低
5	defaut times	0.70	极高
6	loan times	0.05	低
7	NumberOfDependents	0.03	低

3. 短变量列表

在建模之前，需从手中拥有的数据中挑选或组合出可能影响风险的变量。这些一开始的解释变量组合称为长变量列表，经过筛选后的变量集合叫作短变量列表。根据相关性和信息值的分析，从原先含 11 个变量的长变量列表挑选出的 7 个变量都可以保留，成为短变量列表 "['RevolvingUtilizationOfUnsecuredLines', 'age', 'DebtRatio', 'MonthlyIncome', 'NumberOfDependents', 'defaut times', 'loan times']"。

```
[In]  1.  # 短变量列表
      2.  x_col=['RevolvingUtilizationOfUnsecuredLines','age','DebtRatio','MonthlyIncome',
      3.        'NumberOfDependents','defaut times','loan times']
```

11.2.4 数据采样

数据采样主要解决分类数据的类别不平衡性，采样方式主要有上采样和下采样。上采样是重复采样少数类直到两类数据趋于平衡，下采样是不断剔除多数类直到两类数据趋于平衡。上采样消耗额外的内存但保留了样本的有效信息，下采样节省内存但损失了精度。本案例主要采用上采样，以便模型获得更好的预测效果。

1. 数据平衡性

SeriousDlqin2yrs 为被解释变量，代表客户是否发生 90 天及以上的逾期行为，发生则为 1，未发生则为 0。其中正样本 136125 条，负样本 9712 条。负样本占比约为 6.6%，属于严重有偏数据。

```
[In]   print(data[y_col].value_counts())    # 打印被解释变量
[Out]  0    136125
       1      9712
       Name: SeriousDlqin2yrs, dtype: int64
```

2. 上采样

为不损失训练有效性，采用上采样增强数据，采样后正负样本比例接近 2 : 1。

```
[In]  1.    #上采样
      2.    from sklearn.model_selection import train_test_split
      3.    # 切分数据
      4.    data=data[x_col+[y_col]]
      5.    X_train, X_test, y_train, y_test = train_test_split(data[x_col], data[y_col],
      6.                                      test_size=0.3,random_state=2020)
      7.
      8.    train_data = pd.concat([X_train, y_train], axis=1)   # 合并x、y为一个DataFrame,
            方便后续计算
      9.    # bdf.columns = ['x', 'y']
      10.
      11.   # 采样规模，只补一半
      12.   sample_scale=int(0.5*(train_data.iloc[:,-1].value_counts().max()-train_
            data.iloc[:,-1].value_counts().min()))
      13.   # 采样
      14.   upsampling=train_data[train_data.iloc[:,-1]==1].sample(n=sample_scale,
            replace=True,axis=0,random_state=2020)
      15.
      16.   # 聚合采样和原数据
      17.   sample=pd.concat([upsampling,train_data])
      18.   # 切分数据
      19.   X_train, y_train=sample.iloc[:,:-1],sample.iloc[:,-1]
      20.
      21.   sample[y_col].value_counts()
```
```
[Out]  0    95309
       1    51042
       Name: SeriousDlqin2yrs, dtype: int64
```

11.3 建立模型

本案例将应用支持向量机、逻辑回归和随机森林这 3 个分类模型。对于信用评分，可以预测 0 还是 1 的分类标签，也可以预测贷款违约的概率。在这里，只选取前者作为模型预测目标，而后者由读者自己探索。

之所以选择 3 个分类模型，是为了横向对比不同模型的分类效果，看如何选择模型，提高模型的预测准确率。

```
[In]    1.  # 导入模型相关的库
        2.  from sklearn.svm import SVC
        3.  from sklearn.ensemble import RandomForestClassifier
        4.  from sklearn.linear_model import LogisticRegression
        5.
        6.  # 创建字典用于保存模型
        7.  models={}
        8.  for i,model in enumerate([SVC(),LogisticRegression(),RandomForestClassifier()]):
        9.      model.fit(X_train, y_train) # 训练
       10.      models[i]=model
       11.      print('model',model) # 打印模型参数
       12.      print('-'*60)
```

```
[Out]  model SVC(C=1.0, cache_size=200, class_weight=None, coef0=0.0,
           decision_function_shape='ovr', degree=3, gamma='auto', kernel='rbf',
           max_iter=-1, probability=False, random_state=None, shrinking=True,
           tol=0.001, verbose=False)
       ------------------------------------------------------------
       model LogisticRegression(C=1.0, class_weight=None, dual=False, fit_intercept=True,
           intercept_scaling=1, max_iter=100, multi_class='ovr', n_jobs=1,
           penalty='l2', random_state=None, solver='liblinear', tol=0.0001,
           verbose=0, warm_start=False)
       ------------------------------------------------------------
       model RandomForestClassifier(bootstrap=True, class_weight=None, criterion='gini',
           max_depth=None, max_features='auto', max_leaf_nodes=None,
           min_impurity_decrease=0.0, min_impurity_split=None,
           min_samples_leaf=1, min_samples_split=2,
           min_weight_fraction_leaf=0.0, n_estimators=10, n_jobs=1,
           oob_score=False, random_state=None, verbose=0,
           warm_start=False)
       ------------------------------------------------------------
```

11.4 验证评估

通过对比各个模型在验证集和测试集上的表现，我们将看到不同的模型对信用评分预测的能力不尽相同。如何选出最佳的模型，将是本节探索的主题。

11.4.1 分类评价指标

在验证之前先了解分类评价指标。这里主要涉及二分类的评价指标，多分类与此相似但略有不同，此处不再展开介绍。

1. 混淆矩阵

混淆矩阵也称误差矩阵，是表示精度评价的一种标准格式。对于 n 个类别的标签数据，如表 11-4 所示，混淆矩阵将其表示成 n 行 n 列的矩阵形式。

表 11-4 混淆矩阵

真实情况	预测结果	
	正例	反例
正例	TP（真阳性）	FN（假阴性）
反例	FP（假阳性）	TN（真阴性）

其中 4 种类型的预测结果含义如下：

- TP（True Positive）——真阳性，预测为正，实际也为正；
- FP（False Positive）——假阳性，预测为正，实际为负；
- FN（False Negative）——假阴性，预测为负，实际为正；
- TN（True Negative）——真阴性，预测为负，实际也为负。

2. 分类报告

分类报告中所有的评估指标都是围绕前述 4 种预测结果进行的，分别是精准度（Precison）、召回率（Recall）和 F1-Score。对于二分类来说，只需讨论 F1-Score。

精准度（Precison）的公式如下所示。

$$精准度(P) = \frac{真阳性(TP)}{真阳性(TP) + 假阳性(FP)}$$

由公式可以看到，精准度就是计算对于某一类样本的预测结果，其中到底有多少是预测正确的。上面公式是针对正样本的，对于负样本需要把 TP 换成 TN，把 FP 换成 FN。

而召回率（Recall）的公式如下所示。

$$召回率(R) = \frac{真阳性(TP)}{真阳性(TP) + 假阴性(FN)}$$

召回率的意义是对于实际样本的某一类，我们的预测模型预测对了多少，同样，针对负样本，公式也需要相应地改动。

对于整个模型的精准度和召回率，会根据各类别样本的比例进行加权计算。加权的精准度就是正确率（Accuracy）。

精准度和召回率的概念很容易混淆，但是只要注意精准度是对于预测结果的评估，而召回率是对于实际样本的评估即可轻松区分。

对于预测模型我们当然希望精准度和召回率都很高，这两者实际上是存在矛盾的，根据不同的情况我们需要衡量注重哪一个（比如对于违约检测，我们需要不计代价地将全部违约样本都找出来，这时我们就需要让召回率尽量高，而这必然会出现大量的错误预测，导致精准度的降低）。

为了平衡精准度和召回率，我们可以使用另一个评价指标 F1-Score。

F1-Score，又叫作平衡 F 分数，被定义为精确率和召回率的调和平均数，公式如下。

$$\text{F1-Score} = 2 \times \frac{P \times R}{P + R}$$

F1-Score 常被作为二分类模型的最重要评价指标之一，它能够综合精准度和召回率，观察哪个模型能够在付出最小代价的情况下获得最好的效果。

3．ROC 曲线和 AUC 值

对于二分类的分类器而言，可以根据其在样本上的表现得到一个由真阳性率 TPR（True Positive Rate）和假阳性率 FPR（False Positive Rate）构成的点对。这样，此分类器就可映射成 ROC 平面上的一个点。调整这个分类器的分类阈值，就可以得到一个经过点（0，0）和点（1，1）的曲线。

图 11-2 给出了 ROC 曲线的例子：理想情况下，TPR 应接近 1，FPR 接近 0，即图中的（0,1）点。ROC 曲线越靠拢（0,1）点、越偏离 45 度对角线，就越好。这个效果可以用 AUC 来定义。

AUC（Area Under Curve）的值是 ROC 曲线下的面积，取值范围一般介于 0.5 和 1 之间。使用 AUC 值作为评价标准是因为很多时候 ROC 曲线并不能清晰地说明哪个分类器的效果更好，而作为一个数值，AUC 值越大，分类器的准确率越高。

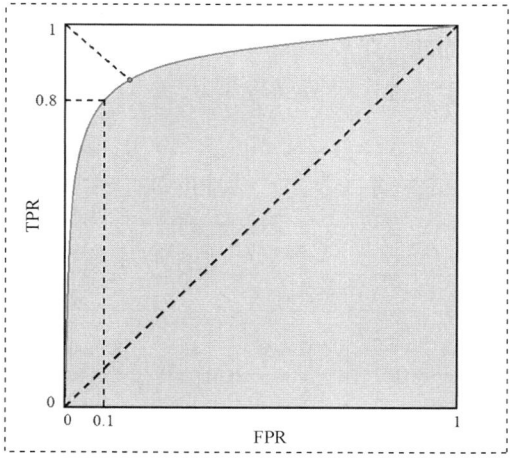

图 11-2　ROC 曲线

这里主要涉及二分类的评价指标，多分类与此相似但略有不同，不再展开介绍。

11.4.2 横向对比模型

分类报告和混淆矩阵都可以帮助我们对比模型的效果。首先来关注模型在测试集上的表现，在分类报告中重点关注 1 类（即违约的少数类）的 Recall 和总体的 F1-Score；在混淆矩阵中，重点关注对角线上的两个值的大小，这代表着真阳性和真阴性。下面以第一个模型支持向量机为例。

```
[In]    1.  # 支持向量机模型预测结果评估
        2.  from sklearn.metrics import classification_report,confusion_matrix
        3.  # 预测训练集
        4.  y_train_hat=models[0].predict(X_train)
        5.  print('分类报告\n',classification_report(y_train, y_hat))
        6.  print('混淆矩阵\n',confusion_matrix(y_train, y_hat))

[Out]   分类报告
                     precision    recall   f1-score    support

                0       0.84        0.90     0.87       95309
                1       0.78        0.68     0.73       51042

        avg / total     0.82        0.82     0.82       146351

        混淆矩阵
        [[85582  9727]
         [16333 34709]]
```

统计 3 个模型的重要参数如表 11-5 所示，可以看出在各项重要指标的表现上，随机森林均优于其他两个分类模型。

表 11-5　各模型训练表现

编号	模型	函数	Recall（positive）	F1-Score
1	支持向量机	SVC	0.68	0.73
2	逻辑回归	LogisticRegression	0.38	0.70
3	随机森林	RandomForestClassifier	1.00	1.00

接着对比随机森林在训练集和测试集上的不同表现，先看分类报告。随机森林在训练集上学习得很好，但在测试集上表现不佳。这可能是过拟合，也可以是由于测试集本身的不平衡性导致的。

```
[In]    1.    # 对比随机森林在训练集和测试集上的表现
        2.    y_train_hat=models[2].predict(X_train)
        3.    y_test_hat=models[2].predict(X_test)
        4.    print('训练集上: ')
        5.    print('分类报告\n',classification_report(y_train, y_train_hat))
        6.
        7.    print('\n测试集上: ')
        8.    print('分类报告\n',classification_report(y_test, y_test_hat))
```

```
[Out]   训练集上:
        分类报告
                    precision    recall   f1-score   support

                0       1.00       1.00      1.00      95309
                1       1.00       1.00      1.00      51042

        avg / total     1.00       1.00      1.00     146351


        测试集上:
        分类报告
                    precision    recall   f1-score   support

                0       0.94       0.98      0.96      40816
                1       0.34       0.15      0.21       2936

        avg / total     0.90       0.92      0.91      43752
```

再对比一下训练集和测试集的 ROC 曲线，也会发现同样的问题。随机森林在训练集上的 AUC 值已经接近于 1，ROC 曲线达到最理想的状态，但在测试集上表现不如训练集（但 AUC 分数仍然算是不错的）。造成这种类似于过拟合的问题原因有很多，例如数据的不平衡性，读者可以将前述的采样比例从 0.5 调整为 1，然后再尝试训练。

```
[In]    from sklearn.metrics import roc_curve, auc

        def plot_roc(y_test, y_prob):
            fpr, tpr, _ = roc_curve(y_test, y_prob)
            plt.figure(figsize=(10,8))
            plt.title("ROC curve(auc score=%.4f)"%auc(fpr,tpr))
            plt.plot(fpr, tpr, label='ROC curve (area = %0.2f)' % auc(fpr,tpr))
            plt.plot([0,1], [0,1],'r--')

        y_train_prob=models[2].predict_proba(X_train)[:,1]
        y_test_prob=models[2].predict_proba(X_test)[:,1]
        plot_roc(y_train, y_train_prob)
        plot_roc(y_test, y_test_prob)
```

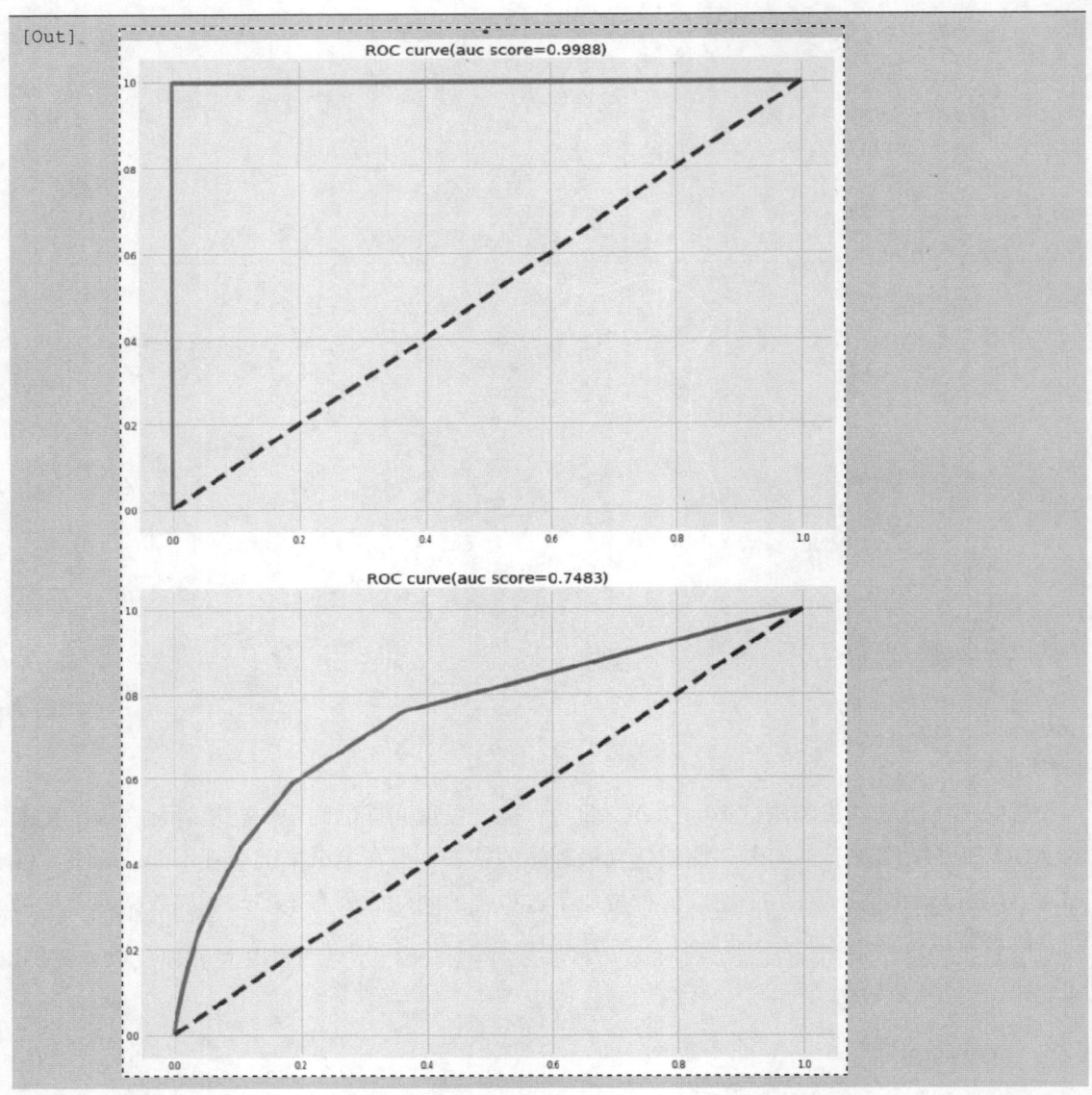

除此以外，随机森林能够给出解释变量的特征重要性，可用于后续尝试新模型的特征工程——在后续工作中使用这些特征重要性作为特征选择的方法，进行数据降维。从绘图结果可知，RevolvingUtilizationOfUnsecuredLine 仍然是最重要的变量。

```
1.  # 可视化随机森林的特征重要性
2.  model=models[2]
3.  plt.figure(figsize=(10,8))
4.  n_features = X_train.shape[1]
```

```
5.  plt.barh(range(n_features), model.feature_importances_, align='center')
6.  plt.yticks(np.arange(n_features), X_train.columns)
7.  plt.xlabel("Feature importance")
8.  plt.ylabel("Feature")
```

[Out]

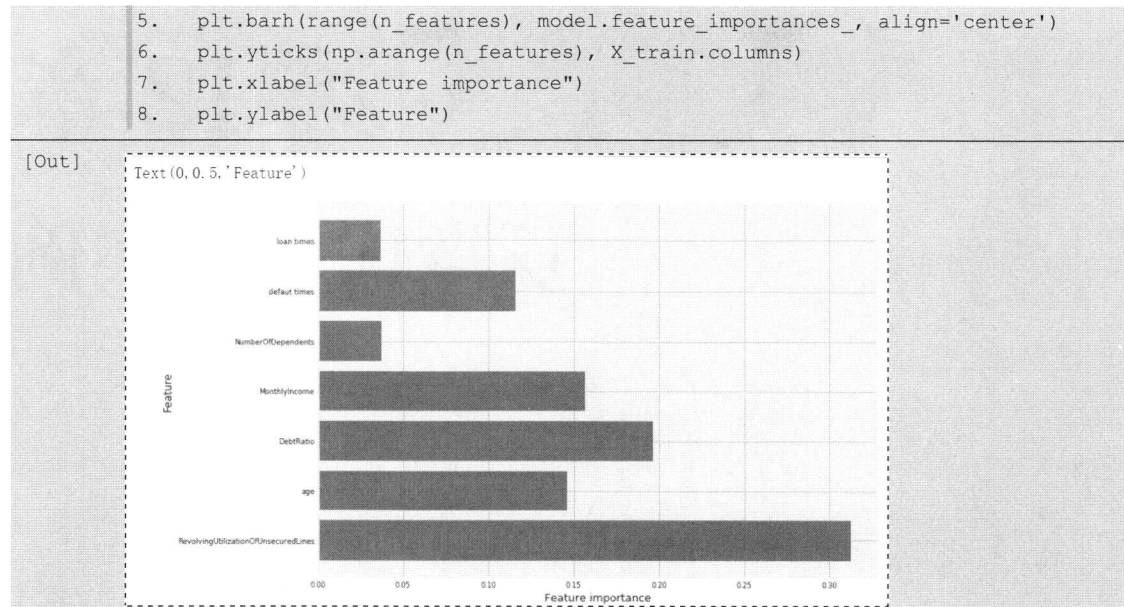

11.5 小结

仔细研读本章的案例,你会发现信用评分并不是一项艰巨的任务。相对于连续型数据有多个取值,信用评分的二分类任务显得简洁而直白。逻辑回归是信用评分中很常用的算法,但在稳定结果和提升性能上不如随机森林,特别是在解释变量过多的情况下,随机森林能给出特征重要性排序,也有助于解释模型。然而在现实世界中,由于人工标记的缺失,大量的类别数据缺乏类别标签,而需要使用聚类算法来对它们进行分类。第 12 章将以反欺诈为例讲解如何构建聚类模型。

第 12 章 反欺诈模型实例

金融欺诈是指以非法占有为目的，采用虚构事实或隐瞒事实真相的方法，骗取公私财务或者金融机构信用，破坏金融管理秩序的行为，包括网络诈骗、电话诈骗、账户盗用等。通过对欺诈行为进行识别，能够有效支持银行风险管理，降低操作风险。在线的反欺诈是互联网金融必不可少的一部分，本章涉及的反欺诈案例，来自消费金融领域的信用卡盗刷。本章将示范如何构建聚类模型，使用它来追踪可疑的交易。

在这一章中，我们将探讨以下主题。

- 确定类的个数
- 类的可视化
- 聚类效果的内部评价指标

12.1 场景介绍

在信用卡领域，随着犯罪分子作案的专业化和技术手段的升级，信用卡盗刷的漏洞越来越多。如何识别欺诈性的信用卡交易，避免用户和银行的财产损失，是银行一项迫切的需求。

在本章中，使用 Kaggle 的信用卡反欺诈数据集（creditcardfraud），该数据存放在 creditcardfraud.csv 中，包含 2013 年 9 月欧洲持卡人通过信用卡进行的交易。该数据集显示两天内发生的交易，其中 284807 笔交易中有 492 宗欺诈。数据集高度不平衡，正类（欺诈）占所有交易的 0.172%。

该数据为结构化数据，特征 V1、V2……V28 是经过主成分分析（PCA）变换的结果。特征 Time 包含每个事务与数据集中第一个事务之间经过的秒数，特征 Amount 是交易金额，Class 为类别标签，存在欺诈的情况下取 1，否则取 0。需要说明的是，本章采用聚类模型探索数据，训练时不需要标签，标签仅用于模型效果的评估。

在该业务场景中，需对历史记录数据进行聚类并对异常值进行检测，来识别某一交易是否是发生了盗刷。

12.2 数据准备

由于数据集过大，仅抽取 10% 的数据进行建模。采样前可通过设定随机数种子，保证随机采样的结果可重复。采样后共 28481 条数据，其中负样本 49 条。该数据集的数据类型只有 float64 和 int64，共 31 个变量，无缺失值。

```
[In]  1.  # 设定随机数种子
      2.  np.random.seed(seed=2020)
      3.  # 读取数据
      4.  data=pd.read_csv(r"./dataset/creditcardfraud.csv")
      5.  # 采样
      6.  sample=data.sample(frac=0.1)
      7.  sample.shape
[Out] (28481, 31)
```

12.2.1 特征转换

如图 12-1 所示，通过对特征的统计可以发现，特征 Time 和特征 Amount 相对于其他特征取值 [均值（mean）或最大值（max）] 特别大，离散程度 [标准差（std）] 也特别高。

这是由于特征 Time 是按秒计，取值过大，可将时间从单位秒转换为单位小时。而对于交易金额（Amount），可采用对数压缩取值范围，注意取对数的时候要留意非法零值，因此可对 Amount+1 取对数，即 ln(Amount+1)。

```
[In]  1.  # 特征转换
      2.  sample.Time = sample.Time.map(lambda x: divmod(x, 3600)[0])
      3.  sample.Amount = sample.Amount.map(lambda x: math.log(x+1))
[Out]
```

	Time	Amount	V1	V2	V3
count	28481.000000	28481.000000	28481.000000	28481.000000	28481.000000
mean	95081.280749	87.202118	0.026534	0.011319	-0.007368
std	47483.822980	231.158456	1.919344	1.582511	1.493663
min	1.000000	0.000000	-35.698345	-40.978852	-29.468732
25%	54476.000000	5.850000	-0.894757	-0.606529	-0.897072
50%	85329.000000	22.470000	0.038758	0.070498	0.184776
75%	139690.000000	78.000000	1.322692	0.813802	1.025286
max	172784.000000	7712.430000	2.418802	15.876923	4.101716

图 12-1 特征统计（部分展示）

执行上述代码之后，如图 12-2 所示，经过转换后，数据的取值差异明显降低。

	Time	Amount	V1	V2	V3
count	28481.000000	28481.000000	28481.000000	28481.000000	28481.000000
mean	25.920122	3.158847	0.026534	0.011319	-0.007368
std	13.181489	1.649913	1.919344	1.582511	1.493663
min	0.000000	0.000000	-35.698345	-40.978852	-29.468732
25%	15.000000	1.924249	-0.894757	-0.606529	-0.897072
50%	23.000000	3.155723	0.038758	0.070498	0.184776
75%	38.000000	4.369448	1.322692	0.813802	1.025286
max	47.000000	8.950718	2.418802	15.876923	4.101716

图 12-2 转换后特征统计（部分展示）

12.2.2 特征缩放

即便经过特征转换，特征 Time 和 Amount 的数据规格与特征 V1～V28 仍有一定差别，需要对其进行特征缩放，将特征缩放至同一个规格。这是因为在聚类算法中，使用了距离来度量样本的相似性，但是特征变量的量纲和数值的量级不一样，对输出变量的影响程度就不一样。例如，使用欧式距离的一些距离算法，可能在某些取值较大的差异特征上计算出远超一般水平的距离数据。原始数据经过特征缩放处理后，可以消除特征间的规格差异，各变量处于同一数量级，适合进行综合对比评价。主要的方法有 3 种：正则化（Normalization），最小值-最大值归一化（Min-Max Scaling）以及 Z-score 标准化（Z-score Normalization）。

本节使用正则化，常用的是 L1 和 L2 正则化。L1 是将每一个样本的向量绝对值之和作为范数，再用每个向量去除以这个范数，就得到这个样本 L1 正则化后的向量。

$$x_i = \frac{x_i}{\|X\|_1}$$

其中

$$\|X\|_1 = \sum |x_i|$$

通过 L1 正则化可将数据的分布变成一个半径为 1 的圆。

代码如下所示。

```
# 正则化
from sklearn.preprocessing import Normalizer
x_cols=sample.columns.tolist()    # 解释变量
x_cols.remove('Class')
# 正则化
sample[x_cols]  = Normalizer().fit_transform(sample[x_cols])
```

经过特征缩放，数据的尺度全面趋于一致，如图 12-3 所示。

	Time	Amount	V1	V2	V3
count	28481.000000	28481.000000	28481.000000	28481.000000	28481.000000
mean	0.920979	0.156588	-0.000484	0.003079	0.018668
std	0.164448	0.130943	0.087375	0.070786	0.076230
min	0.000000	0.000000	-0.670126	-0.659682	-0.498987
25%	0.932531	0.065060	-0.040352	-0.024045	-0.026987
50%	0.976246	0.116176	0.001098	0.002672	0.007419
75%	0.988923	0.211508	0.055643	0.030650	0.053578
max	0.998483	0.908550	0.457601	0.494900	0.613423

图 12-3　缩放后特征统计（部分展示）

12.3　建立模型

本章将使用 K 均值聚类方法来处理信用卡反欺诈数据集。在这个数据集里，每一条样本代表一条信用卡交易记录，是否存在欺诈由变量 Class 给出。在训练模型时，可以放弃这一变量。

12.3.1 确定类的数量

画出组内的平方和（SSE）和提取的聚类个数 K 的对比，就可以找出使组内平方和快速下降的最佳 K 值，这条曲线也称为"Elbow Criterion"。

在代码的执行结果中，从二类到四类变化时，组内的平方总和有一个明显的下降趋势。特别是四类之后，下降的速度减弱，暗示着聚成二类到四类可能对数据来说是一个很好的拟合。

```
[In]
1.  # 通过 Elbow Criterion 确定 K
2.  sse = {}
3.  for k in range(1, 10):
4.      kmeans = KMeans(n_clusters=k, max_iter=1000).fit(sample[x_cols])
5.      sse[k] = kmeans.inertia_
6.  # 画出组内的平方和提取的聚类个数的对比
7.  plt.figure()
8.  plt.plot(list(sse.keys()), list(sse.values()))
9.  plt.xlabel("Number of cluster")
10. plt.ylabel("SSE")
11. plt.title('Elbow Criterion')
12. plt.show()
```

[Out]

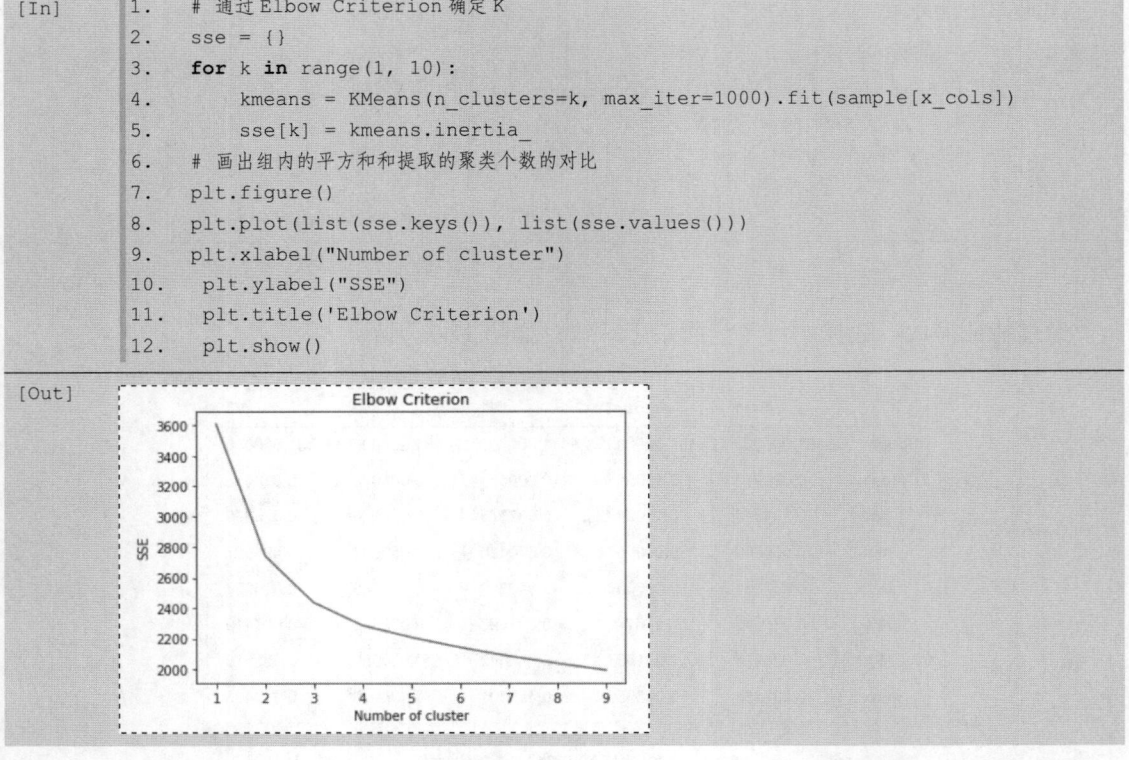

在这一步其实已经结合经验或者业务需求（比如当前是一个二分类问题）做出选择，但更进一步地，还可以使用量化指标来评估不同 K 值的聚类效果，比如轮廓系数（Silhouette Coefficient）。轮廓系数是聚类效果好坏的一种评价方式，从两个方面来度量聚类的内部有效性。

- 内聚度——度量各个类内在的紧致性，紧致性越大，聚类效果越好。
- 分离度——度量各个类的分离程度，类分离程度越大，结果越好。

具体的计算步骤如下。

- 计算样本 i 到同簇的其他样本的平均距离 a_i。
- 计算样本 i 到其他簇的所有样本的平均距离中最小的 b_i。
- 根据样本 i 的内聚度 a_i 和分离度 b_i，定义某个样本 i 的轮廓系数。

$$S_i = \frac{b_i - a_i}{\max\{a_i, b_i\}}$$

- 总体的轮廓系数是对所有样本的轮廓系数的求和。

轮廓系数的取值范围是[-1,1]，越趋近于 1 代表内聚度和分离度都越优，说明同类样本相距越近，不同样本相距越远。

通过以下代码，画出了使用轮廓系数推荐的聚类个数，可以看出在二分类时，聚类效果最好，其次是四分类。

```
# 使用轮廓系数确定K
from sklearn.metrics import silhouette_score
silhouette_scores = []
for n_cluster in range(2, 10):
    silhouette_scores.append(
        silhouette_score(sample[x_cols], KMeans(n_clusters =
        n_cluster).fit_predict(sample[x_cols])))
    K
# 画出结果，使用silhouette_score包中指标推荐的聚类个数
k =list(range(2,10))
plt.bar(k, silhouette_scores)
plt.xlabel('Number of clusters', fontsize = 10)
plt.ylabel('Silhouette Score', fontsize = 10)
plt.title('Silhouette Coefficient')
plt.show()
```

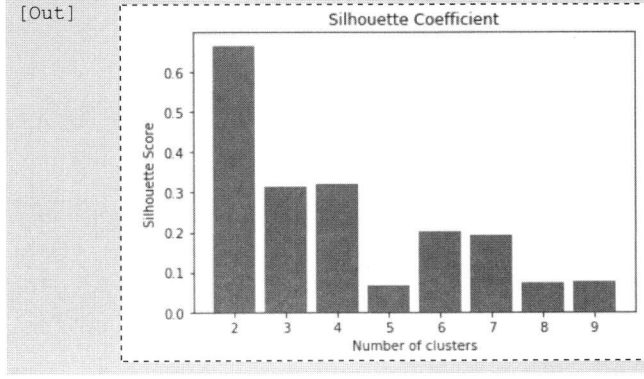

12.3.2 类的可视化

使用 sklearn.cluster 中的 KMeans()函数可以完成建模及训练，聚类效果如运行结果图所示，在特征 Time 和 Amount 的二维图上，模型对数据有一定的分离效果和区分度，特别是在输出结果中，在浅色的簇上表现出明显的簇内集中。

```
[In]  1.  # K均值聚类建模
      2.  from sklearn.cluster import KMeans
      3.  kmeans = KMeans(n_clusters=2)  # 创建模型
      4.  kmeans.fit(sample[x_cols]) # 使用无标签数据训练
      5.
      6.  # 聚类效果可视化
      7.  plt.scatter(sample['Time'], sample['Amount'],
      8.          c = KMeans(n_clusters = 2).fit_predict(sample[x_cols]),cmap =plt.cm.winter)
      9.  plt.show()
```

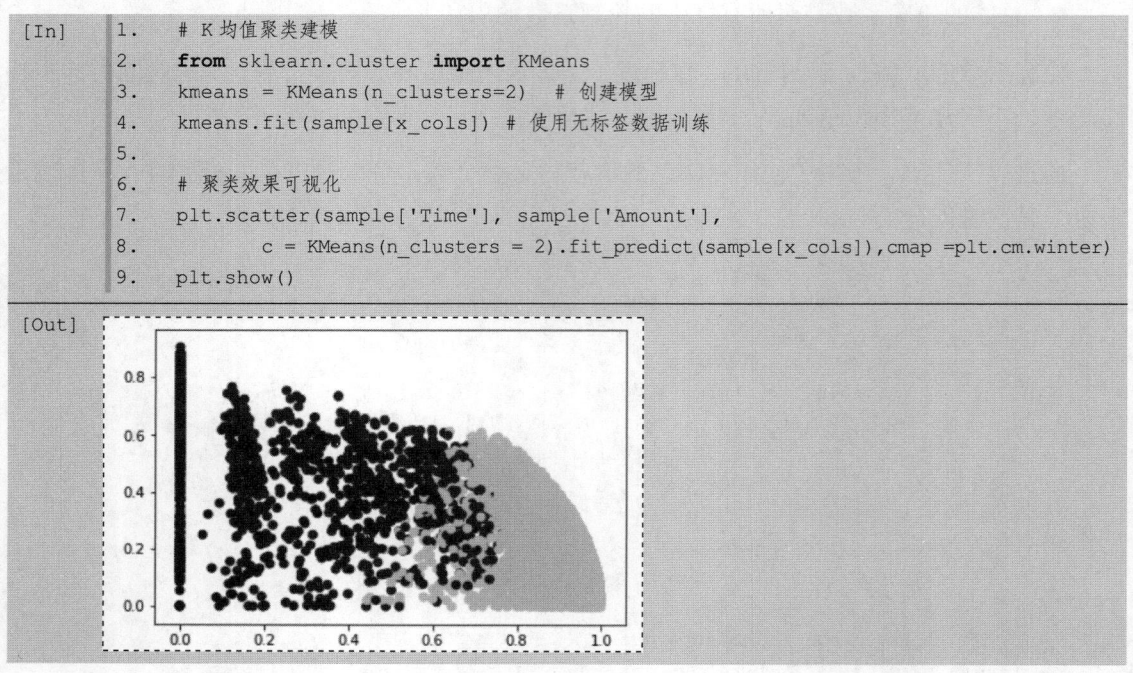

12.4 验证评估

由于是聚类刚好也是二分类，因此假定在预测的标签中，少数类为负样本。通过统计可以看出，预测标签刚好 0 类和 1 类交换了。

```
[In]  1.  # 统计标签
      2.  Y_true=sample['Class'].values
      3.  Y_predict= kmeans.fit_predict(sample[x_cols])
      4.  from collections import Counter
      5.  print('实际标签分布：',Counter(Y_true))
      6.  print('预测标签分布：',Counter(Y_predict))
```

```
[Out]    实际标签分布: Counter({0: 28432, 1: 49})
         预测标签分布: Counter({1: 27020, 0: 1461})
```

可以通过 NumPy 中的 Where 函数，做位运算交换 0 和 1。

```
[In]    1.  # 交换标签的 0 和 1
        2.  Y_predict=np.where((Y_predict==0)|(Y_predict==1), Y_predict^1, Y_predict)
[Out]
```

通过分类报告可以看出，虽然总体上预测准确度（Total Precision）接近 100%，并且 F1-Score 也达到了 97%，但这是由标签的不平衡分布引起的。如果只关注负样本的表现，召回率只有 27%，这意味着在 49 个负样本中，只有大约 13 个负样本被准确预测到。

在一般的反欺诈研究中，因为数据有不平衡性，所以二分类并非一个最好的选择。可以通过多分类（$K>2$），把每个分类的离群样本作为异常样本，打上欺诈的标签。这是对本案例的改进方法，留给读者思考。

```
[In]    1.  # 打印分类报告和混淆矩阵
        2.  from sklearn.metrics import classification_report,confusion_matrix
        3.  print('分类报告\n',classification_report(Y_true, Y_predict))
        4.  print('混淆矩阵\n',confusion_matrix(Y_true, Y_predict))
[Out]   分类报告
                    precision    recall    f1-score    support

                0      1.00       0.95       0.97       28432
                1      0.01       0.27       0.02          49

        avg / total    1.00       0.95       0.97       28481

        混淆矩阵
        [[26984  1448]
         [   36    13]]
```

12.5 小结

在本章的案例中，虽然使用的是带有标签的反欺诈数据集，但并未利用标签进行训练。我们已经尝试了二分类聚类以识别欺诈少数类，但还可以使用多分类聚类方法，在多类别中如何画出欺诈画像。读者可以进一步尝试不同 K 值下的聚类模型，探索它们对欺诈识别的影响。接下来，我们将进入 Jupyter Notebook 高级功能的学习。

第四部分
高级功能

- 第 13 章　安全配置

- 第 14 章　其他内核的配置

- 第 15 章　JupyterHub 多用户配置

第 13 章 安全配置

由于 Jupyter Notebook 是一个 Web 应用，在给用户带来便捷的同时也带来了安全性的问题，因此必须限制对 Jupyter Notebook 的访问以保障代码、数据以及其他方面的安全。由于在服务器环境下使用 Windows 或者 macOS 的情况较少，本章我们仅以 Linux 系统环境为例，探讨 Jupyter Notebook 的安全配置问题。

在这一章里，我们将探讨以下主题。

- 访问控制
- 安全认证
- SSL 配置

13.1 访问控制

Jupyter Notebook 提供了多种访问控制方式。在本节中，我们将从访问域、访问 IP、端口及 URL 前缀几个方面来配置 Jupyter Notebook。

13.1.1 设置访问域

默认情况下的设置是仅允许本地主机访问 Jupyter Notebook，这样用户就只能在安装了 Jupyter 的计算机上使用 Jupyter Notebook。作为一个 Web 应用，显然这种方式严重限制了 Jupyter Notebook 的使用场景。大家可以通过修改配置文件"jupyter_notebook_config.py"中的"c.NotebookApp.allow_origin"参数来实现访问域的设置。"c.NotebookApp.allow_origin = ' ' "即表示只允许本地访问，如图 13-1 所示。

```
## Set the Access-Control-Allow-Origin header
#
#  Use '*' to allow any origin to access your server.
#
#  Takes precedence over allow_origin_pat.
#  Default: ''
c.NotebookApp.allow_origin = ''
```

图 13-1　Jupyter Notebook 域配置参数

"jupyter_notebook_config.py"通常在"~/.jupyter"路径下，如果发现没有找到配置文件，可以通过运行以下命令生成配置文件。

```
$ jupyter notebook --generate-config
```

运行结果如图 13-2 所示。

```
(base) jupyter@ubuntu:~$ jupyter notebook --generate-config
Writing default config to: /home/jupyter/.jupyter/jupyter_notebook_config.py
```

图 13-2　生成 Jupyter Notebook 配置文件

如图 13-3 所示，可以指定"c.NotebookApp.allow_origin = 'microsoft.com' "，这样设置就只允许"microsoft.com"域内的用户访问。

```
## Set the Access-Control-Allow-Origin header
#
#  Use '*' to allow any origin to access your server.
#
#  Takes precedence over allow_origin_pat.
#  Default: ''
c.NotebookApp.allow_origin = 'microsoft.com'
```

图 13-3　Jupyter Notebook 域配置参数

当指定"c.NotebookApp.allow_origin = '*' "时，就允许任何源访问该服务。如果是公网的服务器，该配置要慎重使用。

13.1.2　设置访问 IP

除了域配置外，Jupyter Notebook 同样支持配置 IP 来控制访问权限。通过修改配置文件中的"c.NotebookApp.ip"参数即可实现。如图 13-4 所示，默认情况下，该参数的配置为

"c.NotebookApp.ip = 'localhost'"，如图 13-5 所示，如果设置为"c.NotebookApp.ip = '0.0.0.0'"，则意味着所有 IP 地址均可以访问。

```
## The IP address the notebook server will listen on.
#  Default: 'localhost'
c.NotebookApp.ip = 'localhost'
```

图 13-4　Jupyter Notebook 默认 IP 参数

```
## The IP address the notebook server will listen on.
#  Default: 'localhost'
c.NotebookApp.ip = '0.0.0.0'
```

图 13-5　Jupyter Notebook 配置 IP 参数

读者也可以将该字段设置成指定的 IP 地址或者 IP 地址段，这样就只有符合配置的指定 IP 用户才能够访问 Jupyter Notebook。

13.1.3　端口配置

除了域设置以及 IP 设置，还可以通过端口配置来改变默认的 Jupyter Notebook 运行端口，从而实现访问控制。由于许多黑客场景通过扫描默认开放端口来快速获取目标，因此建议最好修改默认端口。通过设置"c.NotebookApp.port"参数可以改变 Jupyter Notebook 使用的端口，如图 13-6 所示。

```
## The port the notebook server will listen on (env: JUPYTER_PORT).
#  Default: 8888
c.NotebookApp.port = 8888
```

图 13-6　Jupyter Notebook 配置端口参数

13.1.4　URL 前缀配置

Jupyter Notebook 默认在 http://localhost:8888 上运行。虽然这对于个人使用很方便，但是当其他应用程序在服务器根地址的相同端口上运行时，它可能会导致问题。Jupyter Notebook 提供了"c.NotebookApp.base_url"参数来指定访问 Jupyter Notebook 的 URL 前缀，默认的 URL 前缀为"/"，如图 13-7 所示。

```
## The base URL for the notebook server.
#
#  Leading and trailing slashes can be omitted, and will automatically be added.
#  Default: '/'
c.NotebookApp.base_url = '/'
```

图 13-7　Jupyter Notebook 默认 URL 前缀参数

可以看到，默认情况下，Jupyter Notebook 的地址如下所示。

```
http://localhost:8888/?token=5d3425c2f1e6d19bd7b1624356f3dfe3ff5caff1c3e3e05f
```

从 Jupyter Notebook 的启动日志中可以看出 Jupyter Notebook 默认 URL 前缀，如图 13-8 所示。

```
(base) jupyter@ubuntu:~/.jupyter$ jupyter notebook
[I 19:46:45.329 NotebookApp] JupyterLab extension loaded from /home/jupyter/anaconda3/lib/python3.8/site-packages/jupyterlab
[I 19:46:45.329 NotebookApp] JupyterLab application directory is /home/jupyter/anaconda3/share/jupyter/lab
[I 19:46:45.348 NotebookApp] Serving notebooks from local directory: /home/jupyter/.jupyter
[I 19:46:45.348 NotebookApp] Jupyter Notebook 6.1.4 is running at:
[I 19:46:45.349 NotebookApp] http://localhost:8888/?token=5d3425c2f1e6d19bd7b1624356f3dfe3ff5caff1c3e3e05f
[I 19:46:45.349 NotebookApp]  or http://127.0.0.1:8888/?token=5d3425c2f1e6d19bd7b1624356f3dfe3ff5caff1c3e3e05f
[I 19:46:45.349 NotebookApp] Use Control-C to stop this server and shut down all kernels (twice to skip confirmation).
[C 19:46:45.492 NotebookApp]
    To access the notebook, open this file in a browser:
        file:///home/jupyter/.local/share/jupyter/runtime/nbserver-5113-open.html
    Or copy and paste one of these URLs:
        http://localhost:8888/?token=5d3425c2f1e6d19bd7b1624356f3dfe3ff5caff1c3e3e05f
     or http://127.0.0.1:8888/?token=5d3425c2f1e6d19bd7b1624356f3dfe3ff5caff1c3e3e05f
```

图 13-8　Jupyter Notebook 默认 URL 前缀

可以修改该参数的值，改变 Jupyter Notebook 运行时的 URL 前缀，如图 13-9 所示。

```
## The base URL for the notebook server.
#
#  Leading and trailing slashes can be omitted, and will automatically be added.
#  Default: '/'
c.NotebookApp.base_url = '/ipython/'
```

图 13-9　Jupyter Notebook 修改默认 URL 前缀

Jupyter 的 URL 前缀修改已完成，如图 13-10 所示。

```
(base) jupyter@ubuntu:~/.jupyter$ jupyter notebook
[I 19:52:31.475 NotebookApp] JupyterLab extension loaded from /home/jupyter/anaconda3/lib/python3.8/site-packages/jupyterlab
[I 19:52:31.475 NotebookApp] JupyterLab application directory is /home/jupyter/anaconda3/share/jupyter/lab
[I 19:52:31.479 NotebookApp] Serving notebooks from local directory: /home/jupyter/.jupyter
[I 19:52:31.479 NotebookApp] Jupyter Notebook 6.1.4 is running at:
[I 19:52:31.479 NotebookApp] http://localhost:8888/ipython/?token=5e283d3c6142a4fea9fc19f33f11524ea0e268d72462274b
[I 19:52:31.479 NotebookApp]  or http://127.0.0.1:8888/ipython/?token=5e283d3c6142a4fea9fc19f33f11524ea0e268d72462274b
[I 19:52:31.479 NotebookApp] Use Control-C to stop this server and shut down all kernels (twice to skip confirmation).
[C 19:52:31.565 NotebookApp]
    To access the notebook, open this file in a browser:
        file:///home/jupyter/.local/share/jupyter/runtime/nbserver-5585-open.html
    Or copy and paste one of these URLs:
        http://localhost:8888/ipython/?token=5e283d3c6142a4fea9fc19f33f11524ea0e268d72462274b
     or http://127.0.0.1:8888/ipython/?token=5e283d3c6142a4fea9fc19f33f11524ea0e268d72462274b
```

图 13-10　Jupyter Notebook 修改 URL 前缀后的 URL 表示

13.2　安全认证

我们都知道，Web 应用程序通常都构建在一个常见的应用框架之上。这些框架已经使用了一段时间，对于一些已知的常见漏洞攻击，已有一定的防御能力。Jupyter Notebook 也是如此，它建立在一个框架（基本上是 Python）的基础上，有一套较为完善的安全机制。但是随着安全性的提高却往往伴随着系统可用性的下降，因此可以针对系统和数据重要性的不同，设置不一样的安全措施。如果应用程序中使用了关键商业信息或个人信息，那么它将需要更多的安全措施。

Jupyter Notebook 提供了在公共服务器上运行代码的能力，这也带来了一些安全风险。例如代码直接暴露，又例如 Jupyter Notebook 上的资源可以直接通过 shell 命令获取并运行等。这些情况如果没有管理好，都会造成比较严重的信息泄露及其他安全问题。

Jupyter Notebook 有多种可用的安全机制，在本节中，我们将从 Token 认证、口令认证等几个方面来介绍。

13.2.1　Token 认证

目前版本的 Jupyter Notebook 默认使用令牌（Token）认证。使用基于令牌（Token）的身份验证方法，在服务器端不需要存储用户的登录记录。基于令牌（Token）的认证过程如图 13-11 所示。

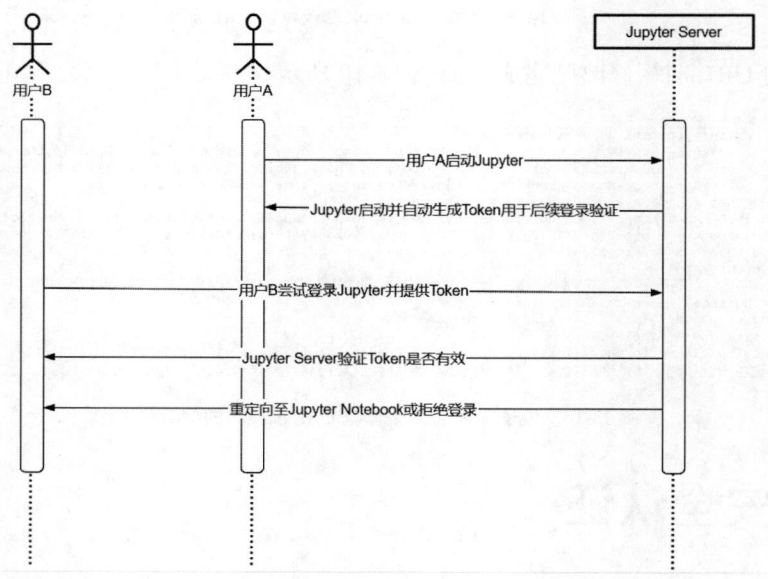

图 13-11　Jupyter Token 认证流程图

13.2 安全认证

在基于 Token 的认证方式中，可以通过以下命令查看运行的 Jupyter Notebook 及登录 token。

```
$ jupyter notebook list
```

运行上述命令之后，我们得到图 13-12 所示的 Jupyter Token。

```
(base) jupyter@ubuntu:~$ jupyter notebook list
Currently running servers:
http://localhost:8888/ipython/?token=f07030e7d3bfa32a5df2a60c8efb9c55218056f6172f6a11 :: /home/jupyter
```

图 13-12　获得运行的 Jupyter Token

Jupyter 提供以下两种验证 Token 的方式。

（1）在 HTTP 请求的 Header 中添加 Authorization 字段及 Token 值。

如图 13-13 所示，使用 curl 构造请求 URL，并在 --header 字段中添加键（Key）为 Authorization，值（Value）为 Token 值。

```
(base) jupyter@ubuntu:~$ curl --header "Authorization: f07030e7d3bfa32a5df2a60c8efb9c55218056f6172f6a11" -v http://localhost:8888/ipython
*   Trying 127.0.0.1:8888...
* Connected to localhost (127.0.0.1) port 8888 (#0)
> GET /ipython HTTP/1.1
> Host: localhost:8888
> User-Agent: curl/7.69.1
> Accept: */*
> Authorization: f07030e7d3bfa32a5df2a60c8efb9c55218056f6172f6a11
>
* Mark bundle as not supporting multiuse
< HTTP/1.1 302 Found
< Server: TornadoServer/6.0.4
< Content-Type: text/html; charset=UTF-8
< Date: Tue, 15 Dec 2020 08:05:43 GMT
< Location: /ipython/tree?
< Content-Length: 0
<
* Connection #0 to host localhost left intact
```

图 13-13　构造带有 Token 的请求链接

（2）在请求 URL 中，添加 Token 及其值。

```
http://localhost:8888/ipython/?token=f07030e7d3bfa32a5df2a60c8efb9c55218056f6172f6a11
```

当不存在 Token 时，服务器将要求用户提供口令以继续访问操作。默认情况下，Jupyter Notebook 使用基于 Token 的身份验证。如果启用了 Jupyter Notebook 的口令保护即用户名和密码，那么基于 Token 的身份验证将被禁用。

13.2.2　口令认证

如果觉得基于令牌（Token）的身份验证安全性不够，则可以使用口令（Password）身份验证。这是通过设置配置文件中的 c.NotebookApp.password 参数来完成的。此处需要注意的是，该参数并不是直接将明文配置在里面，而是需要将口令的散列值存储在该字段中。假设密码是"secret"，则可以用下面这段 Python 脚本生成一个散列值。

```python
from notebook.auth import passwd
passwd()
```

运行上述代码之后，首先需要输入口令，确认后即可得到一个散列后的密钥，如图 13-14 所示。

图 13-14　生成密钥的散列值

最后将生成的口令散列值填写到上述配置文件的字段中，如图 13-15 所示。

图 13-15　修改密钥字段

重新启动 Jupyter Notebook 后，修改即可生效。从图 13-16 中可以看到，在 Jupyter Notebook 启动过程中，没有出现 Token 的值。

图 13-16　修改密钥字段后运行时的终端截图

当在浏览器中打开 Jupyter Notebook 的链接，系统会自动弹出 Jupyter Notebook 的登录框，要求用户输入口令才可以访问。如图 13-17 所示，此时只需要输入刚才设置的明文口令"secret"，然后单击"登录"（Log in）按钮即可完成身份认证。

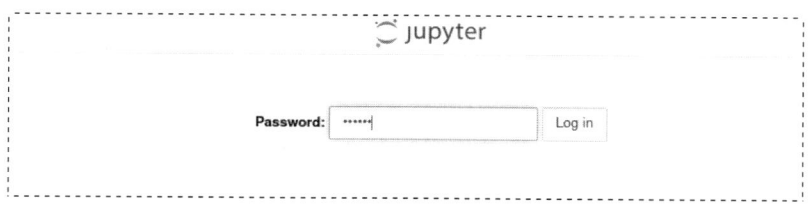

图 13-17　修改密钥字段后的登录界面

13.2.3　取消认证

如果 Jupyter Notebook 仅限于局域网内部使用，并且数据没有安全性要求，那么可以将配置文件中的 c.NotebookApp.token 字段以及 c.NotebookApp.password 字段设置为空，如图 13-18 所示。

```
## Token used for authenticating first-time connections to the server.
#
#  The token can be read from the file referenced by JUPYTER_TOKEN_FILE or set
#  directly with the JUPYTER_TOKEN environment variable.
#
#  When no password is enabled, the default is to generate a new, random token.
#
#  Setting to an empty string disables authentication altogether, which is NOT
#  RECOMMENDED.
#  Default: '<generated>'
c.NotebookApp.token = ''
c.NotebookApp.password = ''
```

图 13-18　设置为不用 Token 和 Password 进行验证

如图 13-19 所示，完成设置后，不需要 Token 和 Password 进行验证登录，任何人都能访问该 Jupyter。因此出于安全因素考虑，不推荐这种设置。

```
(base) jupyter@ubuntu:~$ jupyter notebook
[W 20:26:09.825 NotebookApp] All authentication is disabled.  Anyone who can connect to this server will be able to run code.
[I 20:26:11.681 NotebookApp] JupyterLab extension loaded from /home/jupyter/anaconda3/lib/python3.8/site-packages/jupyterlab
[I 20:26:11.682 NotebookApp] JupyterLab application directory is /home/jupyter/anaconda3/share/jupyter/lab
[I 20:26:11.685 NotebookApp] Serving notebooks from local directory: /home/jupyter
[I 20:26:11.686 NotebookApp] Jupyter Notebook 6.1.4 is running at:
[I 20:26:11.686 NotebookApp] http://localhost:8888/ipython/
[I 20:26:11.686 NotebookApp] Use Control-C to stop this server and shut down all kernels (twice to skip confirmation).
[W 20:26:14.348 NotebookApp] Clearing invalid/expired login cookie username-localhost-8888
```

图 13-19　不需要 Token 和 Password 进行验证的登录

13.3　SSL 配置

安全套接字层（Secure Sockets Layer，SSL）协议是为网络通信提供安全及数据完整性的一种安全协议，在传输层与应用层之间对网络连接进行加密。SSL 能提供以下服务：

- 认证用户和服务器，确保数据发送到正确的客户端和服务器；
- 加密数据以防止数据中途被窃取；
- 维护数据的完整性，确保数据在传输过程中不被改变。

SSL 协议位于 TCP/IP 与各种应用层协议之间，为数据通信提供安全支持。SSL 协议可分为两层：SSL 记录协议和 SSL 握手协议。SSL 记录协议（SSL Record Protocol）建立在可靠的传输协议（如 TCP）之上，为高层协议提供数据封装、压缩、加密等基本功能的支持。SSL 握手协议（SSL Handshake Protocol）建立在 SSL 记录协议之上，用于在实际的数据传输开始前通信双方进行身份认证、协商加密算法、交换加密密钥等。SSL 当前版本为 3.0，它已被广泛地用于 Web 浏览器与服务器之间的身份认证和加密数据传输中。

在使用 Jupyter 的过程中，如果 Jupyter Notebook 中的内容是有价值的，则需要使用 SSL 加密 Jupyter Notebook 之间的所有传输。使用 SSL 后任何身份验证信息都将被加密，从而可以有效防止劫持，减小数据传输过程中可能的风险。

13.3.1　创建 SSL 证书

创建 SSL 证书只需要在终端中输入以下命令。

```
$ openssl req -x509 -nodes -days 365 -newkey rsa:2048 -keyout ssl/mykey.key -out ssl/mycert.pem
```

生成的 SSL 证书如图 13-20 所示。

```
(base) jupyter@ubuntu:~$ openssl req -x509 -nodes -days 365 -newkey rsa:2048 -keyout ssl/mykey.key -out ssl/mycert.pem
Generating a RSA private key
.................................................................................+++++
writing new private key to 'ssl/mykey.key'
-----
You are about to be asked to enter information that will be incorporated
into your certificate request.
What you are about to enter is what is called a Distinguished Name or a DN.
There are quite a few fields but you can leave some blank
For some fields there will be a default value,
If you enter '.', the field will be left blank.
-----
Country Name (2 letter code) [AU]:
State or Province Name (full name) [Some-State]:
Locality Name (eg, city) []:
Organization Name (eg, company) [Internet Widgits Pty Ltd]:
Organizational Unit Name (eg, section) []:
Common Name (e.g. server FQDN or YOUR name) []:
Email Address []:

(base) jupyter@ubuntu:~$ cd ssl
(base) jupyter@ubuntu:~/ssl$ ls
mycert.pem  mykey.key
```

图 13-20　生成 SSL 证书

关于上述参数的解释如下。

- -x509：使用 x509 协议，该协议是由国际电信联盟电信标准化部门（ITU-T）制定的数字证书标准，包含公钥和用户标志符、CA 等。
- -days 365：证书期限设置为 365 天。
- -newkey：生成一个全新的密钥（key）。
- -keyout：密钥（key）放置的位置。
- -out：证书放置的位置。

至此，我们生成了一个 SSL 证书，在接下来的小节中，我们将对生成的证书进行配置，以供 Jupyter 使用。

13.3.2 SSL 证书设置

上一小节生成的 SSL 密钥及证书需要通过配置才能用于 Jupyter 中。通过以下命令参数设置 Jupyter Notebook 使用的 SSL 证书，如图 13-21 所示。

```
$ jupyter notebook --certfile=ssl/mycert.pem --keyfile ssl/mykey.key
```

其中，--certfile 参数为之前生成的证书的完整路径，--keyfile 参数为之前生成的密钥路径。

```
(base) jupyter@ubuntu:~$ jupyter notebook --certfile=ssl/mycert.pem --keyfile ssl/mykey.key
[I 20:37:23.275 NotebookApp] JupyterLab extension loaded from /home/jupyter/anaconda3/lib/python3.8/site-packages/jupyterlab
[I 20:37:23.276 NotebookApp] JupyterLab application directory is /home/jupyter/anaconda3/share/jupyter/lab
[I 20:37:23.280 NotebookApp] Serving notebooks from local directory: /home/jupyter
[I 20:37:23.280 NotebookApp] Jupyter Notebook 6.1.4 is running at:
[I 20:37:23.280 NotebookApp] https://localhost:8888/ipython/?token=70034cda62af19e59bcb35a8fac688ec10ed5370f6b4e295
[I 20:37:23.280 NotebookApp]  or https://127.0.0.1:8888/ipython/?token=70034cda62af19e59bcb35a8fac688ec10ed5370f6b4e295
[I 20:37:23.280 NotebookApp] Use Control-C to stop this server and shut down all kernels (twice to skip confirmation).
[C 20:37:23.376 NotebookApp]

    To access the notebook, open this file in a browser:
        file:///home/jupyter/.local/share/jupyter/runtime/nbserver-8137-open.html
    Or copy and paste one of these URLs:
        https://localhost:8888/ipython/?token=70034cda62af19e59bcb35a8fac688ec10ed5370f6b4e295
     or https://127.0.0.1:8888/ipython/?token=70034cda62af19e59bcb35a8fac688ec10ed5370f6b4e295
```

图 13-21　设置 Jupyter Notebook 使用的 SSL 证书

通过上述设置后，Jupyter Notebook 运行地址如下所示：

```
https://localhost:8888/ipython/?token=70034cda62af19e59bcb35a8fac688ec10ed5370f6b4e295
```

Jupyter Notebook 数据传输将会使用 SSL 协议进行，这样将会极大地提高数据传输过程中的安全性。

13.4 小结

本章为大家介绍了 Jupyter Notebook 的一些高级配置，分别是访问控制配置、安全认证、SSL 配置。在访问控制中，访问域的配置及访问 IP 的配置都能帮助我们指定可信访问源，端口配置及 URL 前缀配置则能够帮助我们减少被黑客扫描攻击的可能；在安全认证中，根据不同的使用场景，Jupyter 也为大家提供了不同的认证方式，通过合理的配置，让 Jupyter Notebook 更加安全可控；SSL 配置则让 Jupyter 在通信过程中更加安全，保证了数据的安全性、完整性。在使用 Jupyter Notebook 的过程中，也请大家根据自己的需求进行安全配置，保护数据和代码的安全。

接下来，我们将会给大家介绍在 Jupyter Notebook 中如何使用 Python 以外的引擎来编程。

第 14 章
其他内核的配置

在之前的章节中，我们给大家介绍了在 Jupyter Notebook 中使用 Python 进行编程。其实 Jupyter 支持使用多种语言进行编程，每一种语言都是通过使用一个内核来提供服务，这些内核提供了 Jupyter Notebook 编码语言指令的所有编程接口。目前最常见的主要有 Python、R、Julia、JavaScript、Scala 和 Spark。由于 Python 的安装已经在之前的章节介绍过，因此在本章中，我们将向大家介绍将其他内核添加到 Jupyter 的安装步骤，这样大家就可以选择自己喜欢的语言在 Jupyter Notebook 中编写代码。

在这一章里，我们将探讨以下主题。

- R 内核的配置
- Julia 内核的配置
- JavaScript 内核的配置
- Scala 内核的配置
- Spark 内核的配置

这里请读者注意，虽然 Jupyter 提供了很多内核以支持多种编程语言，但是尽量还是要在一个 Notebook 中使用一种编程语言。尽管有些场景可能需要我们混合不同的编程语言来完成某些任务，但是还是建议不要过多地混合。

14.1 R 内核的配置

R 语言是解释运行的语言（与 C 语言的编译运行不同），它既是一种编程语言，也是一种面向统计计算和相关图形的软件环境。它在语法层面提供了更加丰富的数据结构操作，并且能够十分方便地输出文字和图形信息。它是为数学研究工作者设计的一种数学编程语言，主要用于统计分析、绘图、数据挖掘，在 Windows、macOS 和许多 UNIX 平台（例如 Linux）都能提供服务。

另外，对于大多数平台，R 以二进制格式发布，以便于安装。R 具有干净的语法，有一个全球性的档案网络——CRAN，该网络提供大量可供免费使用的软件包，以扩充 R 语言的功能。截至 2011 年，CRAN 上有 3000 多个这样的软件包，其他平台上还有更多。总的来说，R 目前拥有解决大量问题的功能，并且仍有巨大的发展空间。

本节将带领大家利用 Anaconda 安装 R 内核。首先大家可以先看一下没有装 R 内核的 Jupyter Notebook，如图 14-1 所示。

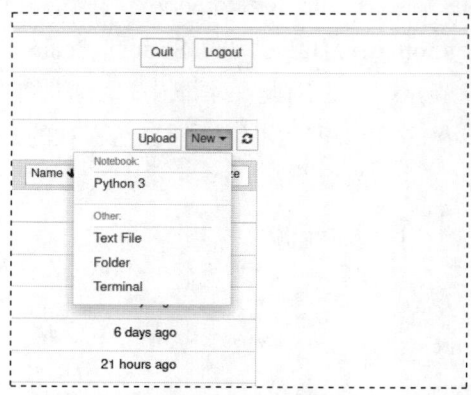

图 14-1　未安装 R 内核的 Jupyter Notebook

大家可以看到，由于只有 Python 内核，因此单击"新建"（New）按钮后，只有 Python 3 类型的 Notebook 可以使用。

14.1.1　通过 Anaconda 图形化界面下载并安装 R 内核

在 Anaconda 图形化界面中，R 包含在 Anaconda 导航器中的 RStudio 选项中，单击"安装"（Install）按钮即可安装，如图 14-2 所示。

RStudio 是 R 语言的集成开发环境，它是一个独立的开源项目，它将许多功能强大的编程工具集成到一个直观、易于学习的界面中。RStudio 可以在几个主要平台（Windows、macOS、Linux）上运行，也可以通过 Web 浏览器（使用服务器安装）运行。RStudio 安装包括 R-essentials 和支持 R 内核的 Notebook。其中，R-essentials 是 R 语言所需的一些基础包。在通过 Anaconda 安装 R 内核的过程中，这些包会自动装好；在使用 R 的过程中，如果需要其他的包，可以通过安装包的方式来进行安装使用。具体的操作将在后面给大家介绍。

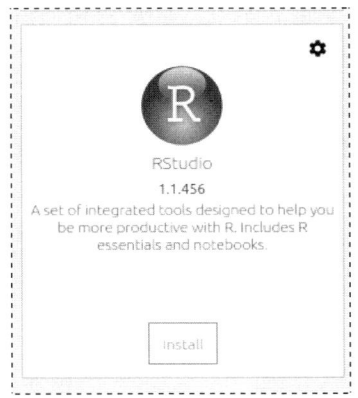

图 14-2　Anaconda 图形化界面下的 RStudio

14.1.2　通过 conda 命令行下载并安装 R 内核

如果计算机上没有图形化界面，如 Linux 服务器版，我们仍然可以用命令行的方式来安装 R 内核。具体操作可以参考以下命令，安装结果如图 14-3 所示。

```
1.   $ conda install r-essentials
2.   $ conda update r-essentials
```

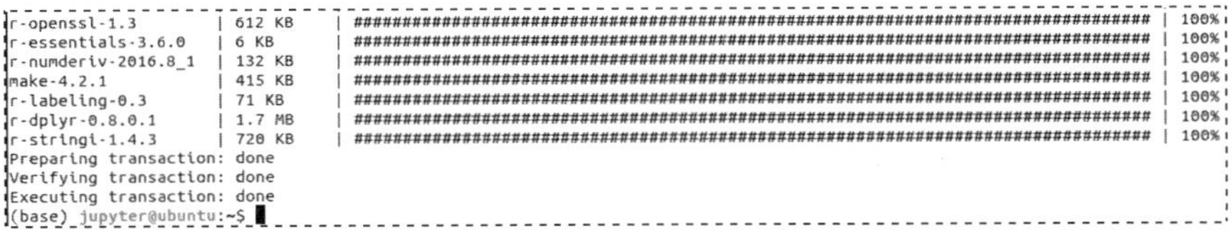

图 14-3　通过命令行安装 R-essentials

关于 R-essentials 在上一小节已经介绍过了。首先用 conda install 命令来安装 R-essentials；然后，使用 conda update 命令来更新，定期更新是一个很好的习惯，更新结果如图 14-4 所示。在安装和更新过程中会询问是否下载或更新列出的包，请输入"y"确认即可。

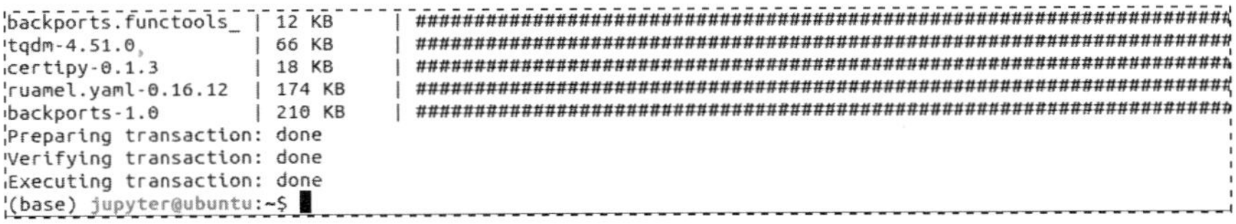

图 14-4　命令行更新 R-essentials 结果

至此，如果大家安装和更新的结果与图 14-3 和图 14-4 的结果一致，说明 R 引擎已成功安装到 Jupyter 中。接下来，我们就可以新建 R Notebook 来编写并运行第一个 R 语言脚本了。

14.1.3　查看安装结果并编写运行一个 R 脚本

一旦安装了 R 作为内核，则可以从"新建"（New）菜单下拉列表中单击"R"选项来创建新的 R Notebook，如图 14-5 所示。

图 14-5　已安装 R 内核的 Jupyter Notebook

新建 R Notebook，并输入以下代码。

```
1.  myString <- "Hello, World!"
2.  print ( myString )
3.  name <- "Jupyter R"
4.  print(paste("Hello, ", name))
```

运行结果如图 14-6 所示。

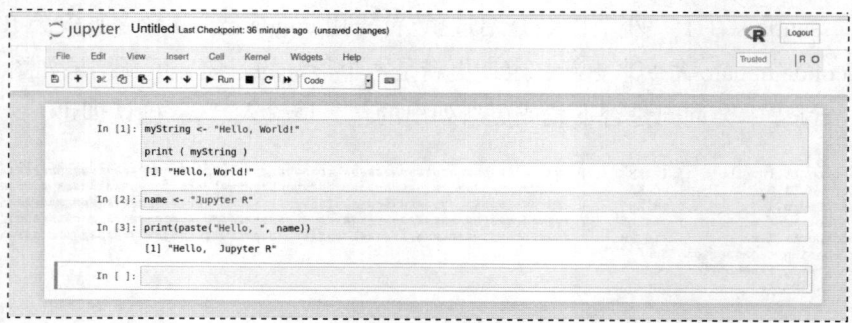

图 14-6　R Notebook 运行示例

至此，在 Jupyter 中安装 R 内核的工作已经全部完成。本节也给大家提供了两个简单的 R 语言示例。第一个例子是输出 Hello World，可以看到，R 语言的赋值方式很独特；第二个例子是连接字符串并输出，R 语言为我们提供了 paste 函数。这里只是给大家示范如何编写并运行 R 语言脚本，对于具体的 R 语言语法和函数，感兴趣的读者请自行查阅相关文档。

14.2　Julia 内核的配置

Julia 是一种高级编程语言，是一种灵活的动态语言。它在构建时考虑到了高性能，特别是在数值计算方面。Julia 的性能接近于静态编译型语言，包括用户自定义类型在运行时也有很高的性能。因此，可以说 Julia 是数据科学使用的定制语言，它更适合科学和数值计算。Julia 是免费且开源的，并且核心语言非常小，其标准库是用 Julia 语言写的，因此效率更高。Julia 可以调用其他成熟的高性能基础代码，例如线性代数、随机数生成、快速傅里叶变换、字符串处理等。此外，Julia 还有丰富的用于建立或描述对象的类型语法。Julia 还支持并行计算，因为 Julia 就是为了并行计算和分布式计算而设计的，它还提供了类似 shell 的进程管理能力。另外，Julia 还能够直接调用 C 语言，而不需要安装或是借助特殊的 API。

在本节中，我们将给大家介绍在 Jupyter 中添加 Julia 内核的步骤。

14.2.1　安装 Julia

由于 Anaconda 中没有为大家提供 Julia 的安装方式，因此需要首先自行安装 Julia，然后在 Jupyter 中配置 Julia 内核。本节使用的操作系统环境为 Ubuntu 20.04.1 LTS。首先要做的就是下载 Julia 安装包。

- 如果使用图形化界面下载，需要首先登录 Julia 官方网站，找到适合安装的最新版本（本书使用了 Generic Linux on x86 stable release：v1.5.3），如图 14-7 所示。

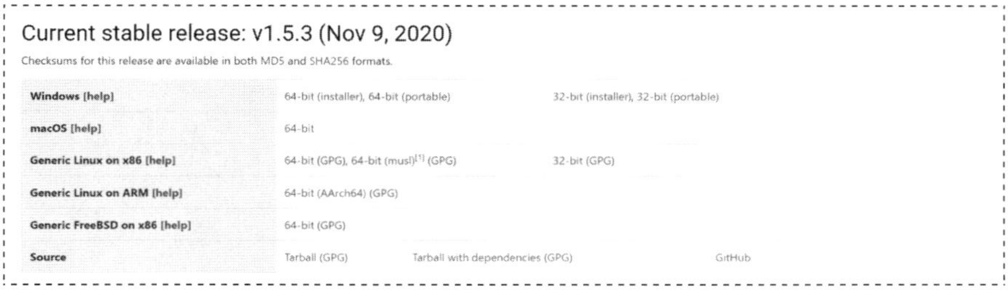

图 14-7　Julia 官方网站

- 如果使用命令行方式下载，则在命令行中运行以下命令。

```
$ wget -c
https://julialang-s3.julialang.org/bin/linux/x64/1.5/julia-1.5.3-linux-x86_64.tar.gz
```

- 通过上述两种方式下载好安装包后，进入下载好的 Julia 安装包所在位置。注意下载好的安装包是压缩包格式，要先进行解压。

```
$ tar xzvf julia-1.5.3-linux-x86_64.tar.gz
```

- 配置 Julia。

将解压后的文件夹 "julia-1.5.3" 复制到 /opt 目录下。

```
$ sudo cp -r julia-1.5.3 /opt/
```

/opt 目录是为所有不属于默认安装的软件和附加包保留的，因为要遵守文件系统标准（FSSTND），所有第三方应用程序都应该安装在这个目录下。在这里安装的任何包都必须找到它的静态文件（如额外的字体、剪贴板、数据库文件），必须将其静态文件定位在单独的 /opt 的目录树中。

在 /usr/local/bin 中建立 Julia 的链接。

```
$ sudo ln -s /opt/julia-1.5.3/bin/julia /usr/local/bin/julia
```

- 检查是否安装成功。

在终端中查看 Julia 的安装版本信息，如图 14-8 所示。

```
$ julia -version
```

```
(base) jupyter@ubuntu:~$ julia -version
julia version 1.5.3
```

图 14-8　Julia 版本信息

- 在终端中运行并使用 Julia，结果如图 14-9 所示。

```
$ julia
```

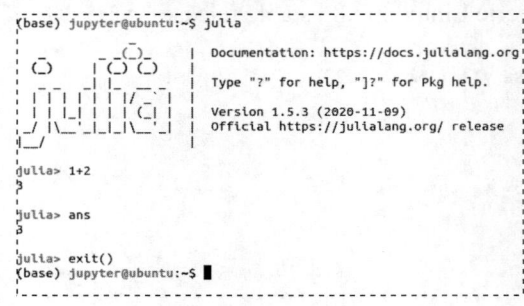

图 14-9　Julia 使用界面

14.2.2 在 Jupyter 中配置 Julia

- 在 Julia 交互界面中输入以下命令进入 Pkg 模式，如图 14-10 所示。

```
$ using Pkg
```

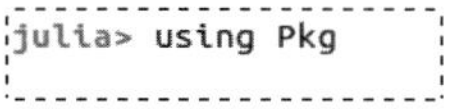

julia> using Pkg

图 14-10 Julia 进入 Pkg 模式

- 在 Julia 交互界面中输入以下命令安装（或升级）IJulia，结果如图 14-11 所示。

```
$ Pkg.add("IJulia")
```

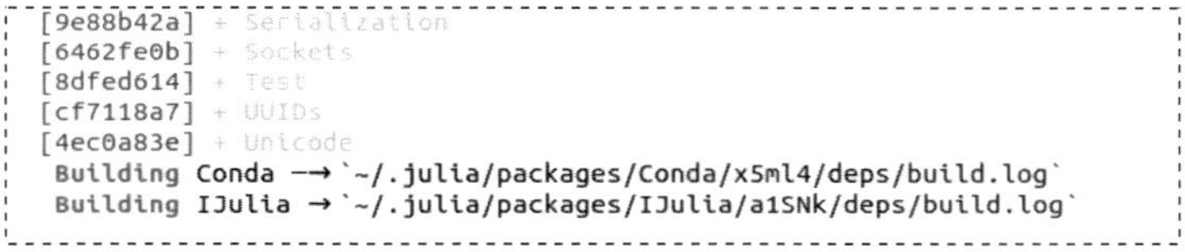

[9e88b42a] + Serialization
[6462fe0b] + Sockets
[8dfed614] + Test
[cf7118a7] + UUIDs
[4ec0a83e] + Unicode
Building Conda ─→ `~/.julia/packages/Conda/x5ml4/deps/build.log`
Building IJulia → `~/.julia/packages/IJulia/a1SNk/deps/build.log`

图 14-11 Julia 安装 IJulia

14.2.3 查看安装结果并编写运行一个 Julia 脚本

- 打开 Jupyter Notebook，如图 14-12 所示。

```
$ jupyter notebook
```

jupyter
Quit
Logout
Files
Running
Clusters
Select items to perform actions on them.
Upload
New
Name
Notebook:
Julia 1.5.3
Python 3
R
Other:
Text File
Folder
Terminal
anaconda3
Desktop
Documents
Downloads
julia-1.5.3
Music
11 days ago

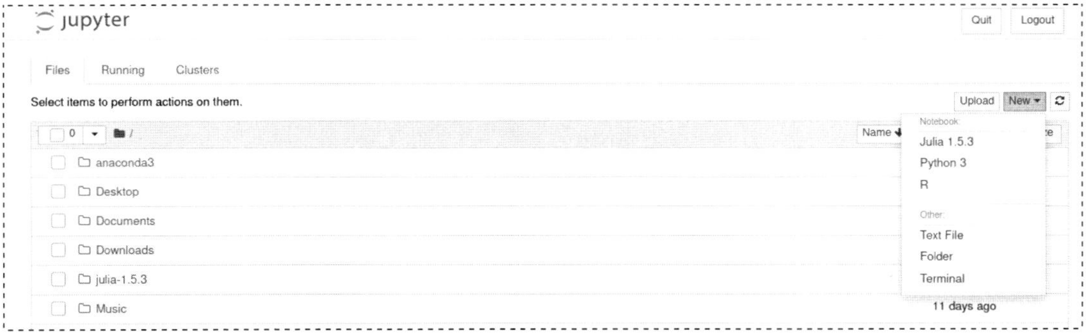

图 14-12 已安装 Julia 内核的 Jupyter Notebook

- 编写一个 Julia 脚本，如图 14-13 所示，这个 Julia 脚本定义了一个简单的加法函数。

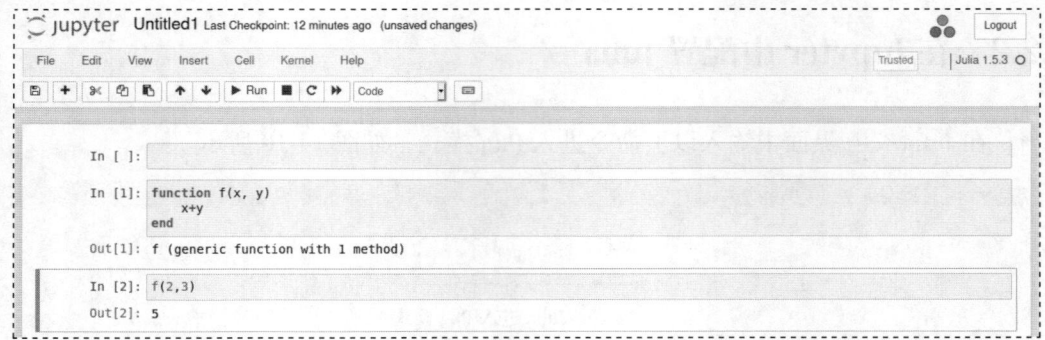

图 14-13　在 Jupyter Notebook 中编写一个 Julia 脚本

至此，在 Jupyter Notebook 中添加 Julia 内核已经全部完成，感兴趣的读者可以自行学习 Julia 的基本语法并探索 Julia 语言。

14.3　JavaScript 内核的配置

JavaScript（简称"JS"）是一种具有函数优先的轻量级、解释型或即时编译型的高级编程语言。它是一种常用于网络的高级脚本语言，已经被广泛用于 Web 应用开发，常用来为网页添加各式各样的动态功能，为用户提供更流畅美观的浏览效果。通常 JavaScript 脚本是通过嵌入在 HTML 中来实现自身的功能的，现有的很多 HTML 页面都是用 JavaScript 编写的。

虽然它作为开发 Web 页面的脚本语言而闻名，但是它也被用到了很多非浏览器环境中。JavaScript 是基于原型编程的、多范式的动态脚本语言，并且支持面向对象、命令式和声明式（如函数式编程）风格。

本节讲解在 Jupyter Notebook 中添加 JavaScript 内核的操作步骤，以便在 Jupyter Notebook 中编写并运行 JavaScript 代码。

14.3.1　检查 Node.js 和 npm

Node.js 是一个开源与跨平台的 JavaScript 运行时环境，它是一个可用于几乎任何项目的流行工具。Node.js 在浏览器外运行 V8 JavaScript 内核（Google Chrome 的内核）。Node.js 应用程序运行于单个进程中，无须为每个请求创建新的线程。这使 Node.js 可以在一台服务器上处理数千个并发连接，而无须引入管理线程并发的负担。

npm 是 Node.js 的包管理器（Package Manager）。在 Node.js 上开发程序时，会用到很多别人已经写好的 JavaScript 代码，每当需要用到别人的代码时，都要根据名字搜索下载、解压源码后才能使用，非常麻烦。于是就出现了包管理器 npm。封装好的源码可以上传到 npm 官网上，需要用到的时候直接通过 npm 安装，类似 Python 包的使用方式。使用 npm 还有一个好处在于，如果要使用模块 A，而模块 A 又依赖模块 B，模块 B 又依赖模块 C 和模块 D，此时 npm 会根据依赖关系，把所有依赖的包都下载下来并且管理起来。

首先输入以下命令可以查看 Node.js 和 npm 的版本信息。

```
1.  $ node -v
2.  $ npm -v
```

如果没有出现图 14-14 所示的版本信息，则需要单独安装 Node.js。

```
(base) jupyter@ubuntu:~$ node -v
v6.11.2
(base) jupyter@ubuntu:~$ npm -v
3.10.10
```

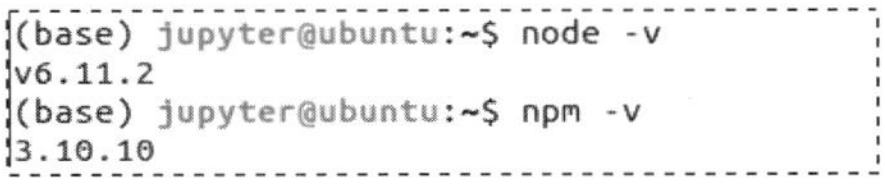

图 14-14 Node.js 和 npm 的版本信息

如果出现了版本信息，请直接跳到 14.3.3 小节，否则请继续阅读 14.3.2 小节。

14.3.2 安装管理 Node.js 和 npm

- 安装 Node.js

```
$ apt install nodejs -y
```

- 安装 npm

```
$ apt install npm-y
```

安装完成后，再次输入上一节的命令，检测是否安装成功。

- 更新 npm

```
$ npm install npm@latest -g
```

- 安装用于管理 node 的模块 n

```
$ npm install -g n
```

- 使用模块 n 来安装 node 版本

```
$ sudo n latest  # 最新版本
$ sudo n stable  # 最新稳定版本
$ sudo n lts     # 长期支持版本
```

14.3.3　安装 JavaScript 内核

- 安装 JavaScript

在安装好 Node.js 和 npm 后，接下来安装 Jupyter 对 JavaScript 的支持。

在 Ubuntu 终端窗口中输入以下命令，结果如图 14-15 所示。

```
$ npm i -g ijavascript
```

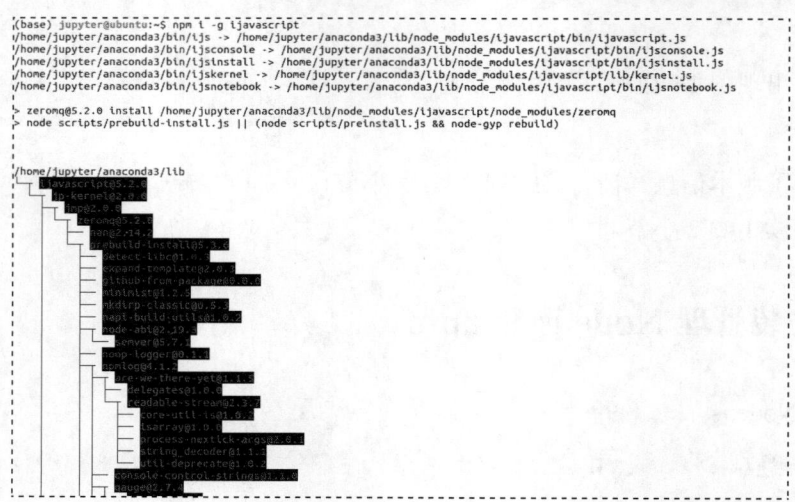

图 14-15　安装 ijavascript

此时，Jupyter 还是没有对 JavaScript 提供支持，需要运行 ijavascript.js（在安装结果中有提示安装路径）才会生效，结果如图 14-16 所示。

```
$ ./home/jupyter/anaconda3/lib/node_modules/ijavascript/bin/ijavascript.js
```

图 14-16　安装 JavaScript 后的 Jupyter Notebook

- 使用 npm 包

如果 Jupyter Notebook 仅仅支持 JavaScript，而不支持 npm 包，那是没什么实质意义的。因此我们需要在 Jupyter 的工作目录下初始化 npm（见图 14-17）即可支持 npm 包。然后可以根据需要安装不同的包，如图 14-18 所示。

```
1.  $ npm init
2.  $ npm i lodash -S
```

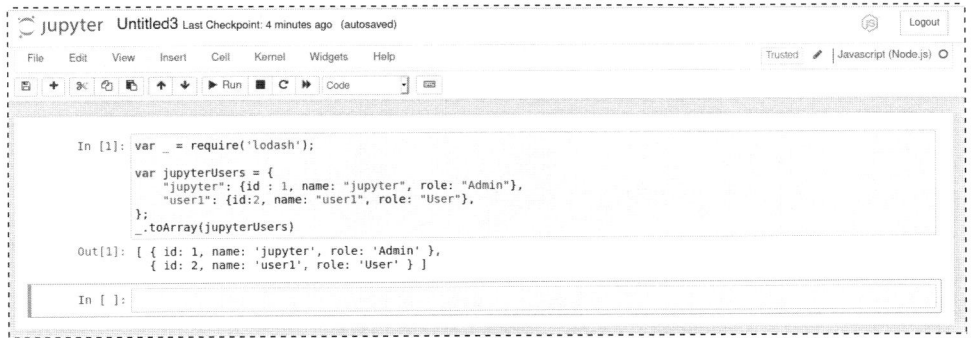

图 14-17　初始化 npm 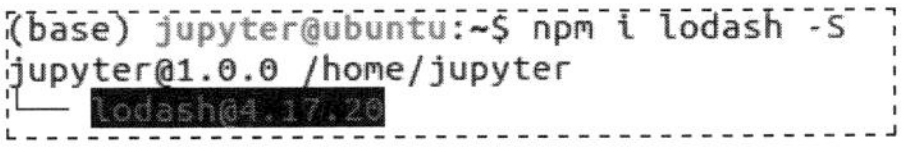　　　　　　图 14-18　安装 lodash 包

14.3.4　在 Jupyter Notebook 中使用 JavaScript 内核

成功安装 JavaScript 内核后，在 Jupyter Notebook 中编写并运行一个 JavaScript 脚本，如图 14-19 所示。

图 14-19　在 Jupyter Notebook 中编写并运行 JavaScript 脚本

14.4 Scala 内核的配置

Scala 是一门多范式（Multi-Paradigm）的编程语言，其设计初衷是要集成面向对象编程和函数式编程的各种特性。它运行在 Java 虚拟机上，并兼容现有的 Java 程序。Scala 源代码被编译成 Java 字节码，所以它可以运行于 JVM 之上，并可以调用现有的 Java 类库。

Scala 是一种纯面向对象的语言，每个值都是对象。对象的数据类型以及行为由类和特质描述。类抽象机制的扩展有两种途径：一种途径是子类继承，另一种途径是灵活的混入机制，这两种途径能避免多重继承的种种问题。Scala 也是一种函数式语言，其函数也能被当成值来使用。Scala 提供了轻量级的语法用以定义匿名函数，支持高阶函数，允许嵌套多层函数，并支持柯里化。Scala 的 case class 及其内置的模式匹配相当于函数式编程语言中常用的代数类型。Scala 的设计秉承一项事实，即在实践中，某个领域特定的应用程序开发往往需要特定于该领域的语言扩展。接下来我们将介绍如何安装 Scala，在安装 Scala 之前，首先要配置 Java 环境。

14.4.1 Java 安装与环境配置

- 从 Oracle 官网下载 JDK

在该网站下，找到符合自己要求的版本的 JDK 并下载，或者直接在终端中运行以下命令下载指定版本的 JDK。考虑到 Scala 对 JDK 版本的兼容性，需要选择 JDK8 或 JDK11，本书选择 JDK8 下载安装。

```
$ wget --no-check-certificate --no-cookies --header "Cookie: oraclelicense=accept-securebackup-cookie" https://download.oracle.com/otn/java/jdk/8u271-b09/61ae65e088624f5aaa0b1d2d801acb16/jdk-8u271-linux-x64.tar.gz
```

- 解压 JDK

```
$ tar -xvf jdk-8u271-linux-x64.tar.gz -C /usr/local/
```

- 配置 Java 环境

编辑.bashrc 文件并在文件末尾添加 Java 信息，如图 14-20 所示。

```
$ vim ~/.bashrc
export JAVA_HOME=/usr/local/jdk1.8.0_271
export JRE_HOME=${JAVA_HOME}/jre
export CLASSPATH=.:${JAVA_HOME}/lib:${JRE_HOME}/lib
export PATH=${JAVA_HOME}/bin:$PATH
```

```
# JDK
export JAVA_HOME=/usr/local/jdk1.8.0_271
export JRE_HOME=${JAVA_HOME}/jre
export CLASSPATH=.:${JAVA_HOME}/lib:${JRE_HOME}/lib
export PATH=${JAVA_HOME}/bin:$PATH
```

图 14-20 编辑 bashrc 文件

使用 source 命令使配置生效。

```
$ source ~/.bashrc
```

- 测试 Java 安装情况

在终端输入以下命令,可以得到 Java 的版本信息。

```
$ java -version
```

如果出现图 14-21 所示的内容(版本号与上一步安装的版本一致)则表示安装成功。

```
(base) jupyter@ubuntu:~$ java -version
java version "1.8.0_271"
Java(TM) SE Runtime Environment (build 1.8.0_271-b09)
Java HotSpot(TM) 64-Bit Server VM (build 25.271-b09, mixed mode)
```

图 14-21 Java 版本信息

在终端输入以下命令,得到 javac 的使用说明(见图 14-22),javac 是 Java 语言的编译器。

```
$ javac
```

```
(base) jupyter@ubuntu:~$ javac
Usage: javac <options> <source files>
where possible options include:
  @<filename>                  Read options and filenames from file
  -Akey[=value]                Options to pass to annotation processors
  --add-modules <module>(,<module>)*
                               Root modules to resolve in addition to the initial modules, or all modules
                               on the module path if <module> is ALL-MODULE-PATH.
  --boot-class-path <path>, -bootclasspath <path>
                               Override location of bootstrap class files
  --class-path <path>, -classpath <path>, -cp <path>
                               Specify where to find user class files and annotation processors
  -d <directory>               Specify where to place generated class files
  -deprecation
                               Output source locations where deprecated APIs are used
  --enable-preview
                               Enable preview language features. To be used in conjunction with either -source or --release.
  -encoding <encoding>         Specify character encoding used by source files
  -endorseddirs <dirs>         Override location of endorsed standards path
  -extdirs <dirs>              Override location of installed extensions
  -g                           Generate all debugging info
  -g:{lines,vars,source}       Generate only some debugging info
  -g:none                      Generate no debugging info
  -h <directory>               Specify where to place generated native header files
  --help, -help, -?            Print this help message
  --help-extra, -X             Print help on extra options
  -implicit:{none,class}       Specify whether or not to generate class files for implicitly referenced files
  -J<flag>                     Pass <flag> directly to the runtime system
  --limit-modules <module>(,<module>)*
                               Limit the universe of observable modules
  --module <module>(,<module>)*, -m <module>(,<module>)*
                               Compile only the specified module(s), check timestamps
  --module-path <path>, -p <path>
                               Specify where to find application modules
  --module-source-path <module-source-path>
                               Specify where to find input source files for multiple modules
  --module-version <version>
                               Specify version of modules that are being compiled
```

图 14-22 javac 使用说明

14.4.2 Scala 下载与安装

- 用以下命令下载 Scala

```
$ wget https://downloads.lightbend.com/scala/2.13.4/scala-2.13.4.tgz
```

- 安装 Scala

```
$ tar -xvf scala-2.13.4.tgz -C /usr/local/
```

- 配置 Scala

编辑 .bashrc 文件并在文件末尾添加 Scala 信息，如图 14-23 所示。

```
# Scala
export SCALA_HOME=/usr/local/scala-2.13.4
export PATH=$PATH:$SCALA_HOME/bin
```

图 14-23 编辑 bashrc 文件

```
$ vim ~/.bashrc
export SCALA_HOME=/usr/local/scala-2.13.4
export PATH=$PATH:$SCALA_HOME/bin
```

使用 source 命令使配置生效。

```
$ source ~/.bashrc
```

- 检测 Scala 是否安装成功

以下命令的执行结果如图 14-24 所示。

```
$ scala
```

```
(base) jupyter@ubuntu:~$ scala
Welcome to Scala 2.13.4 (Java HotSpot(TM) 64-Bit Server VM, Java 1.8.0_271).
Type in expressions for evaluation. Or try :help.

scala>
```

图 14-24 执行结果

- 用以下命令下载 jupyter-scala

```
$ wget
https://oss.sonatype.org/content/repositories/snapshots/com/github/alexarchambault/
jupyter/jupyter-scala-cli_2.11.6/0.2.0-SNAPSHOT/jupyter-scala-cli_2.11.6-0.2.0-
SNAPSHOT.tar.xz
```

- 安装 jupyter-scala

```
$ tar -xvf jupyter-scala-cli_2.11.6-0.2.0-SNAPSHOT.tar.xz -C /usr/local
$ bash /usr/local/jupyter-scala-cli-0.2.0-SNAPSHOT/bin/jupyter-scala
```

如果出现图 14-25 所示的界面，则表示已经成功安装。

```
(base) jupyter@ubuntu:~$ bash /usr/local/jupyter-scala-cli-0.2.0-SNAPSHOT/bin/jupyter-scala
Generated /home/jupyter/.ipython/kernels/scala211/kernel.json

Run ipython console with this kernel with
  ipython console --kernel scala211

Use this kernel from IPython notebook, running
  ipython notebook
and selecting the "Scala 2.11" kernel.
```

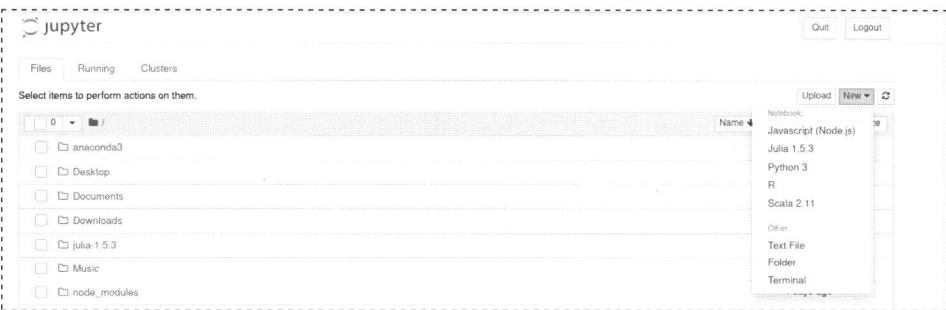

图 14-25　Scala 安装成功

打开 Jupyter Notebook，你能够看到可以使用 Scala 编写代码，如图 14-26 所示。

图 14-26　安装 Scala 后的 Jupyter Notebook

14.4.3　在 Jupyter Notebook 中使用 Scala 内核

成功安装 Scala 内核后，在 Jupyter Notebook 中写一段 Scala 代码并运行，如图 14-27 所示。

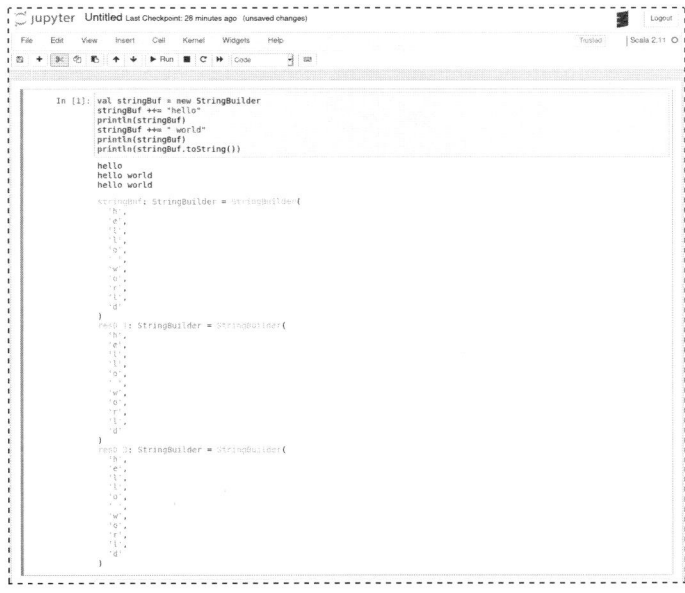

图 14-27　在 Jupyter Notebook 中编写 Scala 代码

14.5　Spark 内核的配置

Spark 是专为大规模数据处理而设计的快速通用的计算内核，其主要目的是处理实时生成的数据。Spark 是类 Hadoop MapReduce 的通用并行框架，Spark 拥有 Hadoop MapReduce 的优点。但不同于 MapReduce 的是，在 Spark 中，Job 中间输出的结果可以保存在内存中，从而不再需要读写 HDFS，因此 Spark 能更好地适用于数据挖掘与机器学习等需要迭代的场景。Spark 是一种与 Hadoop 相似的开源集群计算环境，但是两者之间还存在一些不同之处，这些有用的不同之处使 Spark 在某些工作负载方面表现得更加优越。换句话说，Spark 启用了内存分布数据集，除了能够提供交互式查询外，它还可以优化迭代工作负载。

Spark 是在 Scala 语言中实现的，它将 Scala 用作其应用程序框架。与 Hadoop 不同，Spark 和 Scala 能够紧密集成，其中的 Scala 可以像操作本地集合对象一样轻松地操作分布式数据集。尽管创建 Spark 是为了支持分布式数据集上的迭代作业，但实际上它是对 Hadoop 的补充，可以在 Hadoop 文件系统中并行运行。

14.5.1　安装 Spark

- 在官网下载 Spark 或通过以下命令下载需要的版本。

```
$ wget https://downloads.apache.org/spark/spark-2.4.7/spark-2.4.7-bin-hadoop2.7.tgz
```

- 安装 Spark。

```
$ tar -xvf spark-2.4.7-bin-hadoop2.7.tgz -C /usr/local/
```

- 编辑.bashrc 文件并在文件末尾添加 2～3 行内容来配置 Spark 环境变量，如图 14-28 所示。

```
$ vim ~/.bashrc
export SPARK_HOME=/usr/local/spark-2.4.7-bin-hadoop2.7
export PATH=$PATH:$SPARK_HOME/bin
```

```
# Spark
export SPARK_HOME=/usr/local/spark-2.4.7-bin-hadoop2.7
export PATH=$PATH:$SPARK_HOME/bin
```

图 14-28　配置 Spark 环境变量

使用 Source 命令使更改生效。

```
$ source ~/.bashrc
```

- 测试 Spark 的安装情况。

```
$ spark-shell
```

如果出现图 14-29 所示的内容，则证明 Spark 已经安装成功。

```
(base) jupyter@ubuntu:~$ spark-shell
20/12/04 14:37:36 WARN Utils: Your hostname, ubuntu resolves to a loopback address: 127.0.1.1; using 192.168.228.129 instead (on interface ens33)
20/12/04 14:37:36 WARN Utils: Set SPARK_LOCAL_IP if you need to bind to another address
20/12/04 14:37:36 WARN NativeCodeLoader: Unable to load native-hadoop library for your platform... using builtin-java classes where applicable
Using Spark's default log4j profile: org/apache/spark/log4j-defaults.properties
Setting default log level to "WARN".
To adjust logging level use sc.setLogLevel(newLevel). For SparkR, use setLogLevel(newLevel).
Spark context Web UI available at http://192.168.228.129:4040
Spark context available as 'sc' (master = local[*], app id = local-1607063868678).
Spark session available as 'spark'.
Welcome to
      ____              __
     / __/__  ___ _____/ /__
    _\ \/ _ \/ _ `/ __/  '_/
   /___/ .__/\_,_/_/ /_/\_\   version 2.4.7
      /_/

Using Scala version 2.11.12 (Java HotSpot(TM) 64-Bit Server VM, Java 1.8.0_271)
Type in expressions to have them evaluated.
Type :help for more information.

scala>
```

图 14-29 运行 Spark 界面

14.5.2 安装 SBT

SBT（Simple Build Tool）是为 Scala 和 Java 项目构建的。它是 90%以上 Scala 开发人员的首选构建工具。Scala 的一个特性是能够在多个 Scala 版本间构建项目，编译 Spark 需要 SBT。

- 下载 SBT，在官网手动下载或是通过命令行下载所需的版本。

```
$ wget https://github.com/sbt/sbt/releases/download/v1.4.4/sbt-1.4.4.tgz
```

- 安装 SBT。

```
$ tar -xvf sbt-1.4.4.tgz -C /usr/local/
```

- 建立启动 SBT 的脚本文件。

在./sbt 目录下面新建文件名为 sbt 的文本文件。

```
$ cd usr/local/sbt
$ vim sbt
```

在 sbt 文本文件中添加如下信息。

```
BT_OPTS="-Xms512M -Xmx1536M -Xss1M -XX:+CMSClassUnloadingEnabled -XX:MaxPermSize=256M"
java $SBT_OPTS -jar /usr/local/sbt/bin/sbt-launch.jar "$@"
```

这里的路径需要改为你自己对应的文件路径，只要能够正确地定位到解压的 sbt 文件包中的 sbt-launch.jar 文件即可。

- 修改 sbt 文件权限。

```
$ chmod u+x sbt
```

- 编辑.bashrc 文件并在文件末尾添加 2～3 行内容来配置 SBT 环境变量，如图 14-30 所示。

```
1.  $ vim ~/.bashrc
2.  export SBT_HOME=/usr/local/sbt
3.  export PATH=${SBT_HOME}/bin:$PATH
```

```
# SBT
export SBT_HOME=/usr/local/sbt
export PATH=${SBT_HOME}/bin:$PATH
"~/.bashrc" 151L, 4722C
```

图 14-30　配置 SBT 环境变量

使用 Source 命令使更改生效。

```
$ source ~/.bashrc
```

- SBT 设置。

打开配置文件，并在配置中添加 2～3 行内容完成网络设置。

```
1.  $ vim /usr/local/sbt/conf/sbtconfig.txt
2.  -Dhttp.proxyHost=proxy.zte.com.cn
3.  -Dhttp.proxyPort=80
```

- 测试 SBT 是否安装成功。

```
$ sbt sbt-version
```

如果出现图 14-31 所示的界面，则证明安装成功。

```
(base) jupyter@ubuntu:~$ sbt
[info] welcome to sbt 1.4.4 (Oracle Corporation Java 1.8.0_271)
[info] loading project definition from /home/jupyter/project
[info] set current project to jupyter (in build file:/home/jupyter/)
[info] sbt server started at local:///home/jupyter/.sbt/1.0/server/3a01a98491495e8a4a2b/sock
[info] started sbt server
sbt:jupyter>
```

图 14-31　运行 SBT 界面

14.5.3　在 Jupyter Notebook 中使用 Spark 内核

- 安装 Apache Toree。

14.5 Spark 内核的配置

Toree 提供了一个与 Spark 集群交互式编程的界面，Toree 的 API 支持多种语言和执行程序。用户可通过交互式程序和 Spark Context 实现 Spark 任务。

```
1.  $ cd anacond3 # Anaconda 文件夹
2.  $ git clone https://github.com/apache/incubator-toree.git #如果没有git命令，请先行安装
3.  $ cd incubator-toree/
```

- 修改 Makefile 文件中的 APACHE_SPARK_VERSION 选项的值，与 SPARK_HOME 统一版本，如图 14-32 所示。

```
1.  $ vim Makefile
2.  APACHE_SPARK_VERSION?=2.4.7
```

```
APACHE_SPARK_VERSION?=2.4.7
SCALA_VERSION?=2.12
IMAGE?=jupyter/all-spark-notebook:latest
EXAMPLE_IMAGE?=apache/toree-examples
TOREE_DEV_IMAGE?=apache/toree-dev
GPG?=gpg
GPG_PASSWORD?=
BINDER_IMAGE?=apache/toree-binder
"Makefile" 310L, 12289C
```

图 14-32　Makefile 文件

- 编译 Spark，出现图 14-33 所示的 success，则表示成功。

```
$ make build
```

```
[info] Strategy 'deduplicate' was applied to a file (Run the task at debug level to see details)
[info] Strategy 'discard' was applied to 27 files (Run the task at debug level to see details)
[info] Strategy 'filterDistinctLines' was applied to a file (Run the task at debug level to see details)
[info] Strategy 'rename' was applied to 9 files (Run the task at debug level to see details)
[success] Total time: 1867 s (31:07), completed Dec 4, 2020 4:59:29 PM
(base) jupyter@ubuntu:~/anaconda3/incubator-toree$
```

图 14-33　Spark 编译结果

- 复制文件夹下的 run.sh 路径。

```
1.  $ cd dist/toree/bin/
2.  /home/jupyter/anaconda3/incubator-toree/dist/toree/bin/run.sh # 根据实际情况复制
```

- 执行以下命令，找到 kernel 所在的位置，结果如图 14-34 所示。

```
$ jupyter kernelspec list
```

```
(base) jupyter@ubuntu:~/anaconda3/bin$ jupyter kernelspec list
Available kernels:
  scala211     /home/jupyter/.ipython/kernels/scala211
  javascript   /home/jupyter/.local/share/jupyter/kernels/javascript
  julia-1.5    /home/jupyter/.local/share/jupyter/kernels/julia-1.5
  ir           /home/jupyter/anaconda3/share/jupyter/kernels/ir
  python3      /home/jupyter/anaconda3/share/jupyter/kernels/python3
```

图 14-34　已安装的 kernel 列表

- 进入/home/jupyter/.local/share/jupyter/kernels 目录，创建 spark 目录并创建 kernel.json 文件。

```
1.  $ mkdir spark
2.  $ vim kernel.json
```

写入以下代码，如图 14-35 所示。

```
1.  {
2.      "display_name": "Spark",
3.      "lauguage_info": {"name": "scala"},
4.      "argv": [
5.      "/home/jupyter/anacond3/incubator-toree/dist/toree/bin/run.sh",
6.      "--profile",
7.      "{connection_file}"
8.      ],
9.      "codemirror_mode": "scala",
10.     "env": {
11.     "SPARK_OPTS": "--master=local[2] --driver-java-options=-Xms1024M --driver-java-options=-Xms4096M --driver-java-options=-Dlog4j.logLevel=info",
12.     "MAX_INTERPRETER_THREADS": "16",
13.     "CAPTURE_STANDARD_OUT": "true",
14.     "CAPTURE_STANDARD_ERR": "true",
15.     "SEND_EMPTY_OUTPUT": "false",
16.     "SPARK_HOME": "/usr/local/spark-2.4.7-bin-hadoop2.7 ",#替换成自己的 SPARK_HOME 路径
17.     "PYTHONPATH": "/home/jupyter/anaconda3/python:/home/jupyter/anaconda3/lib/python38.zip "#替换为自己的 Python Path
18.     }
19. }
```

```
{
"display_name": "Spark",
"lauguage_info": {"name": "scala"},
"argv": [
    "/home/jupyter/anacond3/incubator-toree/dist/toree/bin/run.sh",
    "--profile",
    "{connection_file}"
],
"codemirror_mode": "scala",
"env": {
    "SPARK_OPTS": "--master=local[2] --driver-java-options=-Xms1024M --driver-java-options=-Xms4096M --driver-java-options=-Dlog4j.logLevel=info",
    "MAX_INTERPRETER_THREADS": "16",
    "CAPTURE_STANDARD_OUT": "true",
    "CAPTURE_STANDARD_ERR": "true",
    "SEND_EMPTY_OUTPUT": "false",
    "SPARK_HOME": "/usr/local/spark-2.4.7-bin-hadoop2.7",
    "PYTHONPATH": "/home/jupyter/anaconda3/python:/home/jupyter/anaconda3/lib/python38.zip"
}
}
```

图 14-35　kernel.json 文件

查看 Python Path 的方式如下。

```
$ python
```

进入 Python 环境，输入以下 Python 代码得到 Python Path 相关的内容，结果如图 14-36 所示。

```
import sys
sys.path
```

```
(base) jupyter@ubuntu:~$ python
Python 3.8.5 (default, Sep  4 2020, 07:30:14)
[GCC 7.3.0] :: Anaconda, Inc. on linux
Type "help", "copyright", "credits" or "license" for more information.
>>> import sys
>>> sys.path
['', '/home/jupyter/anaconda3/lib/python38.zip', '/home/jupyter/anacond
a3/lib/python3.8', '/home/jupyter/anaconda3/lib/python3.8/lib-dynload',
 '/home/jupyter/anaconda3/lib/python3.8/site-packages']
>>>
```

图 14-36　Python Path 相关的内容

- 查看是否安装成功。

```
$ jupyter kernelspec list
$ jupyter notebook
```

上述两种方法均可以查看，第一种是查看内核列表，如图 14-37 所示。

```
(base) jupyter@ubuntu:~$ jupyter kernelspec list
Available kernels:
  scala211     /home/jupyter/.ipython/kernels/scala211
  javascript   /home/jupyter/.local/share/jupyter/kernels/javascript
  julia-1.5    /home/jupyter/.local/share/jupyter/kernels/julia-1.5
  spark        /home/jupyter/.local/share/jupyter/kernels/spark
  ir           /home/jupyter/anaconda3/share/jupyter/kernels/ir
  python3      /home/jupyter/anaconda3/share/jupyter/kernels/python3
```

图 14-37　Spark 出现在内核中

第二种方式是通过打开 Jupyter Notebook，可以新建基于 Spark 的 Notebook，如图 14-38 所示。

图 14-38　在 Jupyter Notebook 中新建基于 Spark 的 Notebook

至此，Spark 内核已经在 Jupyter Notebook 中安装完毕。

14.6　小结

本章为大家介绍了一些主流内核在 Jupyter Notebook 中的使用方法，主要包括 R 内核的配置与使用、JavaScript 内核的配置与使用、Julia 内核的配置与使用、Scala 内核的配置与使用，以及 Spark 内核的配置与使用。可以看到 Jupyter Notebook 为编程带来了很大的灵活性，允许大家在 Jupyter Notebook 上编写并运行多种不同编程语言编写的代码，为编程提供了极大的便利条件。大家可以根据自己的实际需求，安装需要的内核。

在接下来的一章中，我们将为大家介绍 Jupyter Notebook 如何支持多用户模式。

第 15 章 JupyterHub 多用户配置

Jupyter Notebook 能够为我们提供交互式的代码体验，这让我们可以根据需要随时查看某个变量，或者单独调试某个代码片段。但对于服务器上的 Jupyter Notebook，有可能有多个用户同时使用同一个文件的情况。如果不进行多用户配置，当多个用户同时与同一个 Notebook 文件进行交互时，就会发生代码丢失或者运行结果错误等现象。这是因为多个用户使用同样一组变量，系统会使用最近的一次交互自动覆盖之前的交互结果。

显然，在服务器版的 Jupyter Notebook 使用多用户配置是很有必要的。在这一章里，我们将探讨以下主题。

- 为什么需要多用户配置
- JupyterHub 的安装
- JupyterHub 的配置

15.1 为什么需要多用户配置

标准的 Jupyter Notebook 安装不是多用户模式，这会给我们带来很多方面的问题，比如数据混乱、数据丢失、数据安全性低等。

首先可以参考下述的这个场景。

```
1.  from ipywidgets import interact
2.  def myfunc(x):
3.      return x
4.  interact(myfunc, x="Hello World")
```

在未开启多用户模式的条件下，运行上述代码，在交互窗口中，如果某个用户修改了 x 的值，例如修改为 "Hello Jupyter"，很显然，当这个用户运行上述代码时，会显示 "Hello Jupyter"。但是如果另外一个用户也打开了这个 Notebook 文件，那么这个用户看到的也会是 "Hello Jupyter"，这样就给大家带来了困扰。因为新的用户看到的内容应该是被修改前的内容，也就是 Hello World。

再来看一个场景，首先使用两台计算机打开同一个 Jupyter Notebook 文件，其中的内容是以下两行代码。

```
1.  z = "hello world"
2.  z
```

这两行代码的作用是定义一个变量 z，然后输出 z 的值。在计算机一中运行这两行代码，正常情况下可以看到 "hello world"，如图 15-1 所示。

此时在计算机二中修改 z 的值为 "hello jupyter"，并单独运行第一行代码，同时在计算机一中单独运行第二行代码，就会看到计算机一显示的结果变为了 "hello jupyter"，运行结果与前面代码不一致。该异常情况如图 15-2 所示。

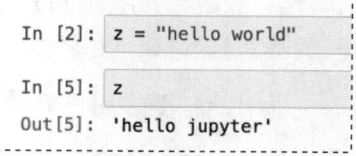

图 15-1　正常情况　　　　　　　　　　图 15-2　异常情况

上述两个场景就是单用户模式下的数据混乱问题，当进行编码工作时，这种问题就会导致数据丢失、计算结果错误等后果。除了这种问题外，数据的安全性问题也是单用户模式下的一个安全隐患。所有使用者都用同一个账户，账户里的内容对该账户的所有使用者完全公开，这样就会造成数据的安全性问题。

为了解决这些问题，就需要引入多用户配置 JupyterHub。JupyterHub 是为多个用户提供 Jupyter Notebook 的最佳方式，它可以让所有数据分析的同事们使用同一套 Jupyter Notebook 却又相互不影响。它是一个多用户中心，用于生成、管理和代理单用户 Jupyter Notebook 服务器的多个实例。JupyterHub 由 3 个主要角色组成，分别是多用户 Hub、可配置的 http 代理（node-http-proxy）、多个单用户 Jupyter Notebook 服务器。

JupyterHub 的基本操作原理也很好理解，它主要由以下工作流程构成。

（1）Hub 启动。

（2）代理将所有请求转发到 Hub（默认情况下）。

（3）Hub 处理登录，并按需生成单用户服务器。

（4）Hub 将 URL 前缀转发给单用户 Jupyter Notebook 服务器。

此外，JupyterHub 还提供了一个 REST API，用于管理 Hub 和用户。

15.2　JupyterHub 的安装

前面为大家介绍了单用户模式下的一些问题，而实现 Jupyter Notebook 多用户配置的方法有很多种。本节将会为读者详细描述 JupyterHub 的安装和使用。

15.2.1　准备工作

在安装 JupyterHub 之前，你需要准备以下内容。

- 一个基于 Linux/Unix 的操作系统，本书以 Ubuntu 20.04.1 LTS 为例。
- Python 3.5 或更高版本，本书使用版本为 Python 3.8.5。
- node.js/npm。

15.2.2　安装步骤

JupyterHub 可以通过 pip 命令（结合 npm 代理）或 conda 命令进行安装。接下来的两种安装方法，选择其中一种即可。

1. pip 和 npm 的安装方式

```
$ python3 -m pip install jupyterhub
$ npm install -g configurable-http-proxy
$ python3 -m pip install notebook #本地运行需要安装 notebook
```

2. conda 的安装方式（见图 15-3）

```
$ conda install -c conda-forge jupyterhub # 安装 JupyterHub
$ conda install notebook # 本地运行需要安装 notebook
```

```
(base) jupyter@ubuntu:~$ conda install -c conda-forge jupyterhub
Collecting package metadata (current_repodata.json): done
Solving environment: done

## Package Plan ##

  environment location: /home/jupyter/anaconda3

  added / updated specs:
    - jupyterhub

The following packages will be UPDATED:

  ca-certificates     pkgs/main::ca-certificates-2020.10.14~ --> conda-forge::ca-certificates-2020.11.8-ha878542_0
  certifi             pkgs/main/noarch::certifi-2020.6.20-p~ --> conda-forge/linux-64::certifi-2020.11.8-py38h578d9bd_0

The following packages will be SUPERSEDED by a higher-priority channel:

  conda               pkgs/main::conda-4.9.2-py38h06a4308_0  --> conda-forge::conda-4.9.2-py38h578d9bd_0
  openssl             pkgs/main::openssl-1.1.1h-h7b6447c_0   --> conda-forge::openssl-1.1.1h-h516909a_0


Proceed ([y]/n)? y

Preparing transaction: done
Verifying transaction: done
Executing transaction: done
```

图 15-3　用 conda 命令方式安装 JupyterHub

安装过程会列出需要更新、安装等操作的包名称，并询问是否要继续执行，请输入"y"继续即可。完成 JupyterHub 的安装后，继续使用 conda 命令安装 Jupyter Notebook，以便在本地运行 JupyterHub Server，如图 15-4 所示。

```
(base) jupyter@ubuntu:~$ conda install notebook
Collecting package metadata (current_repodata.json): done
Solving environment: done

## Package Plan ##

  environment location: /home/jupyter/anaconda3

  added / updated specs:
    - notebook

The following packages will be SUPERSEDED by a higher-priority channel:

  ca-certificates     conda-forge::ca-certificates-2020.11.~ --> pkgs/main::ca-certificates-2020.10.14-0
  certifi             conda-forge/linux-64::certifi-2020.11~ --> pkgs/main/noarch::certifi-2020.6.20-pyhd3eb1b0_3
  conda               conda-forge::conda-4.9.2-py38h578d9bd~ --> pkgs/main::conda-4.9.2-py38h06a4308_0
  openssl             conda-forge::openssl-1.1.1h-h516909a_0 --> pkgs/main::openssl-1.1.1h-h7b6447c_0


Proceed ([y]/n)? y

Preparing transaction: done
Verifying transaction: done
Executing transaction: done
```

图 15-4　用 conda 命令方式安装 Jupyter Notebook

3. 测试安装是否成功

输入以下命令。

```
$ jupyterhub -h
$ configurable-http-proxy -h
```

如果成功,则会返回包的帮助内容,如图 15-5 和图 15-6 所示。

```
(base) jupyter@ubuntu:~$ jupyterhub -h
Start a multi-user Jupyter Notebook server

Spawns a configurable-http-proxy and multi-user Hub, which authenticates users
and spawns single-user Notebook servers on behalf of users.

Subcommands
===========
Subcommands are launched as `jupyterhub cmd [args]`. For information on using
subcommand 'cmd', do: `jupyterhub cmd -h`.

token
    Generate an API token for a user
upgrade-db
    Upgrade your JupyterHub state database to the current version.
```

图 15-5 JupyterHub 的帮助信息

```
(base) jupyter@ubuntu:~$ configurable-http-proxy -h
Usage: configurable-http-proxy [options]

Options:
  -V, --version                    output the version number
  --ip <ip-address>                Public-facing IP of the proxy
  --port <n> (defaults to 8000)    Public-facing port of the proxy
  --ssl-key <keyfile>              SSL key to use, if any
  --ssl-cert <certfile>            SSL certificate to use, if any
  --ssl-ca <ca-file>               SSL certificate authority, if any
  --ssl-request-cert               Request SSL certs to authenticate clients
  --ssl-reject-unauthorized        Reject unauthorized SSL connections (only meaningful if --ssl-request-cert is given)
  --ssl-protocol <ssl-protocol>    Set specific SSL protocol, e.g. TLSv1.2, SSLv3
  --ssl-ciphers <ciphers>          `:`-separated ssl cipher list. Default excludes RC4
  --ssl-allow-rc4                  Allow RC4 cipher for SSL (disabled by default)
  --ssl-dhparam <dhparam-file>     SSL Diffie-Helman Parameters pem file, if any
  --api-ip <ip>                    Inward-facing IP for API requests (default: "localhost")
  --api-port <n>                   Inward-facing port for API requests (defaults to --port=value+1)
  --api-ssl-key <keyfile>          SSL key to use, if any, for API requests
  --api-ssl-cert <certfile>        SSL certificate to use, if any, for API requests
  --api-ssl-ca <ca-file>           SSL certificate authority, if any, for API requests
```

图 15-6 configurable-http-proxy 帮助信息

15.2.3 启动

上一节结束后,相信大家已经安装好了 JupyterHub。那么本节将给读者讲解如何启动 JupyterHub 服务器。

首先,运行以下命令启动 JupyterHub 服务器,结果如图 15-7 所示。

```
$ jupyterhub
```

```
(base) jupyter@ubuntu:~$ jupyterhub
[I 2020-11-18 10:52:13.698 JupyterHub app:2240] Running JupyterHub version 1.1.0
[I 2020-11-18 10:52:13.699 JupyterHub app:2270] Using Authenticator: jupyterhub.auth.PAMAuthenticator-1.1.0
[I 2020-11-18 10:52:13.699 JupyterHub app:2270] Using Spawner: jupyterhub.spawner.LocalProcessSpawner-1.1.0
[I 2020-11-18 10:52:13.699 JupyterHub app:2270] Using Proxy: jupyterhub.proxy.ConfigurableHTTPProxy-1.1.0
[I 2020-11-18 10:52:13.971 JupyterHub app:1349] Loading cookie_secret from /home/jupyter/jupyterhub_cookie_secret
[I 2020-11-18 10:52:14.339 JupyterHub proxy:461] Generating new CONFIGPROXY_AUTH_TOKEN
[W 2020-11-18 10:52:14.340 JupyterHub app:1624] No admin users, admin interface will be unavailable.
[W 2020-11-18 10:52:14.340 JupyterHub app:1625] Add any administrative users to `c.Authenticator.admin_users` in config.
[I 2020-11-18 10:52:14.340 JupyterHub app:1654] Not using whitelist. Any authenticated user will be allowed.
[I 2020-11-18 10:52:14.413 JupyterHub app:2308] Initialized 0 spawners in 0.018 seconds
[W 2020-11-18 10:52:14.419 JupyterHub proxy:642] Running JupyterHub without SSL.  I hope there is SSL termination happeni
re else...
[I 2020-11-18 10:52:14.419 JupyterHub proxy:646] Starting proxy @ http://:8000
10:52:16.095 [ConfigProxy] info: Proxying http://*:8000 to (no default)
10:52:16.139 [ConfigProxy] info: Proxy API at http://127.0.0.1:8001/api/routes
10:52:16.549 [ConfigProxy] info: 200 GET /api/routes
[I 2020-11-18 10:52:16.551 JupyterHub app:2556] Hub API listening on http://127.0.0.1:8081/hub/
10:52:16.555 [ConfigProxy] info: 200 GET /api/routes
[I 2020-11-18 10:52:16.556 JupyterHub proxy:320] Checking routes
[I 2020-11-18 10:52:16.556 JupyterHub proxy:400] Adding default route for Hub: / => http://127.0.0.1:8081
10:52:16.559 [ConfigProxy] info: Adding route / -> http://127.0.0.1:8081
10:52:16.560 [ConfigProxy] info: Route added / -> http://127.0.0.1:8081
10:52:16.562 [ConfigProxy] info: 201 POST /api/routes/
[I 2020-11-18 10:52:16.564 JupyterHub app:2631] JupyterHub is now running at http://:8000
```

图 15-7　启动 JupyterHub 服务器

在浏览器中访问 http:// localhost:8000，并且使用 Linux/Unix 登录凭证进行登录，如图 15-8 所示。

图 15-8　浏览器中打开 JupyterHub

需要注意的是，安装成功后的 JupyterHub 还是单用户模式，想要允许多个用户登录 JupyterHub Server，需要通过修改配置文件等操作来实现。15.3 节将会给大家介绍 JupyterHub 的普通配置和多用户配置，带领大家掌握使用 JupyterHub 的方法。

15.3　JupyterHub 的配置

前面介绍了 JupyterHub Server 的安装及运行，本节将带大家详细了解 JupyterHub 的基础配置和多用户配置。

15.3.1 基础配置

基础配置包含 3 个步骤——生成默认配置文件、启动配置文件、身份验证。

1. 生成默认配置文件

在启动时，JupyterHub 将在当前工作目录中，查找配置文件 jupyterhub_config.py。首先要生成默认配置文件，文件名称为 jupyterhub_config.py。

```
$ jupyterhub --generate-config
```

这个文件包含了所有配置变量及默认值的注释和指导，建议将该配置文件存储在 /etc/jupyterhub 目录中。

2. 启动配置文件

在上一节中，启动 JupyterHub 的方式是直接输入 jupyterhub 即可，接下来将为大家介绍如何用刚生成的配置文件启动 JupyterHub。

可以通过以下命令启动 JupyterHub。

```
$ jupyterhub -f /path/to/jupyterhub_config.py
```

/path/to/jupyterhub_config.py 是配置文件的地址，如果你已经将配置文件存储在上述的推荐位置 /etc/jupyterhub 目录中，那么启动命令如下。

```
$ jupyterhub -f /etc/jupyterhub/jupyterhub_config.py
```

上述配置文件中的配置选项都可以通过命令行的方式设置。在启动 JupyterHub 时，要设置特定的配置参数，可以使用命令行选项 c.Class.trait，使用方式是输入 --Class.trait。例如，当你使用命令行配置 c.Spawner.notebook_dir 的值时，可以用 --Spawner.notebook_dir 选项进行设置。

```
$ jupyterhub --Spawner.notebook_dir='~/assignments'
```

各个参数更详细的配置方式可以通过 help 命令查看。

```
$ jupyterhub --help-all
```

3. 身份验证

默认的身份验证生成机制可以在配置文件中通过设置特定的身份验证器和生成器进行替换，例如可以通过使用 Github OAuth 来替换 PAM 用作身份验证方式，具体的配置文件如下所示。

```python
# jupyterhub_config.py file
c = get_config()
import os
pjoin = os.path.join
runtime_dir = os.path.join('/srv/jupyterhub')
ssl_dir = pjoin(runtime_dir, 'ssl')
if not os.path.exists(ssl_dir):
    os.makedirs(ssl_dir)
# Allows multiple single-server per user
c.JupyterHub.allow_named_servers = True
# https on :443
c.JupyterHub.port = 443
c.JupyterHub.ssl_key = pjoin(ssl_dir, 'ssl.key')
c.JupyterHub.ssl_cert = pjoin(ssl_dir, 'ssl.cert')
# put the JupyterHub cookie secret and state db
# in /var/run/jupyterhub
c.JupyterHub.cookie_secret_file = pjoin(runtime_dir, 'cookie_secret')
c.JupyterHub.db_url = pjoin(runtime_dir, 'jupyterhub.sqlite')
# use GitHub OAuthenticator for local users
c.JupyterHub.authenticator_class = 'oauthenticator.LocalGitHubOAuthenticator'
c.GitHubOAuthenticator.oauth_callback_url = os.environ['OAUTH_CALLBACK_URL']
# create system users that don't exist yet
c.LocalAuthenticator.create_system_users = True
# specify users and admin
c.Authenticator.allowed_users = {'rgbkrk', 'minrk', 'jhamrick'}
c.Authenticator.admin_users = {'jhamrick', 'rgbkrk'}
c.Spawner.notebook_dir = '~/assignments'
c.Spawner.args = ['--NotebookApp.default_url=/notebooks/Welcome.ipynb']
```

使用 GitHub 身份验证器需要在启动 JupyterHub 之前设置一些额外的环境变量。

```
$ export GITHUB_CLIENT_ID=github_id
$ export GITHUB_CLIENT_SECRET=github_secret
$ export OAUTH_CALLBACK_URL=https://example.com/hub/oauth_callback
$ export CONFIGPROXY_AUTH_TOKEN=super-secret
# append log output to log file /var/log/jupyterhub.log
$ jupyterhub -f /etc/jupyterhub/jupyterhub_config.py &>> /var/log/jupyterhub.log
```

15.3.2　多用户配置

前面介绍了 JupyterHub 的基本配置。在本节中，我们会给大家介绍 JupyterHub 多用户配置的方式。

默认的身份验证器使用 PAM 通过用户名和口令对系统用户进行身份验证。使用默认的身份验证器，在系统上添加了账号和口令的任何用户都可以登录。

1. 创建 UNIX/Linux 系统用户（见图 15-9）

```
(base) jupyter@ubuntu:~$ sudo adduser user1
Adding user `user1' ...
Adding new group `user1' (1002) ...
Adding new user `user1' (1002) with group `user1' ...
Creating home directory `/home/user1' ...
Copying files from `/etc/skel' ...
New password:
Retype new password:
passwd: password updated successfully
Changing the user information for user1
Enter the new value, or press ENTER for the default
        Full Name []:
        Room Number []:
        Work Phone []:
        Home Phone []:
        Other []:
Is the information correct? [Y/n] y
```

图 15-9 创建系统用户

2. 在 JupyterHub 的 config 文件中创建一组允许的用户

通过设置 c.Authenticator.username_map 来设定限制，以区分允许哪些用户登录。

```
$ c.Authenticator.whitelist = {'jupyter', 'user1', 'user2'}
```

当 JupyterHub 启动时，白名单（whitelist）中的用户会被添加到 JupyterHub 数据库中。这些用户均可以登录，并能够独立使用 JupyterHub。

3. 使用 LocalAuthenticator 创建系统用户

LocalAuthenticator 是一种特殊的身份验证器，能够管理本地系统上的用户。当向 JupyterHub 中添加新用户时，LocalAuthenticator 将检查该用户是否已经存在。如果在配置文件中将配置值 create_system_users 设置为 True，LocalAuthenticator 就拥有向系统添加用户的特权。配置文件中的设置如下所示。

```
$ c.LocalAuthenticator.create_system_users = True
```

如果将一个系统上还不存在的用户添加到 JupyterHub，将导致 JupyterHub 通过系统命令 adduser 创建该用户。这个选项通常用于托管部署 JupyterHub，以避免在启动服务之前手动创建所有用户。因为在运行 JupyterHub 时，系统会直接映射到系统的 UNIX 用户，所以不推荐使用这种方法。

4. 设置 Admin 用户，并通过 Admin 面板添加/删除用户

JupyterHub 的管理员用户 admin_users，可以添加和删除用户。JupyterHub 可以设置一组初始管理员用户，admin_users 配置如下。

```
$ c.Authenticator.admin_users = {'jupyter'}
```

如果 admin_users 集中的用户不存在，则会自动添加到用户 allowed_users 集中。每个身份验证程序可能有不同的方法来确定用户是否为管理员。默认情况下，JupyterHub 使用 PAM Authenticator，它提供 admin_groups 选项，可以根据用户组确定管理员状态。例如，可以把 wheel 组中的任何用户设定为 admin。

```
$ c.PAMAuthenticator.admin_groups = {'group1'}
```

由于默认的 admin_access 设置为 False，管理员没有登录到其他用户的 Jupyter Notebook 服务器的权限。如果 admin_access 设置为 True，管理员就有权以其他用户的身份登录到各自的机器上进行调试。

15.4 小结

在这一章里，我们利用 JupyterHub 为大家介绍了 Jupyter Notebook 如何支持多用户模式，包括 JupyterHub Server 的安装、配置、使用等内容，并且介绍了 JupyterHub 的多用户配置方式，帮助读者配置自己的 JupyterHub 服务器，从而更好地使用 Jupyter Notebook。